中国社会科学院创新工程学术出版资助项目

经济增长中的耕地资源可持续利用研究

RESEARCH ON SUSTAINABLE
FARMLAND RESOURCE UTILIZATIONS
IN ECONOMIC GROWTH

"经济增长中的耕地资源可持续利用研究"课题组 著

社会科学文献出版社
SOCIAL SCIENCES ACADEMIC PRESS (CHINA)

摘 要

本书围绕耕地资源保护政策评价、耕地资源与经济增长关系的实证检验以及耕地资源可持续利用的度量和案例分析三个方面展开，试图揭示经济增长中耕地资源变化的现象和规律，解释经济增长与耕地资源可持续利用之间的联系，探索耕地资源可持续利用的衡量方法和影响因素，为完善政策和行动提供依据。全书包括13章，可分为4部分内容。

第一，政策评价。梳理和评述我国耕地资源保护和管理政策，概述国外典型国家（地区）耕地保护和管理的政策和做法。

第二，实证研究。耕地作为经济增长的支撑因素，其作用体现在宏观经济增长和社会发展层面，本书中分别利用省级和国别的面板数据进行了国内外的实证检验。

第三，可持续性研究。耕地作为农业资源变量，在同一村庄中的农户之间差异不显著，而村庄之间耕地禀赋具有显著差异性，这决定了可以村庄为单元从微观层面研究耕地变化。书中利用农业部固定观察点的村庄数据，对耕地数量可持续性、耕地利用可持续性和粮食生产可持续性的强弱程度进行判断，在此基础上，利用村级数据和计量经济模型进行了影响耕地可持续性因素的分析。

第四，案例研究。通过山东省、四川省和黑龙江省的实地调查，揭示工业化、城乡统筹、贫困地区发展和粮食主产区与耕地资源可持续利用之间的内在关系。

Abstract

This book focuses on three topics policy review on farmland resource protection, empirical study on the relationship between farmland resource and economic growth, and measure and case study on sustainable farmland resource utilization. It attempts to illustrate the variations and characteristics of farmland resource, interpret the relationship between economic growth and sustainable farmland resource utilization, explore measurement methods and determining factors of sustainable farmland resource utilization, and provide evidence for improving policies and actions. The book includes 13 chapters, which can be divided into four parts.

The first part is the review on policies. This part sorts and evaluates farmland resource protection and management policy in China, and introduces policies and methods of farmland protection and management in typical foreign countries and regions.

The second part is empirical analysis. As a supporting factor of economic growth, farmland has an effect on macro-economic growth and social development. This book uses panel data on provincial level and country level to conduct empirical test in China and international countries, respectively.

The third part is research on sustainability. As an agricultural resource variable, farmland does not differ significantly among farmer households in the same village, but natural endowment of farmland differs significantly in different villages. This character means that farmland changes can be studied on a micro level using a village as a unit. Using data on villages designated for study by Ministry of Agriculture, this book assesses the degree of sustainability for farmland quantity, farmland utilization and grain production. Based on this result, the book analyzes determining factors of farmland sustainability using data from villages and econometric models.

The fourth part is case studies. Through field survey in Shandong, Sichuan and Heilongjiang provinces, the book illustrates the internal relationship between sustainable farmland resource utilization and industrialization, balancing urban and rural areas, development in poor regions and main grain producing corporations.

前　言

《经济增长中的耕地资源可持续利用研究》一书，是农村发展研究所生态室承担中国社会科学院重大课题项目的研究成果，该课题于2010年初立项，2011年底完成。课题研究的主要过程为：资料收集和文献综述；实地调查；模型分析；案例研究。

在课题研究过程中，课题组成员完成了如下实地调查工作：①2010年12月，课题组一行6人到山东省鄄城县进行课题试调查工作；②2011年4月，课题组一行4人到四川省成都市新津县及广元市旺苍县调研；③2011年6月，课题组一行两人到山东省寿光市调研；④2011年10月，课题组一行两人到黑龙江省宾县调研。同时，结合其他课题项目，课题组成员还到河南省、湖北省、江西省等地调研。在此，对鄄城县政府、成都市农委、新津县农委、旺苍县政府、寿光市农业局和宾县政府给予的支持和帮助，表示衷心的感谢！

在本课题研究的过程中，由于获取村庄数据遇到了困难，因而采取了与农业部经济研究中心合作的方式来弥补数据的不足，使村级层面的研究得以顺利完成。

本课题研究中的模型分析工作包括以下内容：利用联合国粮食及农业组织、世界银行和我国的统计数据，建立数据库和计量分析模型，寻找耕地变化与经济增长和产业结构之间的关系；利用村庄样本数据，对耕地数量可持续性、耕地利用可持续性和粮食生产可持续性的影响因素进行分析。

本课题能够在一年半内按时完成，是课题组全体成员共同努力的结果，也得益于农村发展研究所2012年进入"创新工程"且不允许课题延期这样一个契机。

本课题报告执笔人为：包晓斌（第二章），孙若梅（第一、三、九、十、十一、十三章），杨东升（第八章），尹晓青（第四章），于法稳（第十二章），张海鹏（第六、七章），张玉环（第五章）。

"经济增长中的耕地资源可持续利用研究"课题组

目 录

第一章 问题的提出和研究的框架 　　1

　第一节 研究的问题 　　1

　第二节 研究的框架 　　5

第二章 耕地资源可持续利用研究进展综述 　　9

　第一节 耕地资源可持续利用的内涵 　　9

　第二节 耕地资源可持续利用研究的主要内容 　　11

　第三节 耕地资源可持续利用的研究视角 　　16

　第四节 耕地资源可持续利用评价研究 　　18

　第五节 耕地资源可持续利用评价指标体系 　　28

　第六节 耕地资源可持续利用的评价模型与方法 　　30

1

第三章 我国耕地资源现状　　47

第一节 耕地资源可持续利用的含义　　47
第二节 耕地数量变化　　49
第三节 耕地质量变化　　55
第四节 土壤环境质量评价　　62

第四章 中国耕地资源管理的政策演进及评述　　65

第一节 我国耕地管理体制　　65
第二节 改革开放以来我国耕地保护政策的变化　　68
第三节 我国现行的耕地管理政策　　77
第四节 耕地保护政策的特点　　95
第五节 我国耕地保护政策实施过程中存在的问题　　97
第六节 初步结论　　99

第五章 典型国家（地区）的耕地资源保护政策和做法　　102

第一节 英国的乡村保护　　103
第二节 荷兰的耕地保护　　107
第三节 以色列的耕地保护　　109
第四节 日本的耕地保护　　112
第五节 美国俄勒冈州的农地保护　　115
第六节 各国耕地保护比较和小结　　118

第六章　耕地数量变化和经济发展关系的实证研究　121

  第一节　研究综述　122

  第二节　数据来源与模型设定　125

  第三节　回归结果及解释　128

  第四节　结论　131

第七章　中国耕地非农化的库兹涅茨曲线再验证　134

  第一节　概述　134

  第二节　数据来源与模型设定　135

  第三节　回归结果及解释　137

  第四节　结论　142

第八章　耕地资源可持续利用的研究　143

  第一节　有关的数据、整理及初步分析　143

  第二节　研究思路　158

  第三节　耕地数量可持续性的影响因素分析　163

  第四节　耕地利用可持续性的影响因素分析　166

  第五节　粮食生产可持续性的影响因素分析　169

  第六节　结论与政策建议　172

  附录　支持向量机（Support Vector Machines）原理简介　173

第九章　工业化进程中耕地资源的可持续利用　177

　　第一节　经济发展　177

　　第二节　土地利用　181

　　第三节　乡镇工业化进程和耕地保护　185

　　第四节　启示　190

第十章　城乡统筹中耕地资源的可持续利用　193

　　第一节　农村土地制度改革　193

　　第二节　成都市土地规模经营模式　199

　　第三节　通过土地整理而集中出租耕地　200

　　第四节　"大园区+小业主"的耕地经营模式　202

　　第五节　启示　203

第十一章　贫困地区发展中耕地资源可持续利用　207

　　第一节　耕地资源及其利用　207

　　第二节　城乡统筹试点与耕地利用　212

　　第三节　启示　218

第十二章　粮食主产区耕地资源的可持续利用　220

　　第一节　经济发展　220

第二节　耕地资源利用状况　　232

　　第三节　实现耕地可持续利用的政策建议　　251

第十三章　主要发现和结论　　253

　　第一节　耕地保护中的数量控制和质量管理同等重要　　254

　　第二节　耕地保护政策的宏观作用和微观难点并存　　255

　　第三节　经济增长和耕地变化的一般规律与阶段性现象并存　257

　　第四节　影响耕地数量变化和粮食播种数量的因素不同　　258

　　第五节　耕地政策在城乡统筹中的作用存在区域差异　　261

Contents

Chapter 1 Raising Issues and Research Framework   1
  1. Research Questions   1
  2. Research Framework   5

Chapter 2 Review on the Progress of Sustainable Farmland Resource Utilization   9
  1. Meaning of Sustainable Farmland Resource Utilization   9
  2. Main Contents of Research on Sustainable Farmland Resource Utilization   11
  3. Research Perspectives of Sustainable Farmland Resource Utilization   16
  4. Research on Evaluation of Sustainable Farmland Resource Utilization   18
  5. The Index System for Evaluation of Sustainable Farmland Resource Utilization   28
  6. The Evaluation Model and Method of Sustainable Farmland Resource Utilization   30

Chapter 3 The Current Situation of Chinese Farmland Resource 47
1. The Concept of Sustainable Farmland Resource Utilization 47
2. Changes in Farmland Quantity 49
3. Changes in Farmland Quality 55
4. The Evaluation of Soil Environment and Quality 62

Chapter 4 Evolution and Review of the Management Policy of Chinese Farmland Resource 65
1. Management System of Chinese Farmland 65
2. Changes in the Policy of Chinese Farmland Protection since "Reform and Open Up" 68
3. The Current Magement Policy of Chinese Farmland Resource 77
4. Characteristics of the Policy of Farmland Protection 95
5. Problems in the Implementation of Farmland Protection in China 97
6. Preliminary Conclusion 99

Chapter 5 The Policy and Practice of Farmland Resource Protection in select Countries (Regions) 102
1. Rural Protection in Great Britain 103
2. Farmland Protection in the Netherlands 107
3. Farmland Protection in Israel 109
4. Farmland Protection in Japan 112
5. Farmland Protection in Oregon, USA 115
6. Comparison and Conclusion of the Farmland Protection in Different Countries 118

Chapter 6 Empirical Study on the Relationship between Changes in Farmland Quantity and Economic Growth 121
1. Research Overview 122
2. Data Sources and Model Setting 125

3. Regression Results and Interpretation   128
  4. Conclusion   131

Chapter 7 Revalidation of Kuznets Curve in Chinese Farmland Conversion   134
  1. Overview   134
  2. Data Source and Model Setting   135
  3. Regression Results and Interpretation   137
  4. Conclusion   142

Chapter 8 Research on Sustainable Farmland Resource Utilization   143
  1. Related Data, Sorting and Preliminary Analysis   143
  2. Research Ideas   158
  3. An Analysis of Determining Factors in Sustainability of Farmland Quantity   163
  4. An Analysis of Determining Factors in Sustainability of Farmland Utilization   166
  5. An Analysis of Determining Factors in Sustainability of Grain Production   169
  6. Conclusion and Policy Suggestions   172
  Appendix: Introduction to Support Vector Machines   173

Chapter 9 Sustainable Farmland Resource Utilization in Industrialization   177
  1. Economic Development   177
  2. Land Utilization   181
  3. Town Industrialization and Farmland Protection   185
  4. Implication   190

**Chapter 10 Sustainable Farmland Resource Utilization in Urban-
    Rural Integration**   193
  1. The Reform of Rural Land Institution   193
  2. Land Scale Management Model in Chengdu   199
  3. Renting Concentrated Land through Land Consolidation   200
  4. Land Management Model of Small Owner in Large Park   202
  5. Implication   203

**Chapter 11 Sustainable Farmland Resource in the Development
    of Poor Region**   207
  1. Farmland Resource and Utilization   207
  2. Pilot Programs of Urban and Rural integration and
     Farmland Protection   212
  3. Implication   218

**Chapter 12 Sustainable Farmland Resource Utilization in Main
    Grain Producing Areas**   220
  1. Economic Growth   220
  2. The Situation of Farmland Resource Utilization   232
  3. Policy Suggestions for Realizing Sustainable
     Farmland Utilization   251

Chapter 13 Main Findings and Conclusion   253
  1. Quantity Control and Quality Management in Farmland
     Protection are of Equal Importante   254
  2. The Coexistence of Macro Effects with Micro Difficulties in
     Farmland Protection Policies   255

3. The Coexistence of General Rules and Staged Development in Economic Growth and Farmland Change   257

4. Different Determining Factors of Farmland Quantity and Grain Sowing Quantity   258

5. Ragioual Differences in The Farmland Policy's Effects on Balancing Urban and Rural Areas   261

第一章　问题的提出和研究的框架

第一节　研究的问题

一　提出研究问题的背景

（一）经济增长中耕地可持续利用的核心问题

耕地资源的保护和利用是一个古老的话题，在不同时期和不同地区有不同内容，与社会的经济增长速度、发展水平和方式相联系。其中：技术是长期的影响因素，通过技术创新提高资源使用效率而实现有效利用；而在特定经济社会发展阶段，制度和政策因素会发挥更重要性的作用，成为可持续利用的关键。

自新中国成立以来，在不同的经济社会发展阶段，耕地资源保护和利用中的核心问题不同。自新中国成立到改革开放初期，核心问题是"增加耕地面积""改造中低产田""提高粮食总产量和亩产量"；自改革开放到20世纪90年代末期，核心问题是"提高耕地生产率""调整和优化耕地利用结构""提高单位耕地面积的总产出"；这些问题都集中在耕地资源属性方面内容的实现。自21世纪特别是2005年以来,"经济增长中耕地资源的利用"中增加了一个新的核心问题,即耕地"占用"和"土地流转"。耕地的资产价值具备了实现的途径,当代农村居民面临着主动或者被动获得"耕地资产"价值的选择。2010年起,耕地的生态价值开始成为新的关注点。

(二) 经济增长的背景

过去15年,中国经济年均增长9.6%。按市场汇率计算,人均GDP从1995年的600美元跃升到2010年的约4000美元。根据美国宾夕法尼亚大学佩恩表的购买力平价数据,中国的人均GDP在1985~2010年期间由3000美元提高到10000美元。[①]

城市化成为中国经济实现持续增长的主要动力之一。在这一进程中,土地升值带来的级差地租收益直接影响到不同的利益集团,耕地保护政策直接参与到中国宏观经济调控之中,承担起推动经济增长和社会发展的重任。

(三) 耕地保护与粮食安全的关系

在不同学者之间、学者和政策制定者之间,对耕地保护和粮食安全的关系存在不同的看法。

国土资源部部长在2008年6月25日第18个全国"土地日"讲话中指出:在我们这个拥有十几亿人口的发展中大国,粮食安全和耕地保护始终是第一位的大问题。"手中有粮,心中不慌。"粮食问题事关全局,牵一发而动全身。"坚守18亿亩耕地红线,是党和人民赋予国土资源部门的法定职责,也是地方各级政府和有关部门的共同责任。"[②]

我国对耕地实行最严格的保护政策,并确定了到2020年要保持18亿亩耕地的目标。尽管我国实行了最严格的耕地保护政策,采取冻结审批、严查、垂直管理、建立土地督察制度等多项措施,但耕地

---

① 楼继伟:《中国经济的未来15年:风险、动力和政策挑战》,《比较》2010年第51期。
② 徐绍史:《坚守耕地红线 节约集约用地 构建保障和促进科学发展的新机制》,国土资源网,2008年6月25日。

面积减少速度仍然很快，远远超出土地利用规划面积。1996年第二轮全国土地利用总体规划曾确定，2010年的耕地面积保有量19.2亿亩，但实际结果是，2005年全国耕地面积锐减至18.31亿亩，2007年再减至18.26亿亩，超出原定规划0.94亿亩，比1996年的19.51亿亩净减少了12454.95万亩，累计减少率为6.38%。人均耕地面积从1.59亩下降到1.38亩，减少了13.21%。同时，耕地的质量也在下降，在2007年度建设占用的耕地中，减少的耕地当中有灌溉设施的高达2/3，可补充的耕地当中有灌溉设施的只占1/3。[①]

20世纪90年代中期以来，中国理论界对农地资源的损失信息日益关注，大量的研究讨论了中国农地的生产能力和粮食安全问题。一般的结论认为中国现阶段的粮食生产受土地非农化的影响不大，而受生产技术、设施的投入和自然灾害的控制等因素的影响更大（姚洋，1998；黄季焜，2003）。也有一部分研究尝试从建设用地增加或者建设占用耕地的增加对经济增长的贡献方面进行讨论（陈江龙等，2004）。是否要将更多的农地资源转变为建设用地，来保障经济的稳定增长，还是限制农地资源转变为建设用地，来保护人类社会最基本的生命线？这是一场到目前为止还没有停止的争论（曲福田，2010）。

天则经济研究所的报告提出（2009）：将粮食安全与耕地保护绝对地对应起来，或者说将耕地保护的主要原因归诸粮食安全，无疑是错误的，甚至是极为有害的——因为它会阻碍对真实原因的探索和认识。耕地保护如果限定在耕地维保、耕地节约或耕地的有效利用方面，则完全赞同；而在现实的舆论和政策规定中，耕地保护显然是特定于耕地数量的严格控制的，以至把18亿亩作为"一条不可逾越的红线"。这种意义上的"耕地保护"及其与粮食安全的绝对"捆绑"，

[①] 李珍贵：《充分利用闲置土地，确保18亿亩耕地红线》，中国土地勘察规划院，国土资源网，2008年6月24日。

则是作者欲加否定和批判的。该报告指出：市场经济的核心含义是"替代"。作为农业要素之一的耕地，尽管存在某种稀缺性，但在一定程度上也可被其他要素投入所替代。

二 研究的问题

本书研究的核心问题是经济增长中的耕地资源可持续利用。"经济增长中"的观测变量包括宏观层面的政策因素、GDP水平、工业化、城市化、农业现代化和城乡统筹以及村级层面的社会、经济、政治因素。"耕地资源可持续利用"则以耕地作为农用地的保有和有效利用为核心，具体到可测量的指标是耕地数量的变化率、农作物播种面积的变化率和粮食作物的变化率。针对该问题可从以下三个方面展开分析。

第一，耕地资源保护与政策的问题，即经济增长中的耕地保护政策对耕地可持续利用作用的研究。为了保护耕地资源，各国均出台一些政策和措施。本书将利用收集到的数据和资料对国外的政策和做法进行概括，对我国的耕地保护和管理政策进行梳理和评价。

第二，耕地资源保护与经济增长的问题，即经济增长与耕地变化的关系问题，包括两个方面：①随着工业化、城镇化进程的加快，耕地面积呈现出减少的趋势，且在经济增长的不同阶段耕地减少的速度和诱因不同。本书将利用跨国数据和省级数据进行相关项目的实证检验。②城乡统筹问题，即在我国经济增长过程中，在保护和利用耕地"资源属性"的同时，耕地的"资产属性"在一些地区的城乡统筹中发挥着作用。本书试图通过实地调查案例，进一步探索这一问题。

第三，耕地资源的可持续利用问题。耕地资源的可持续利用标准该如何判断？影响耕地资源可持续利用的因素有哪些？本书将利用来自村庄的调查数据探索发展耕地资源可持续性方法，分析影响耕地资源可持续性的因素。

第二节 研究的框架

一 研究内容

本书研究的内容可以概括为以下六个方面。

第一，理论准备和现状研究，包括提出研究的问题，综述耕地资源可持续利用的研究进展，为本书提供理论基础和方法论的准备；概述我国耕地资源的现状，为进一步的研究工作提供背景资料。

第二，政策研究，包括我国耕地资源保护与管理的政策梳理和评述，国外典型国家（地区）耕地保护与管理的政策和做法的概述。

第三，实证研究。经济增长与耕地面积变化存在一定的关系，在GDP水平、产业结构构成、城市化率的一定阶段内，耕地面积经历从减少到稳定的过程，即随着经济增长到一定阶段，耕地数量减少的压力会呈现为先增大、后减小的情形。课题组成员将利用国别数据和省级数据对此进行检验。

第四，可持续性研究。课题组成员将利用农业部固定观察点的村庄数据，通过衡量村庄耕地可持续性的指标，以村庄为基础单元，对耕地数量可持续性、耕地利用可持续性和粮食生产可持续性的强弱程度进行判断。在此基础上，利用村级数据和计量经济模型进行影响耕地可持续性的因素分析。

第五，案例研究。通过对山东省、四川省和黑龙江省的实地调查，揭示工业化、城乡统筹、贫困地区发展和粮食主产区与耕地资源可持续利用之间的相互逻辑联系。

第六，在上述工作基础上，概括本书的主要研究成果并且给出相关政策建议。

二 研究方法

本书运用的研究方法包括以下几个：文献综述；政策分析；建立数据库；支持向量分类；经济计量模型；实地案例调查。

三 研究框架

本书围绕三个层面展开，具体是：资料收集和文献综述，确定研究方法和建立数据库，选择实地调查点和完成案例调查，研究框架如图1-1所示。

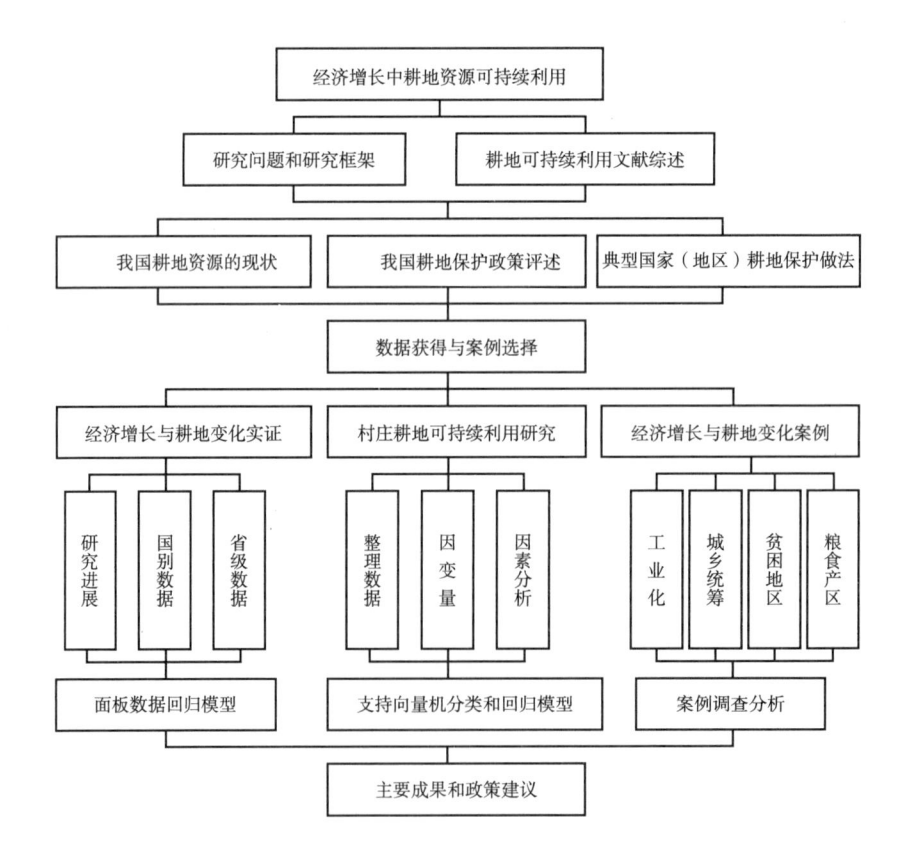

图1-1 经济增长中的耕地资源可持续利用研究框架

四 创新和不足

(一) 衡量可持续性的方法创新

如何衡量耕地资源可持续利用？不同学科背景的学者利用不同的方法已经进行了相当多的研究。但由于其内涵丰富性与数据可获得性的限制，用哪些指标和如何确定标准来衡量可持续性，始终是研究的难点之一。

本书的一个创新点是，对衡量可持续性指标的方法进行了探索。在研究中，我们先选择一些在可持续性方面相对没有争议的观测点，人为地赋予其可持续性类别，再利用这些附有分类标签的观测点作为训练数据集，用支持向量机方法找出其中蕴含的分类规则；然后，利用所得到的分类规则对全体观测点进行分类，由此得到每个观测点所对应的可持续性指标。

具体讲，首先，利用可获得的407个有效村庄样本，以"耕地面积变化率"代表耕地数量可持续性，以"农作物总播种面积变化率"代表耕地利用可持续性，以"粮食作物播种面积"代表粮食生产可持续性，按照这三个指标将所有村庄分别进行排序，以数值区间[0, 1]区分为可持续性从弱到强。其次，根据相关分析的结果，选出影响上述3个指标的6个特征变量，用这6个特征变量分别来刻画最强和最弱的50个村庄样本。最后，以这样的特征村庄作为分类标签，运用支持向量机方法使全部样本找到各自的位置，即可持续性的强弱程度并以概率分布的形式表示出来。

这样做的好处在于：既构建一个衡量村庄可持续性的因变量，又尽可能地减少了主观臆断。在此基础上，可以利用计量经济学中的logistic模型和probit模型，进行可持续性的影响因素分析。

(二) 不足

本书仍有很多可以改进的地方，至少在以下两方面仍需要更深入地探索。

第一，案例调查点有局限性。由于缺乏与地方沟通的有效渠道，因而实地调查点的选择有一定的困难，只能局限于以往有良好合作关系的县，因此，对本书研究构成一定的制约，造成实地调查的案例偏少的情况。为此，通过与农业部农业经济研究中心固定观察点处的合作，得到了弥补。随着农村产权制度改革和土地适度规模经营的进程加快，实现耕地资源的可持续利用需要相应的政策和制度支持，有必要通过进一步的案例调查发现其中的经验做法和出现的新问题。

第二，分析方法有待深入。本课题中采用支持向量机分类确定耕地资源可持续性的研究还仅仅是一个开头，尚需要进行深入的研究，以期对资源可持续性的研究方法做出贡献。与此同时，需要对计量模型的结果给出更多的解释。

参考文献

[1] 姚洋：《农地制度与农业绩效的实证研究》，《中国农村观察》1998年第6期。
[2] 俞海、黄季焜等：《地权稳定性、土地流转与农地资源持续利用》，《经济研究》2003年第9期。
[3] 陈江龙、曲福田：《农地非农化效率的空间差异及其对土地利用政策调整的启示》，《管理世界》2004年第10期。
[4] 谭荣、曲福田：《中国农地非农化与农地资源保护：从两难到双赢》，《管理世界》2006年第12期。
[5] 曲福田、谭荣：《中国土地非农化的可持续治理》，科学出版社，2010。
[6] 北京天则经济研究所粮食安全与耕地保护课题组：《粮食安全与耕地保护》，2009年3月。

第二章 耕地资源可持续利用研究进展综述

耕地是农业生产中的重要资源,是受人类活动影响最大的土地利用类型。耕地数量和质量的变化必将影响粮食生产活动的波动,从而影响粮食有效供给及粮食安全水平。耕地利用系统是一个典型的生态经济系统,它涵盖自然生态系统和人类活动的经济系统。我国现有耕地资源短缺,后备资源严重不足,随着人口的持续增加和经济的快速发展,人口与耕地的矛盾日益凸显。加强耕地资源的保护和管理,促进耕地资源的可持续利用,已成为中国 21 世纪实现国家粮食安全政策的必然选择。

第一节 耕地资源可持续利用的内涵

"耕地资源可持续利用"至今还没有统一的定义,但可以参考国际上关于"可持续土地利用管理"(sustainable land management)的内涵界定。1991 年在印度新德里首次召开的"国际可持续土地利用系统研讨会"和 1993 年 6 月在加拿大召开的"21 世纪可持续土地利用管理国际研讨会"等,均提出了可持续土地利用概念和基本原则。

在这些国际会议的基础上，1993年联合国粮农组织（FAO）颁布了《可持续土地利用评价纲要》（FESLM）等指导性文件，指出：如果预测到一种土地利用方式在未来相当长的一段时期内不会引起土地适宜性的退化，则可认为这样的土地利用是可持续的。同时，提出了可持续土地的五项基本原则，即土地生产性（productivity）、土地的安全性（security）、水土资源保护性（protection）、经济可行性（viability）和社会接受性（acceptability）。国外学者从系统科学的角度，将土地可持续利用的内涵定义为：合理利用自然和社会经济资源，在生产当前具有较高综合价值产品的同时，能维持将来的土地生产力和生态环境。国内学者则从农业用地的角度提出"土地可持续利用"意味着在实现土地生产力的持续稳定增长的同时，保证土地资源潜力，防止土地退化，并具有良好的经济效益和社会效益。

根据国内外土地可持续利用内涵界定和耕地资源利用系统特征，可以界定耕地资源可持续利用的内涵。耕地的可持续利用旨在通过对耕地合理的开发利用、治理和保护，提高耕地生产力，降低生产风险，使耕地产出稳定，并达到土地供需的动态平衡，以实现区域耕地利用系统中生态、经济、社会三方面的协调发展。耕地资源的可持续利用包括耕地资源的生态可持续利用和耕地资源的经济社会可持续利用。耕地资源的生态可持续利用是指要按照当地自然资源的承载力，确定土地资源的利用强度。既要考虑当前利益，又要考虑土地的永续利用，防止资源利用的短期行为。耕地资源的经济社会可持续利用是指在资源质量不发生退化的情况下，持续地从耕地中获取收益，以保证代际公平分配耕地资源。但不同的尺度上侧重点会有所不同，微观层面侧重于耕地利用方式和耕地生产力之间的关系。宏观层面侧重于重大的方针政策对耕地利用方式和生产者的影响，使有限的耕地资源持续地满足区域经济社会发展的需求。

耕地资源可持续利用的内涵不仅要反映资源可持续利用的共性，

还应反映耕地资源的自身特性,即反映耕地资源所具有的经济功能以及保障粮食安全等功能。由于耕地资源利用具有生态经济系统性特征,因此,耕地资源可持续利用需从系统的角度进行研究,其内涵界定应能反映耕地资源的自然—经济—社会复合系统的资源生产力持续稳定增长,并保证资源产品和资产价值公平分配。

耕地的可持续利用总目标就是,耕地在长期利用下,达到生态合理、经济有效可行和社会可接受的标准,使生态环境与经济社会各系统之间协同发展,实现耕地利用系统内外的协调优化。耕地资源可持续利用要依据物种生态适宜性,充分发挥田间系统的资源互补优势和生物物质能量的多级利用与转化优势,提高耕地资源的生产潜力,并保持区域景观的多样性和完整性。这就需要在耕地资源利用中,注重维护排灌工程设施,改良土壤,提高地力,并防止耕地荒漠化、盐渍化、水土流失和土壤污染。禁止在耕地上建窑、建房、建坟、挖沙、采石、采矿、取土、堆放固体废弃物或者进行其他破坏耕地的活动,以保障耕地资源数量的稳定性。在耕地开发活动中,应避免开发生态脆弱区的后备资源,防止出现新的水土流失和土地退化。

由于耕地资源利用所涉及的主要是相对弱势的农民群体,所以耕地资源的可持续利用要体现出公平性和扶持性。耕地的使用方式、产权设置及其管理模式必须保证耕地资源利用的可持续性。耕地用途转换及其资产价值分配应符合国家和农民利益,并在国家、集体和个人之间得到公平分配。所以要健全完善耕地的产权体制,保障农民的生产预期稳定,促进耕地流转,从而实现耕地资源的优化配置。

第二节 耕地资源可持续利用研究的主要内容

耕地资源可持续利用研究的主要内容包括耕地数量动态变化、耕地变化驱动力、耕地资源利用评价、耕地利用动态平衡、耕地安全等方面。

一 耕地数量动态变化与经济发展之间关系研究

自改革开放以来，我国耕地面积呈现递减的态势，尤其自进入21世纪以来，耕地面积减少的速度逐渐加快。耕地总量和人均耕地面积的减少在一定程度上反映了我国耕地资源出现持续危机的状况。

长期以来，经济发展与耕地变化之间都被认为是负相关的关系。吴永娇等从资源经济学的角度揭示我国耕地的动态变化过程。研究发现，在中、短时间尺度内社会经济发展因子对耕地变化起着重要的影响作用，主驱动因子有 GDP、人均 GDP、城市化水平和国家宏观政策。耕地面积与 GDP、城市化水平呈负相关，与人均 GDP 呈正相关。我国耕地制度安排中存在的缺陷，是造成我国耕地被城市化蔓延占用的重要原因。

汪鹏等通过对重庆市耕地面积变化与经济发展关系的区域差异分析，得出近年来重庆市耕地面积持续减少，土地利用变化与经济发展密切相关，且耕地变化程度呈现出地域分布的结论。针对该市各区县人均 GDP 以及耕地面积数量变化的研究结果表明：区域内耕地变化与经济发展水平呈负相关的关系，且两者的相关程度随经济发展而变化。

唐倩等以耕地非农化面积为因变量，以人均 GDP、财政收入和全社会固定资产投资总额为自变量，由 1982~2007 年以上四项指标构建数据时间序列，对经济增长与耕地非农化趋势进行实证研究。研究结论包括经济发展与耕地非农化之间存在内在联系，耕地非农化与经济增长的历史趋势基本一致，但耕地非农化的峰值与经济增长的峰值出现时刻不一致。随着经济的发展，耕地非农化规模与经济增长之间存在倒 U 形曲线关系，耕地非农化的数量值将先上升后下降，即耕地非农化的规模会随着经济增长先出现增加的趋势，当经济增长到一定阶段后，耕地非农化的规模将转向减少，最终趋向收敛。耕地非农化同时受宏观经济背景、耕地占用与保护政策的双重影响，且容易因政策调整而出现一些"突变"。

二 耕地变化驱动力分析

对于耕地数量变化的主要驱动力研究，目前较为一致的意见是：自然因素在很大程度上决定了高原、山地等自然条件复杂地区的耕地利用状况及其变化，而经济发展、产业增长、工业化和城镇化、农业结构调整、人口增长及政策等是影响耕地数量变化的主要因素。但是，驱动因子的选择没有统一标准。

李伟等采用计量经济面板数据方法，以中国国家尺度及东、中、西部区域尺度上1998～2002年耕地变化过程为例证，重点对土地资产－政策因子进行研究。结果表明：在国家尺度上，增强土地政策管理力度、提升失地农民保障水平、增加耕地投入水平有助于耕地保护；化肥施用量的增加将会造成耕地减少；农业总产值比重、种植业生产水平及农户经营耕地面积没有显著的解释效用。在区域尺度上，提升耕地保护政策贯彻力度、提高被征地农户补偿水平、增加耕地投入均有利于耕地保护。

柴志敏等根据1997～2006年统计数据，运用主成分分析法（PCA），定量分析山西省耕地面积变化的总体趋势以及驱动力。结果表明：1997～2006年，山西省耕地面积逐年下降，经济发展、人口增长及农业科技水平是引起耕地面积变化的主要因素。

武江民等利用1990～2004年兰州市耕地统计资料，对该地区耕地资源利用与变化的基本特征和主要驱动机制进行了分析。运用主成分分析法对影响兰州市耕地面积变化的10个社会驱动因子进行了分析，将其归纳为人口经济和农业科技因素两大类，并以耕地面积变化为因变量，以其驱动力为自变量，建立了耕地动态变化与社会驱动因子之间的回归模型。运用线性回归分析法,建立兰州市耕地变化及其驱动力综合指数的回归模型为:$Y = 22.41 - 0.001X$。通过对该模型的分析,得知:兰州市耕地压力综合指数与耕地面积总数之间具有明显的负相关性——耕地压力综合指数越高,耕地面积则越小;反之亦然。兰州市耕地面积随着耕地压力指数的升高而不断减少的事实反过来也印证了上述数学模型的准确性和可靠性。

严岩等对近20年的耕地数据分析发现,退耕还林还草、农业结构调整、建设占用、自然灾害是耕地减少最主要的直接原因,其中建设占用和自然灾害,是耕地可持续利用的最大威胁。从社会-经济-自然复合生态系统角度出发,分析了人口、社会、经济、自然和政策5个因素与耕地变动的相互关系和驱动作用。

曾祥坤等从城市化条件下的耕地变化特征入手,借鉴logistic曲线构建快速城市化地区耕地数量变化的人文驱动力模型,并以深圳市为例对模型进行了验证与分析。研究表明:耕地数量与驱动因子之间存在高度相关的指数函数关系,而"耕地转用饱和度"与驱动因子之间表现出非常显著的logistic曲线关系。人文驱动因子包括社会经济类因子和政策类因子,对于快速城市化条件下的耕地数量变化,后者的影响和作用更为显著。

王晓轩等根据广州市1978~2005年耕地面积数据及相关社会经济影响因素的时间序列数据,应用STIRPAT模型,分析人口、产业结构城市化水平对耕地面积变化的影响,以及富裕度与耕地占用之间的相关性。结果表明:在影响耕地面积变化的诸多因素中,并没有显示出明显的主导因素,而是人口、产业结构和城市化水平共同综合作用影响着耕地面积的变化。产业结构调整可以提高土地集约利用程度,从而抑制耕地面积的减少。富裕度和耕地面积之间并未形成类似环境库兹涅茨曲线。对于缓解广州市的耕地面积减少的压力问题,可以在调整产业结构、提高城市化水平、转变经济增长方式等方面统筹决策。

三 耕地资源利用评价

耕地资源可持续利用评价中的难点在于生态可持续评价指标的确定及其可行性，由于长期连续的耕地性状数据难以获取，耕地资源生态可持续性评价往往属于定性描述而非定量化的结果。

李茂等根据 50 年来耕地面积、复种指数、粮食产量等统计资料，分析我国省际耕地面积和粮食生产力变化的差异，提出耕地粮食生产力相对指数这一概念，用以定量分析各省耕地在全国粮食生产中的相对重要性，为耕地保护政策提供科学依据。新中国成立以来，我国的耕地和粮食产量变化具有明显的省际差异，这种差异显示，生产力较高的耕地在减少，生产力较低的耕地在增加；从东南向西北我国耕地粮食生产力逐渐下降。由于长江中下游地区耕地粮食生产力最高，所以这些省市耕地减少对粮食生产的影响更大。东南部耕地粮食生产力下降的主要原因是种粮的比较利益低下、耕地数量有限、人口稠密和复种指数下降等。

四 耕地利用动态平衡分析

我国现有耕地中，坡度大于 25 度的占 4.67%，60% 的耕地受到各种限制因素的制约，耕地质量总体相对较差。因此，在实施耕地动态平衡过程中，必须采取行之有效的措施，保护好优质耕地。基本建设确需占用耕地的，要视其质量等级水平，严格按照质量等级占补有余的政策。只有这样，才能实现真正意义上的耕地占补动态平衡。

按耕地动态平衡的理论内涵可以描述为以下函数关系：

$$Be = f(S, Q, T)$$

其中，Be 表示耕地动态平衡；S 表示耕地面积（数量）；Q 表示耕地质量；T 表示时间。

上式强调的是一定区域内耕地数量、质量、时间在区域耕地动态平衡中的关系。

在城市化发展进程中，允许城市扩展占用耕地，但要对占用的耕地进行补偿，使耕地在占与补之间实现动态平衡，确保耕地总量不减少。农业土地开发整理这一政策一方面可使耕地增加，缓解城市化发展中耕地逐年减少的状况；另一方面，土地开发整理政策的实施可以改善农业生产条件，从而进一步提高区域土地利用率和产出率。

五　耕地安全

目前，我国经济建设用地需求旺盛，耕地日益减少的趋势仍然难以逆转，如何有效地控制耕地的流失是当前土地管理面临的关键问题。因此，确保耕地资源的数量和质量，是耕地保护的最基本要求。

1983年世界粮农组织（WFO）指出，粮食安全生产的目标是，确保所有的人在任何时候既能买得到又能买得起所需要的基本食品。随着经济、社会的发展，区域内人口、粮食和耕地之间的矛盾日益突出，许多学者从不同角度对耕地压力进行研究，目前研究主要集中在如何评价土地资源安全、土地限制性分析、时空变化及影响机理等方面。

第三节　耕地资源可持续利用的研究视角

一　经济学视角

在城市化发展进程中，非农产业的"无序"发展导致耕地大量流失，在耕地的生产利润率长期低于社会平均利润率的条件下，耕地的利用始终受到比较大的压力。对耕地采取掠夺式经营，或者将其转作他用以获取更高的利润，都将导致耕地的不可持续利用。

耕地可持续利用的各类主体包括农户、企业、村集体以及地方和中央政府等，农户是耕地利用中经济效益的直接受益者。力求总体效用的最大化是实现耕地可持续利用的重要保证，这就需要保持耕地资源总量稳定，实现耕地利用系统内部资源的优化配置，提高其资源转化效率，从而提高耕地利用系统的总体水平。同时，发挥区域的比较优势，尽可能地满足发达地区的建设用地需求，并在经济落后地区尽可能多地保护耕地，从而解决经济发展与农地保护之间的矛盾，实现全国建设用地利用经济效益最大化。

二　生态学视角

耕地资源的生态可持续利用是农业可持续发展的基础。耕地资源的生态可持续利用要求在某种耕地利用方式下，在目前及将来较长一段时间，生态环境对耕地的基本属性能够产生良性影响。生态可持续性与自然环境中的物质和能量循环相关，如耕地的水分与养分循环并进行能量交换，耕地生态可持续性强调的是这些变化和循环的过程。研究这一过程对生态环境方面产生的影响比较复杂。

耕地的预期收入影响农户的耕地利用方式，单纯追求耕地经济效益而忽视其生态特征是无法保证耕地的可持续利用。耕地资源利用必须与生态环境保护有机结合，实施生态农业工程，以保持耕地利用系统的平衡，减缓耕地质量下降的趋势；通过植树造林、禁止乱砍滥伐等保护自然资源来改善生态环境，防止水土流失，减少自然灾害的发生频率；通过加强水利基础设施建设，如排灌沟渠硬化、增加排灌设施等，提高防御自然灾害的能力。同时，加强中低产田的改造，规避破坏地力的耕作方式，推广保护性耕作技术、秸秆还田技术，施用有机肥。提倡水旱作物和不同农作物轮作，种植绿肥。使用低毒低残留农药、无残留化学薄膜和生物治虫，防治耕地污染，改善土壤理化性状，不断提高土壤肥力，以持续获取安全的农产品。

三 社会学视角

耕地可持续利用关系到子孙后代生存和发展的利益，人类在利用耕地资源的同时，往往忽略了耕地属性的变化和对人类社会的反作用。耕地的社会可持续性就是实现耕地利用的共同性、公平性，为社会稳定和社会可持续发展提供保障。

合理安排耕地的用地结构，可使耕地产出能公平地满足社会对不同农产品的需求。为保证当代人的消费水平不降低，耕地利用系统需采用更多的可再生资源代替不可再生资源，以求为后代保留更多的不可再生资源。同时，要合理控制人口数量，不断提高人口素质，以减少人口因素对耕地的压力。政府应积极改革现行的分配制度，避免浪费性倾向，以扶持更多的低收入群体，提高其消费水平。

第四节 耕地资源可持续利用评价研究

耕地可持续利用评价是实现耕地可持续利用的必要步骤。耕地资源可持续利用具有整体性和全局性特点，在对一个耕地资源生态经济系统进行综合评价时，需要全面分析系统的内部结构、运行状况等因素。

对于耕地变化，可从数量、质量和空间三方面进行度量和比较。只有对耕地数量、质量和空间变化同时进行纵向时段和横向区域差异对比研究，才能全面了解耕地的动态变化。

耕地变化研究对象逐步趋向于综合体，已由过去传统的耕地土壤肥力、耕地自然质量为主扩展到以自然经济综合体为主。全面研究不同时间与空间尺度上的耕地利用演变规律，应包括耕地数量、质量和空间的演变、变化驱动机制及其变化趋势模拟预测、耕地保护等多项内容。但大多数研究仅局限于对耕地数量、分布变化及其驱动力分析，而缺少对耕地质量、空间形态、空间结构和空间功能变化的研究。因此，耕地变化研究的综合性与系统性都存在不足。

一 耕地资源数量变化评价研究

耕地数量不断减少的逆向变化趋势，使得人们对未来的耕地资源发展极其关注。目前许多学者从全国、省、市、县层面上分析了耕地变化的趋势。

耕地数量变化是指耕地面积的增加或减少。非农业建设占用耕地、农业内部结构调整、自然灾害造成耕地损毁、退耕还林还草还湖等因素可使耕地数量减少；耕地后备资源开发、土地整理复垦等因素可使耕地数量增加。耕地数量的增减可直接影响到粮食总产量的变化。我国耕地资源快速减少的势头仍没有从根本上得到控制。快速城市化阶段下的耕地面积减少是一种不可避免的现象，但不能因此放弃对耕地资源的保护，而应该制定严格的耕地保护政策促使城市扩展沿着高效集约的方向发展。

目前，我国耕地数量变化研究已有显著发展：在研究对象上，更强调耕地区域差异性特性及其综合研究；在变化过程方面，则从耕地利用状态变化的研究向过程变化研究转变；在影响效应方面，更强调多元化的影响因素与人类活动的累积效应；在驱动机制分析上，则从单纯考虑人口增长的影响向考虑社会、经济和生态等多元因素的影响转变；在研究方法方面，由单一评价模型向系统综合评价模型转变；在研究技术方面，由粗略的调查统计技术向精准3S技术转变；在基础理论方面，由传统的土地管理理论向多学科交叉理论渗透。

张川等采用时间序列法、耕地动态度模型和统计分析法，对云南省 1997~2005 年耕地数量动态变化的驱动因子及导致其变化的原因进行分析。结果表明：耕地类型变化以旱地的变化最为明显，而耕地总面积和人均耕地变化面积处于下降的趋势；其变化除了受人口和经济增长影响外，非农建设、生态退耕、自然灾毁、农业结构调整以及土地开发、土地复垦、土地整理等驱动因子对耕地变化也起到了进一步的促进作用。其中，生态退耕因子是导致耕地减少的最主要驱动因子，而土地开发因子是耕地增加的重要途径。

王雨濠等利用 1978~2008 年湖北省耕地面积、地区经济增长、城市化率、地方财政收入数据，采用 Granger 因果关系检验和误差修正模型分析湖北社会经济因素对耕地变化的影响。研究结果表明：湖北省经济增长、城镇化、地方财政收入等因素对耕地面积存在单向因果关系，社会经济因素与耕地面积存在长期均衡关系。经济增长、城镇化率、地方财政收入对耕地变化影响的弹性系数分别为 -0.02、0.03 和 -0.16。

党国锋等利用 51 年的耕地统计数据和近年的土地利用详查变更数据进行调查研究，揭示了甘肃省土地利用结构和耕地面积变化的总体特征。1955~2005 年甘肃省耕地面积和人均耕地面积呈现出逐年下降趋势，而粮食产量和人均粮食产量却呈现出上升趋势。最小人均耕地面积和耕地面积压力指数虽逐渐减小，但耕地压力指数历年都大于 1，说明此期粮食的供给小于需求，粮食处于不安全状态。运用回归分析方法、预测理论、最小人均耕地面积和耕地压力指数模型，对耕地面积变化的主要驱动因子进行了分析，在定量分析耕地数量变化和人口增长及经济发展关系的基础上，对未来 15 年耕地、人口、粮食、最小人均耕地面积和耕地压力指数进行了预测。结果显示：2006~2020 年，耕地压力指数将继续减小，且越来越接近 1，这说明耕地面积、人口、粮食三者之间的供需矛盾将逐渐减小，粮食安全形势将会有所缓解。

王梅等利用三农数据网和全国土地统计资料的耕地数据,对1949~2001年耕地的面积进行了分析,并根据统计口径的不同,将这53年分成两个阶段,利用变异率作为波动率来度量耕地面积,对其中出现的极端和异端数据进行了研究和分析,并揭示了其产生的政策和经济原因,得出了以下结论:1949~1960年耕地面积统计数据基本上能反映我国实有耕地面积,而1961~1998年的耕地面积统计数据失真,比实际面积偏小,1999~2001年耕地统计面积是在详查数据的基础上校正得来的,可以反映我国耕地面积的现状。变异率指标的使用改变了传统上所谓"耕地面积基本上呈现逐年减少的趋势"的简单描述。实际近年来我国耕地面积的减少有逐步减缓的趋势,情况总体上好转。通过耕地面积影响因素的分析,发现固定资产投资、粮食产量、人口、GDP对耕地面积的影响,均呈现负向关系。我国还处于工业化的初级阶段,工业发展所需要的大部分生产资料均来自农业。

刘庆等利用长株潭城市群近年的土地利用调查数据及相关社会经济资料,从耕地资源的时序变化入手,宏观分析了该区域耕地动态变化的趋势,并先将主成分分析和多元逐步回归相结合,定量研究了耕地数量变化的驱动机制,然后运用计量经济学中的协整分析与Granger因果关系检验法来进一步验证驱动因子与耕地数量变化的内在关系。结果表明:采用数理统计分析法得出,经济发展、人口增长以及国家相关政策是影响耕地减少的主要动因;但是,从计量经济学的角度进一步分析发现,耕地数量的变化与因退耕还林政策导致的林地面积变化这两者之间不存在协整关系,无法进行Granger检验;而因农民人均纯收入增加引起该区域耕地数量显著变化的说法也不十分确切。研究结果将为控制耕地减少速度、加强耕地保护、促进土地合理利用和农业持续发展提供科学依据。

黄忠华等利用1978~2007年我国耕地、经济增长、城镇化、地方财政收入数据，采用 Granger 因果关系检验和误差修正模型分析社会经济因素对耕地变化的影响。研究结果显示：①经济增长、城镇化、地方财政收入对耕地存在单向因果关系。②社会经济因素与耕地面积在长期存在均衡关系，在短期存在失衡关系，41%的非均衡波动将在下一期被修正。③在长期，城镇化、地方财政收入对耕地变化影响的弹性系数分别为 -0.05 和 -0.03；在短期，经济增长、地方财政收入对耕地变化影响的弹性系数分别为 -0.04 和 -0.01。协调耕地保护和社会经济发展的矛盾应采取长期和短期相结合的策略。在长期应减少城镇化发展和地方财政收入对耕地的依赖，在短期应提高用地效益和加强耕地征用监督，用尽可能少的耕地来保障社会经济发展。

李志等以南京市江宁区为例，在 VENSIM 软件平台上，构建城市边缘区土地利用变化动态系统模型并进行仿真模拟及预测，为揭示城市边缘区土地利用变化特征及预防可能的土地利用问题提供参考。研究结果表明：①研究区耕地变化仍处于"土地洛伦兹曲线"的前段，耕地仍将持续减少，在加大农村建设投入情况下，直至 2015 年后耕地面积将回升；②2013 年后，耕地减少的主要动力将从城市经济发展驱动转为农村居民生产生活需求驱动方面。

二 耕地资源质量变化评价研究

耕地质量是指耕地的状况和条件，可用来衡量耕地生产率水平。耕地质量变化是指反映耕地质量的自然因素和社会经济因素指标的变化。自然环境变化、土地利用程度、土地利用方式、耕地投入水平、农业科技成果普及和应用水平等都会影响耕地质量。耕地质量变化对粮食单产具有重大影响。

我国耕地质量退化的形势严峻，土壤侵蚀、土地沙化严重，同时耕作对化肥、农药的依赖性更强，氮磷钾比例失调，污染面积扩大，土体本身调节水、肥、气、热的能力衰退等都引起了耕地质量的下降。我国不同地区耕地资源在自然质量形成和人类活动驱动下的质量均存在明显不同。耕地资源的质量变化呈现鲜明的地区性特点：东北地区水土流失和土壤肥力衰退；东南沿海经济发达地区耕地面临日趋严重的污染；中部地区土壤养分不协调现象突出；西北半干旱区土壤侵蚀严重。

常用的耕地土壤质量指标一般包括土壤物理、化学和生物性质三个方面，反映了土壤作用特征和植物特征，可以用来监控引起土壤发生变化的管理措施。①物理性指标：土壤质地和结构、土层和根系深度、土壤容重和渗透率、土壤含水量、团聚稳定性等。②化学性指标：有机质、全氮、有效磷、交换性钾、pH值、阳离子交换量（CEC）、电导率、锌、钼等。目前用于进行土壤质量评价的重金属指标较少，多数为物理性指标和营养元素指标。③土壤生物学性质指标：土壤上生长的植物、土壤动物和土壤微生物。

我国关于耕地质量变化情况的实证研究较多，但耕地质量评价指标体系与方法的研究较少。王卫等在构建我国省级尺度耕地生产函数模型时用有机质含量描述耕地质量。刘小平认为耕地质量的变化指标有耕地质量指标、劳动投入指标和耕地经济产出指标。曹东杰等认为耕地质量变化指标包括耕地养分与耕地环境指标。葛向东等认为耕地质量变化评价指标支持压力-状态-响应模型，但该指标体系中，有时压力指标、状态指标和响应指标之间并没有明确的界限。

目前区域耕地质量研究多采用单因素方法进行对比分析，其评价指标对比结果直观，能具体地反映耕地某方面的质量变化。葛向东等采用多因素评价方法，但是各个指标是单独计算的，对整个区域耕地质量变化状态研究缺少整体评价结果。

三 耕地资源空间变化评价研究

耕地空间变化是指耕地的空间分布格局、空间形态、空间结构与空间功能的变化，它对耕地景观结构、格局、生态过程与生态功能的动态变化可产生较大影响。我国耕地空间分布格局变化研究逐步深入，随着土地调查的深入，3S技术的开发应用，多尺度土地利用数据库的建立，可描述耕地空间分布格局差异，可在一定程度上反映耕地空间分布状态和变化趋势。相关研究表明，我国耕地面积变化的空间分布趋势为：1978年以来净减少最快的是广东、福建、上海、江苏、浙江、山东、北京、天津及辽宁等省份，以及陕西、湖北、四川、湖南和山西等中部省份。1988年以后耕地增加最快的主要是内蒙古、黑龙江、新疆、云南、广西、贵州、甘肃、宁夏等省份。

我国对于耕地空间形态、空间结构与空间功能变化的研究还不够，缺少定性和定量的评价指标，更缺乏变化的过程研究。耕地空间结构变化的指标包括耕地流量结构、空间位置转换面积、耕地未变面积的比重、灌溉耕地和无灌溉耕地的比重等。耕地空间功能是耕地资源经济产出、生态服务和社会保障功能在空间上的体现。一定区域内建设用地的扩展占用耕地损失了该地区耕地的经济产出功能，经济效益可能提高，但社会保障功能和生态服务功能损失严重。随着今后耕地持续变化，就需要在空间形态、空间结构与空间功能上限制耕地的空间变化，进而优化空间管制模式，促进耕地资源的保护。

耕地资源与粮食生产能力是保障粮食安全的基础，因此，研究中国耕地变化对区域生产潜力产量的影响具有重大的现实意义，可以为国家相关决策提供科学依据。程传周等基于2005~2008年最新的气象观测数据和卫星反演数据，并结合2005年、2008年耕地数据及其变化数据，从耕地资源的数量变化与质量特征两方面，研究2005~2008年耕地变化对我国全境内光温生产潜力的影响。研究结果显示：①在耕地的变化过程中，光温生产潜力增加区与减少区产量变化不对等：增加区增加785.14万吨，减少区减少2543.61万吨，净减少1758.47万吨。②增加区与减少区光温生产潜力单产不对等：增加区平均光温生产潜力单产为11.89吨/公顷，减少区平均光温生产潜力单产为20.99吨/公顷，后者约为前者的2倍。③增加区与减少区空间分布不同：增加区主要分布在新疆、黑龙江、内蒙古、宁夏、青海等西北、东北地区，生态用地开垦是其增加的主要原因，占77.25%；减少区主要分布在江苏、安徽、山东、广东等黄淮海平原、长江三角洲、珠江三角洲地区，建设用地占用耕地是其减少的主要原因，占69.20%。

张国平等根据中国资源环境数据库中的耕地数据及20世纪80年代末期、1995年和2000年三期覆盖全国的遥感数据，对中国耕地时空变化进行分析。研究能结果表明：在此期间，我国耕地资源总量增加，但耕地生态环境质量下降。土地利用变化所表现在空间格局上明显存在，耕地变化幅度相差较大。北方地区耕地增加幅度趋于更大，南方地区耕地减少幅度趋于更大。东部以及沿海地区优质耕地面积迅速减少，东北地区和内蒙古自治区耕地大量开垦。水田旱地转换明显，气温升高和中国水田北移有较好的一致性，而降水的减少对西北地区耕地的撂荒和开垦有明显作用。

许多学者从全国尺度、河流三角洲地区等大区域尺度、省级尺度、地市级尺度、县（区）尺度分析了耕地数量的区域分布变化，划分出耕地数量变化的地域类型。全国尺度一般以1949年为起始点，研究的时间序列较长，耕地变化的时空差异特征明显，特别是改革开放以来，我国各地耕地变化区域差异较大。大区域尺度研究时间较短，一般采用20世纪80年代中期以后土地详查数据为起始点，耕地变化的时空特征在区域内变化显著；中尺度的省级和市级研究是在大尺度研究基础上的具体化，不同省市经济发展水平影响了变化的区域差异，耕地流失分布于经济发达地区，而经济发展缓慢地区耕地净减少较小甚至在原有基础上有所增加。小尺度的县（区）级研究才刚刚兴起，研究的区域焦点趋向于大城市的边缘县（区）和城乡接合部，尺度相对较小，多采用比较准确的数据源，一般耕地变化比较剧烈，主要是因为大城市的扩展大量占用周边县（区）的耕地所致。

关兴良等采用土地洛伦兹曲线、重心模型等 GIS 技术，利用 1980 年和 2000 年两期覆盖全国跨度 10 多年的土地利用数据，构造耕地指数、耕地变化指数对中国耕地空间分布及其空间变化格局进行分析。主要结论为：中国耕地主要分布在黑、川、蒙、豫、鲁等北部和中部省份，其中苏、粤、冀、鲁、浙等 19 个省份的耕地有所减少，黑、蒙、吉、新等 13 个省份的耕地有所增加；"胡焕庸线"之东南 40% 的国土面积分布着全国 88% 的耕地；西北地区 60% 的国土面积分布着全国 12% 的耕地，中国耕地空间分布可划分为高度稀疏区、低度稀疏区、一般过渡区、低度集聚、高度集聚区 5 种类型。中国耕地变化区域类型可适度划分为高度增长区、中度增长区、低度增长区、基本不变区、低度减少区、中度减少区、高度减少区 7 大类型。顾及耕地质量背景下的中国耕地空间分布格局及变化特征等应进一步研究。

刘彦随等利用 1996 年、2000 年和 2005 年中国县域耕地与农业劳动力数据，基于 GIS 技术和模型方法，分析了县域耕地面积与农业劳动力变化态势及其时空耦合特征。研究表明：①县域耕地面积和农业劳动力变化均呈先增后减态势。1996～2000 年，耕地总量、劳动力数量分别增长 2.70% 和 1.40%；2000～2005 年，耕地总量、劳动力数量分别减少 1.51% 和 8.18%。②"胡焕庸线"是刻画中国耕地和劳动力变化格局的重要分界线。沿此线带状区域内因退耕还林造成耕地快速减少，而农业劳动力转移滞后；其西北部区域耕地快速增加，农业劳动力也在增长；其东南部区域耕地明显减少，而农业劳动力减少速度更快，二者呈现协调态势。③耕地非农化进程中县域劳动力转移效率呈下降趋势。1996～2000 年和 2000～2005 年，全国分别有 447 个和 505 个县域的耕地减少和劳动力转移呈良性变化，90% 的县域劳耕弹性系数（LFEC）的中位数分别为 4.58 和 2.97。

刘彦随等揭示了 1990~2005 年中国粮食生产与耕地变化的时空动态特征，以及粮食生产对于耕地变化的敏感性，构建重心拟合模型和敏感度分析模型，对比分析耕地面积重心和粮食产量重心动态关系。中国粮食生产重心和耕地分布重心在空间上均表现为"北进中移"的态势，在移动方位上大致具有同向性。耕地重心沿着"西北-西南-东北"的轨迹共移动了 17.3 公里，粮食产量重心沿着"东北-西南-东北"的轨迹移动了 223.3 公里，两个重心之间的距离和粮食产量大致呈反向变化。当两者距离拉近时，粮食产量减少；当两者距离增大时，粮食产量增长。区域粮食产量增长受粮食单产、粮食播种面积等非耕地总量因素的影响日益明显；粮食产量变化对耕地变化的敏感性呈增强趋势。化肥、农药等物质投入的报酬递减趋势日益明显，粮食增产对耕地资源的依赖性也日益增强。

四 耕地资源可持续利用评价的尺度

我国耕地资源的使用者和所有者属于不同的群体，不同群体（或层次）对耕地持续利用的要求侧重点也有很大的差别，不同的层次对应的主要利益群体不同，或者说不同的利益群体关注的主要内容不同。国家、地区和农户等不同尺度（层次）的土地持有者或利益集团对于耕地可持续利用的指示因素和评价指标的认识存在显著的差异。各国、各地区自然、社会经济条件的差异将导致耕地可持续利用具体评价指标的差异。东部地区农业总产值比重的降低、西部地区灌溉面积适量减少对耕地保护起到了积极的作用。

耕地变化存在明显的区域性。选择耕地变化剧烈地区开展全方位多尺度研究，将会收到事半功倍的效果。耕地数量变化研究目前以宏观性的大、中尺度研究为主，主要集中于对全国、省、市尺度研究，但较少有对诸如县（区）、镇等小尺度的"微观"研究，使得耕地数量变化研究在其研究区域的类型上不尽完备。耕地质量变化研究同样在全国大尺度范围做了大量工作，小尺度耕地"地块"层次的农用地分等定级工作也已较深入，而中尺度"区域"层次的研究较为薄弱，缺乏耕地质量长时间序列观测数据和整体评价指标体系。耕地空间变化研究目前以空间分布研究为主，缺乏多尺度空间形态、空间结构与空间功能变化研究。

第五节 耕地资源可持续利用评价指标体系

一 耕地资源可持续利用评价指标体系构建原则

传统的耕地利用评价往往只重视经济产值和增值速度，忽视资源基础和环境条件，突出的表现就是没有将资源损耗与环境恶化等因素考虑进去，对耕地资源耗竭损失、生态破坏损失、环境污染损失及防止环境污染和生态破坏、耕地复垦的效果进行评估。

耕地可持续利用评价指标体系应当涵盖耕地在生态、经济和社会等方面的综合效益，包括耕地使用制度评价、耕地利用效果评价、耕地管理效益评价等。在确立耕地可持续评价指标时，应通过对耕地利用动态变化过程的分析，选择复合性较强的因子或参数，使评价过程相对简化。

耕地可持续利用评价指标体系的设立原则是：①系统性原则，指标系统应能够全面地反映耕地资源可持续利用的各方面内容。②动态性原则，指标的选取应能反映区域耕地资源利用的发展趋势和空间分布特点。③科学性原则，指标的物理意义明确、测定方法准确，避免重叠。④可操作性原则，指标的确定应当是简易与复杂的统一，指标易于量化，尽量利用现有统计资料和有关耕地资源利用的规范标准。

二 耕地资源可持续利用评价指标遴选和体系构建

耕地的可持续利用水平如何，受到多种条件和因素的制约和影响，既不能简单地直接计算和分析出来，又不能通过计算和分析，用一两个指标就全面地反映出来，必须从耕地可持续目标出发，对耕地利用系统进行多侧面的分析度量，才能比较全面地反映耕地的可持续性。同时，由于每个指标的性质和作用各不相同，需要对它们进行合理的分类归并，力求从不同角度多指标、分层次、客观地反映耕地的可持续利用水平。这一系列用来评价耕地可持续利用水平的指标，就构成了耕地可持续利用的指标体系。

耕地资源可持续利用评价指标体系应能反映某一时期内耕地质量和数量的动态变化及发展趋势，综合衡量组成耕地资源可持续利用的生态和经济、社会等各子系统的协调程度。实现耕地资源可持续利用评价指标体系的预期目标是：耕地利用系统处于良性的循环状态，充分发挥有限耕地的利用潜力，能够保证人口自然增长条件下粮食品质的提高和持续供给能力，促进区域经济的增长和社会的进步。

耕地资源可持续利用评价指标体系是一个由目标层、准则层和指标层构成的层次体系。目标层是区域耕地资源可持续利用。准则层由耕地利用的经济结构和经济效益、生态功能和环境质量、社会功能和社会效益六个层次构成。指标层由隶属于不同准则层的一系列指标构成。

第一，经济结构指标。主要包括产值（收入）结构，表示在耕地上生产的各业产值占耕地总产值的比重；资金结构，表示在耕地上各业投入资金占耕地总投入资金的比重；平均产值和利润，反映不同耕地利用方式对耕地总产出的贡献水平；耕地利用结构，反映在耕地上生产的各业用地面积占耕地总面积的比重。

第二，经济效益指标。主要包括单位耕地面积的总产值、单位耕地面积净产值（耕地净生产率）、单位耕地面积纯收入、单位耕地面积的劳动生产率、成本利润率、投资收益率、耕地净现值、耕地集约度和耕地年均基本建设投入量等。

第三，生态功能指标。主要包括光能利用率、净初级生产率与总初级生产率的比率、能量产投比、土地垦殖率、耕地林网化程度、复种指数和耕地保护程度等。

第四，环境质量指标。主要包括水土流失量、水土流失面积指数、有效灌溉面积指数、土地沙化面积比率、耕地用养指标、耕地污染指数、耕地受灾比率、水质质量指数、水质质量综合指数、土地环境质量指数、耕地施肥（有机和无机）结构和土壤有机质含量变化率等。

第五，社会功能指标。主要包括人口数量及其素质、人均年消费主要农产品数量及质量、农民家庭人均纯收入、农民消费结构和基尼系数等。

第六，社会效益指标。主要包括耕地可持续利用对社会经济发展的贡献率、耕地产品的商品化率、人均耕地面积、人均主要农产品数量和耕地经营产值占农户人均收入的比值等。

第六节　耕地资源可持续利用的评价模型与方法

一　耕地压力指数法

耕地压力指数可以衡量一个地区耕地资源的稀缺和冲突程度，给出了耕地保护的阈值，可作为耕地保护的调控指标，也是测度粮食安全程度的指标。

蔡运龙等提出了耕地压力指数模型，并在国内许多耕地压力研究中得到应用。耕地压力指数是最小人均耕地面积与实际人均耕地面积之比，其计算公式如下：

$$K = \frac{S_{min}}{S}$$

其中，K 为耕地压力指数；S 为实际人均耕地面积；S_{min} 为最小人均耕地面积，即一定区域范围内为保障食物需求的最小人均耕地面积。最小人均耕地面积是为了保障一定区域食品安全而需保护的最少耕地数量，受一定区域范围的食物自给水平和耕地综合生产能力的约束，为了满足每个人正常生活的食物消费所需的耕地面积，它是食物消费水平、食物自给率、食物综合生产能力等因子的函数，可用如下模型计算：

$$S_{min} = \beta \frac{Gr}{p \cdot q \cdot r}$$

其中，S_{min} 为最小人均耕地面积（公顷）；β 为食物自给率（%）；Gr 为人均食物需求量（公斤/人）；p 为食物单产（公斤/公顷）；q 为食物播种面积占总耕地播种面积之比；r 为复种指数（%），它等于一年中各个季节的实际总播种面积除以耕地面积。

耕地压力指数可以衡量一个地区耕地资源的紧张程度。由于最小人均耕地面积与实际人均耕地面积均是动态变量，所以不同区域或不同时期的耕地压力指数也呈动态变化态势。$K<1$ 时，代表人均耕地面积实际值大于最小人均耕地面积值，属于耕地无明显压力，处于安全状态；$K=1$ 时，是个临界值，代表一个地区的耕地资源粮食生产量同人们的生活需求相等，需加紧保护耕地，以保证人们正常生活需求；$K>1$ 时，代表粮食的生产不能保证正常需求，耕地压力明显，粮食生产用地紧张。

李玉平等采用最小人均耕地面积及耕地压力指数模型和自回归模型对改革开放以来河北省耕地面积、粮食产量、人口数量等数据进行分析，计算出不同时期的最小人均耕地面积和耕地压力指数，以此为基础用自回归模型对未来15年的耕地压力做出预测，进而提出减少耕地压力的对策。

刘笑彤等在计算山东省改革开放以来耕地、人口、粮食动态变化的基础上，分析了最小人均耕地面积和耕地压力指数的变化特点；运用预测理论对未来15年耕地、人口、粮食、最小人均耕地面积和耕地压力指数进行了预测。研究结果显示：1978年以来，虽然山东省人均耕地面积持续减少，但由于耕地生产率不断提高，粮食总产量和人均占有量却在持续增加，耕地压力指数呈现降低的趋势。未来15年最小人均耕地面积和耕地压力指数将进一步降低。可见，依靠增加投入和科技进步从而不断提高耕地生产率，是减轻耕地压力、保证粮食安全的根本途径。

曹蕾等根据最小人均耕地面积和耕地压力指数理论，对福建省耕地所受压力的变化进行分析。结果表明：1980～2001年福建省最小人均耕地面积变化不大，耕地压力指数呈上升趋势，耕地承受的压力明显增加。在耕地面积不断减少的同时，主要粮食单产和复种指数不断提高，说明耕地生产力是影响最小人均耕地面积的主导因素，耕地生产力和实际人均耕地面积是影响耕地压力指数的主导因素。不同时空截面上的耕地压力指数的大小反映了此时此处耕地资源所承受的压力水平。而实际人均耕地面积仅仅反映耕地数量与人口数量的对比关系，并未涉及耕地生产力、人均粮食消费水平和粮食自给率等关键因素。

耿艳辉等根据泾河流域1990～2005年耕地、人口和粮食的数据动态变化情况，计算了流域内31个县（区）的耕地压力指数，在此基础上分析了该指数在时间上的变化和在空间上的区域差异，并进一步探讨了以上变化和差异产生的原因。分析结果表明：耕地面积总体呈持续减少趋势，人均粮食产量呈上升趋势，这与粮食单产的提高有很大关系；最小人均耕地面积逐年减少，耕地压力总体减小，但旱灾期间突变性增大；流域内各县（区）耕地压力差异较大，西北部的丘陵沟壑区和六盘山地区耕地压力相对较大，中下游的南部丘陵沟壑区和冲积平原地区的耕地压力相对较小；复种指数、人口密度、粮食作物播种面积比例、粮食单产等要素对各县（区）指数的作用强度存在差异。最后，他们提出了解决耕地压力的一些有效措施和方法，并对此领域的研究方向进行了展望。

李根明等计算出全国31个省、直辖市、自治区（未包括港、澳、台地区）的耕地压力，并结合中国的耕地和社会经济发展状况，制定了耕地压力等级划分标准（见表2-1）。

表 2-1　耕地压力评价等级划分标准

级别	Ⅰ			Ⅱ		Ⅲ		
耕地压力	>0.170			0.100~0.169		<0.099		
表征状态	不明显			预警		明显		
亚级	I_a	I_b	I_c	II_a	II_b	III_a	III_b	III_c
耕地压力	>0.24	0.205~0.239	0.170~0.204	0.135~0.169	0.100~0.134	0.065~0.099	0.030~0.064	<0.029
表征状态	很小	小	较小	稍小	稍大	较大	大	很大

朱红波等引入耕地压力指数模型对我国耕地资源所承载压力的时空规律进行了实证分析。通过对改革开放以来我国耕地压力指数的测算，发现耕地压力指数在1981~1996年呈下降趋势，主要是由于最小人均耕地面积减少速度大于实际人均耕地面积的减少速度；1996年后耕地压力指数整体处于上升趋势，这主要是由实际人均耕地面积急剧减少所致。通过对2004年各省份压力指数的测算，发现有21个省份的耕地压力指数大于1。其中，上海的耕地压力指数达到了2.84；即便是在无明显压力的5个省份中，其压力指数也均在0.78以上，区域耕地压力非常明显。导致各省份耕地压力指数过大的主要原因有三：一是由于耕地大量被占用，实际人均耕地面积偏小而导致

的压力指数过大。二是因单产水平过低而导致最小人均耕地面积偏大，从而使压力指数偏大。三是粮食主产区由于要承担国家商品粮任务，使区域粮食自给率过高，导致最小人均耕地面积过大，从而使耕地压力指数偏大。通过控制耕地面积减少速度、提高农业科技水平可以有效缓解耕地压力状况。

二 耕地综合指数法

综合指数评价法，即通过消除量纲的影响，使各指标值间具有同等效用。针对不同指标给予不同权重，最后得到一个综合评价指标值。对比不同时段的分值来确定评价对象的可持续性。

综合指数方法是逐个评价土地利用的生产性、稳定性、保护性、经济可行性和社会可接受性5个方面的单项指标（包括复合指标），侧重于对土地资源可持续利用变化过程的评价，针对增长型、递减型、控制型、平稳型每一项评价指标进行分级（见表2-2）。

表2-2 区域耕地可持续利用评价指标体系

总目标	准则层	一级评价指标	二级评价指标
耕地的可持续利用	生产性	耕地的资源性 耕地的环境性 科技投入状况 耕地现实生产力 耕地潜在生产力	土壤质地、有效土层厚度、土壤含盐量 侵蚀模数、灌溉系数、亩均用水量 机耕面积比重、农作物良种化率 复种指数、垦殖指数、亩均产量 高产田在后备耕地中的比率
	稳定性	自然灾害影响 人为影响	受灾面积比率、成灾率、灾害发生频率 亩均化肥施用量、非农用地侵占比率
	保护性	耕地数量保护 耕地质量保护	耕地资源存量、耕地减少比率、新开发耕地面积比率 土壤污染面积比率及治理率、土壤侵蚀面积比率及治理率、中低产田改良率
	经济可行性	耕地经济效益	亩均产值、人均农业产值、农业产值比重、优质农产品比重
	社会可接受性	农产品结构 农产品需求 耕地产权结构	人均粮食、人均肉类、人均蛋类、人均蔬菜占用量 人均农产品消费水平、农产品自给率、人口增长率 集体土地面积比率

第一，确定评价系数，即对评价指标的数据进行无量纲化处理，某评价指标的评价系数为其不同年份间指标值的比值。只要评价系数值增大，均可视为有利于耕地的可持续利用。其公式为：

$$当 C 为正作用指标时，Y_{it} = C_{it}/C_{io}$$
$$当 C 为负作用指标时，Y_{it} = C_{io}/C_{it}$$

其中，Y_{it} 为第 i 项指标在第 t 年的评价系数；C_{it} 为第 i 项指标在第 t 年的统计值；C_{io} 为第 i 项指标在基期年的统计值。

第二，确定权重。由于各指标对耕地可持续利用的作用不同，可利用层次分析法，通过两两对比的方法建立判断矩阵，从而计算出各指标的相对权重（W_i）。

第三，综合评定，即利用公式 $Z_t = \Sigma W_i \times Y_{it}$ 来对耕地可持续利用进行综合评价。

其中，Z_t 为第 t 年耕地可持续利用的综合评价系数；W_i、Y_{it} 同上。

其评判的标准为：若存在 $Z_{t+1} \geq Z_t$，则表明耕地利用是可持续的；否则，耕地利用就存在问题，需找出问题并提出解决办法。

运用综合指数评价法进行耕地资源利用评价需重点考虑以下方面：一是体系的动态性，即指针对不同的评价区域可以相应地增加一些代表区域特点的指标或者删除对评价不起作用的指标，以保证科学性和准确性。同时，为了确保评价体系的时效性，应在每一次评价完后删掉无时效的指标或者增加新的指标，使其能更好地为决策服务。

二是定量分析与定性分析相结合。无可否认评价中存在许多难以量化的指标，因此上述指标体系仅是定量分析的基础，实际操作中还需通过对这个指标体系进行灰色关联度分析，找出对 5 个评价准则层起重要作用的指标（不限个数），然后结合这些静态指标的变化速率做动态趋势分析即可作为定性分析的基础。同时，应采用恰当的评价模型对这个指标体系的所有指标做聚合分析来作为定性分析的依据。

三是指标权重的赋值。不同地区相同指标的权重值不可能完全一样,以保护性为例,在南方地区耕地资源存量少,而侵占率大,故该项权重应取较大值为宜;相对而言,北方地区耕地资源存量较多,开发程度较低,因此宜给该项权重赋一个较小值。同时,应注意指标权重值的时效性,采用定量(灰色关联度分析)与定性(特尔菲法)相结合的方法来赋值。

谢宗棠等构建了甘肃省土地资源可持续性利用的综合评价指标体系,采用相关分析和模糊数学方法对土地资源可持续性利用状况进行综合评价。在研究中选取了土地资源的生产性、稳定性、保护性、经济可行性及社会可接受性5个方面32个单项指标进行评价,根据各指标相关系数确定指标权重,依据S形隶属度曲线计算各指标的隶属度,采用指数方法计算各年度的综合指标值,进而综合评价甘肃省土地资源可持续性利用状况。

王静等根据土地资源可持续利用评价指标体系选取原则土地资源可持续利用评价指标体系框架五大准则层所有指标进行相关关系分析,剔除一部分指标,以较少的指标来反映锡山土地利用系统状况,即进行指标筛选,建立锡山土地资源可持续利用评价指标体系。进而,以专家打分和问卷方式,采用层次分析法确定指标权重,评价采用综合指数方法与单指标多角度评价方法相结合的方法,评价的最终目的是找出土地利用过程中存在的不可持续因素。

三 耕地能值足迹模型

耕地能值足迹是在一定的经济规模条件下,维持特定人口的资源和能源消费所必需的耕地面积。耕地能值足迹计算方法如下。

(一) 耕地生态承载力

以生态足迹来衡量生态承载力(Ecological Capacity,EC)的定义是:在不损害有关生态系统的生产力和功能完整的前提下,一个地区能够拥有的生态生产性土地的总面积。为了更好地理解生态承载力，将自然资源分为可更新资源和不可更新资源两类。随着人类对资源的不断利用，不可更新资源的消耗会日益枯竭，只有利用可更新资源，生态承载力才具有可持续性。

将生态承载力理解为能够支持某一地区人类消费的可以再生的、可持续利用的自然资源的总量，其计算公式为：

$$EC = \frac{E}{N \cdot D} \cdot Y$$

其中，EC 表示人均生态承载力；E 表示研究地区地表可更新资源的能值；D 为全球地表能值密度，数值为 3.1×10^{15} sej/公顷（太阳能值焦耳 Solar Energy Joules，缩写为 sej）；N 表示地区人口总量；Y 表示产量因子，是地区产量与世界平均产量的比率，以反映不同区域的土地利用效率。

（二）耕地生态足迹

将能值分析运用于耕地生态足迹研究，就是把研究地区耕地生产的人类消费项目——粮食、棉花、油料和蔬菜等农产品的数量转换成能量流，通过能值转换率，换算成可以直接进行加减的太阳能值。这些农产品的生产所需的基本能源是太阳辐射能、雨水化学能和土壤储能，这三种能量相互联系但不可替代。耕地生态足迹计算公式为：

$$EF = \frac{E_m}{D} = \frac{\sum E_{mi}}{N \cdot D} = \frac{\sum E_i \cdot M_i}{N \cdot D}$$

其中，EF 表示人均生态足迹；E_m 表示总人均消费项目的能值；D 表示全球平均能值密度；E_{mi} 为第 i 种消费项目的能值；N 表示地区人口总量；E_i 代表第 i 种消费项目含有的有效能；M_i 代表第 i 种消费项目的太阳能值转换率。

（三）生态赤字或盈余

将人均生态足迹与人均生态承载力进行比较，得到生态赤字

(Ecological Deficit，ED）或生态盈余（Ecological Surplus，ES）：

$$ED = EF - EC$$

如果 ED 为正，表示出现生态赤字，说明研究区域耕地生态系统处于不可持续状态；如果 ED 为负，则出现生态盈余，表示区域耕地生态系统处于可持续状态。

（四）能值可持续指数

能值可持续指数（Energy Sustainable Index，ESI）是一个相对指标，表示耕地可持续利用的程度，不仅可以真实地反映区域耕地利用的程度，而且可以进行不同区域之间的比较。能值可持续指数数值越大，表示区域生态可持续供给（生态承载力）越能满足人类生态需求（生态足迹）；反之亦然。

$$ESI = \frac{EC}{EC + EF}$$

ESI 介于 1 和 0 之间，当 ESI 等于 0.5 时，则 EF 和 EC 两者相等，说明耕地能够提供的可再生资源量与人类从耕地实际获取的资源量相等，两者处于平衡状态，是可持续发展与不可持续发展的临界点。我们根据生态可持续指数远离 0.5 的程度，以 0.15 为等级变化范围，把耕地利用可持续发展程度从强可持续到强不可持续分为 6 个不同的等级类型（见表 2-3）。

表 2-3 耕地生态可持续指数分级

等级	能值可持续指数	耕地利用可持续程度
1	>0.80	强可持续
2	0.65~0.80	中等可持续
3	0.50~0.64	弱可持续
4	0.35~0.49	弱不可持续
5	0.20~0.34	中等不可持续
6	<0.20	强不可持续

耕地能值生态足迹（EEF）方法将所有的自然资源转化为太阳能值进行比较，所采用的能值转换率、能值密度等参数更加稳定，更能真实地反映区域生态足迹的特征。对于自然生态系统来说，其自组织化程度已经达到很高效的程度，因此，对于来自自然界的产品和服务，其太阳能值转换率的数值相对来说是稳定的。

四　耕地生态位适宜度模型

区域耕地的可持续利用必须以各种资源（条件）为支撑和基础，包括耕地可持续利用所要求的自然条件、经济条件和社会条件，它们共同构成一个多维的资源（条件）空间，也可以说是生态因子空间。其中，区域耕地资源可持续利用所需的各种资源因子构成的资源生态位空间，被称为最适生态位空间；而区域耕地的现实资源构成对应的资源生态位空间，被称为现实资源生态位空间。二者之间的匹配关系，反映了区域耕地现状资源条件对其可持续利用的适宜程度，其度量可以用生态位适宜度来估计。当区域耕地的现状资源（条件）完全满足经济发展的要求时，耕地可持续利用生态位适宜度为1；而当资源条件完全不满足其对应的资源需求时，耕地可持续利用生态位适宜度为0。由此看出，生态位适宜度反映了区域耕地可持续利用的资源需求与现状资源生态因子之间是否良好匹配的关系。

以区域耕地资源可持续利用生态位为研究对象，假定考虑了 m 年内耕地资源可持续利用相关的 n 个生态因子。将 n 个生态因子量化后的标准化值分别记作 x_1，x_2，$\cdots$，x_n，则各年份值可记作 $X_i = (x_{i1}, x_{i2}, \cdots, x_{in})$，$X_i$ 表示第 i 年（$i = 1, 2, \cdots, m$）特定区域耕地资源可持续利用的一个现实生态位，它是 n 维资源空间中的点。

另外，在区域耕地资源可持续利用的过程中，第 j 种资源的最适值记作 x_{aj}（$j = 1, 2, \cdots, n$），全部 x_{aj} 构成的数组记作 $X_a = (x_{a1}$，

x_{a2}, …, x_{an}），称 X_a 为区域耕地资源可持续利用的最适生态位。显然它是耕地生态位属性的一种定量描述。若把表征耕地资源可持续利用生态位的 n 维空间中的区域记作 E^n，则 $X_i \in E^n$，$X_a \in E^n$。

区域耕地资源可持续利用的生态位适宜度是表征其属性的最适资源生态位 X_a 与表征其自然经济社会条件的现实资源位 X_i 之间的贴近度，其数学模型的一般形式为：

$$F_i = \phi(X_i, X_a), X_a \in E^n, X_i \in E^n$$

假定对特定区域耕地可持续利用下的 n 个生态位因子进行观测，观测期限为 m 年。

首先，计算 x_{ij} 与 x_{aj} 之间的绝对差：

$$\delta_{ij} = |x_{ij} - x_{aj}| \tag{1}$$

其中，$i = 1, 2, \cdots, m$；$j = 1, 2, \cdots, n$。

记 δ_{ij} 的最大值和最小值分别为：

$$\delta_{max} = \max\{\delta_{ij}\} = \max\{|x_{ij} - x_{aj}|\} \tag{2}$$

$$\delta_{min} = \min\{\delta_{ij}\} = \min\{|x_{ij} - x_{aj}|\} \tag{3}$$

然后，由此建立的区域耕地可持续利用生态位适宜度模型为：

$$F_i = \frac{1}{n} \sum_{i=1}^{n} \frac{\min\{|x_{ij} - x_{aj}|\} + \alpha \times \max\{|x_{ij} - x_{aj}|\}}{|x_{ij} - x_{aj}| + \alpha \times \max\{|x_{ij} - x_{aj}|\}} \tag{4}$$

其中，F_i 表示第 i 年的耕地可持续利用生态位适宜度；α 为模型参数（$0 \leq \alpha \leq 1$）。关于参数 α 的估算，可以假定当 $\delta_{ij} = \bar{\delta}_{ij}$ 时，$F_i = 0.5$，即用下式估算：

$$\bar{\delta}_{ij} = \frac{1}{m \times n} \sum_{i=1}^{m} \sum_{j=1}^{n} \delta_{ij} \tag{5}$$

$$\frac{\delta_{min} + \alpha \times \delta_{max}}{\bar{\delta}_{ij} + \alpha \times \delta_{max}} = 0.5 \tag{6}$$

由此可推出 α 值。

牛海鹏等从区域耕地生态系统整体出发，提出耕地生态元和耕地生态位的概念，并在此基础上构建耕地可持续利用生态位适宜度模型。该模型在建模思路上不同于限制因子模型、希尔伯脱空间模型以及百分比相似性模型，它是通过计算两组标准化数据间的绝对差，由此构造的一种测定区域耕地可持续利用生态位适宜度的公式，其实质是支撑耕地可持续利用的现实资源生态位与最适生态位间的一种几何贴近度。

与传统的耕地可持续利用评价方法相比，基于生态位适宜度的耕地可持续利用评价方法具有较为显著的优点：①利用最适生态位解释区域耕地可持续利用评价标准，以及运用 n 维资源（条件）生态位与最适生态位的匹配这一基本思想进行区域耕地可持续利用评价，生态意义明确，丰富了耕地可持续利用评价理论和方法，从而为从生态位的角度研究区域耕地的利用、发展和演变提供了可能。②测算出生态位适宜度 F_i 值能够反映区域耕地所处的现实条件对其最佳可持续利用水平的适宜性程度，便于不同地区根据生态位适宜度值的大小制定区域耕地利用方案和措施。

从研究过程和结果看，表征耕地可持续利用生态位适宜度的 F_i 值不仅与各因子观测值与其最适值密切相关，而且与最适值的选取和观测值、最适值标准化方法相关。从耕地生态位适宜度值的指示意义看，将 F_i 与限制因子模型所测算出来的 NF_{min-i} 值结合起来，效果更佳，有利于从总体水平和最大限制因子两个角度衡量区域耕地可持续利用水平。

五 耕地压力径向基函数（RBF）模型

李春华等在对目前耕地利用压力程度度量方法进行分析的基础上，运用人工神经网络（ANN）的理论和方法，构建了 ANN 模型分析中应用最为广泛的 RBF 模型。RBF 网络由三层组成。第一层为输入层；第二层为隐含的径向基层；第三层为输出线性层。径向对称的，最常用的是高斯函数。

$$R_i(x) = \exp\left[-\frac{\|x - c_i\|^2}{2\sigma_i^2}\right] \quad i = 1, 2, \cdots, p$$

其中，x 是 m 维输入向量；c_i 是第 i 个基函数的中心；σ_i 是第 i 个感知的变量；p 是感知单元的个数。$\|x - c_i\|$ 是向量 $x - c_i$ 的范数。输入层实现从 $x \to R_i(x)$ 的非线性映射，输出层实现从 $R_i(x) \to y_k$ 的线性映射，即：

$$y_k = \sum_{i=1}^{p} w_{ik} R_i(x) \quad h - 1, 2, \cdots, q$$

其中，q 是输出节点数。

把所有原始数据指标进行归一化处理，使其处于 [0，1] 之间，再根据所有样本归一化的数据最大和最小区间，进行线性内插，线性设定影响等级。把评价对象的各指标所构成的向量集作为输入，径向基函数作为非线性处理器，评价结果作为输出。由于 MATLAB 把数、向量、矩阵等都处理成矩阵形式，所以 RBF 模型的输入、输出均可以用矩阵来表示。

在 MATLAB 环境下创建 RBF 模型的格式为：

$$net = newrb(X, Y, \varepsilon, s)$$

其中，X、Y、ε、s 分别为归一化输入矩阵、目标矩阵、均方误差和 RBF 的分布函数；newrb 是在 MATLAB 环境下 RBF 模型的设计函数。

用 SIM 函数对耕地利用压力程度进行评价，其格式为：

$$B = SIM(net, A)$$

其中，A 为评价单元的归一化输入矩阵；SIM 为在 MATLAB 环境下的 RBF 模型的仿真函数；B 为用 RBF 模型对耕地利用压力程度进行评价的等级矩阵输出结果。

李春华等采用样本压力状态指标表示其耕地利用压力状态，15个耕地压力状态指标如下：①城市化水平（非农人口/总人口，p1），反映社会经济发展和耕地数量之间的关系。②人均耕地面积（p2），反映耕地利用现状。③人口密度（总人口/土地总面积，p3），反映现状耕地的人口压力。④文盲（半文盲）占 15 岁以上人口比例（p4），反映人地系统中人口素质的地域差异。⑤后备耕地资源率（后备耕地资源量/原有耕地量，p5），表示地区耕地资源禀赋。⑥地均投资（当年固定资产投资量/土地面积，p6），反映耕地经济投入程度。⑦城市居民食品消费（p7）和农村居民食品消费（p8），反映保证粮食安全对耕地最低数量的需求压力。⑧工业废水处置率（p9）和废物处置百分比（p10），表示地区环境质量对耕地质量的影响。⑨客运量（p11），反映交通建设占用对耕地面积变化的影响。⑩生态退耕面积占耕地总面积的比例（p12），表示耕地面临的生态退耕压力。⑪成灾与受灾比（p13），反映耕地利用环境脆弱程度。⑫作物种植面积与总播种面积比（p14），反映农业结构调整和耕地数量变化的关系。⑬亩均耕地化肥施用量（p15），反映耕地化肥投入量对耕地质量的影响。

利用我国 31 个省级行政区数据作为样本，对 2004 年中国 31 个省（市、自治区）的耕地利用压力程度进行了评价。模型运行结果表明：中国耕地利用压力程度的区域差异显著。耕地利用压力程度较高的省（市、区）主要分布在东部沿海地区。耕地利用压力程度较低的省（市、区）主要分布在中部和西部地区。我国耕地利用压力的区域差异主要表现为东部和中西部及沿海和内地的差异。

参考文献

[1] 曲福田、陈江龙、陈会广：《经济发展与中国土地非农化》，商务印书馆，2007。

[2] 曲福田：《农地非农化与粮食安全：理论与实证分析》，《南京农业大学学报》2006年第2期。

[3] 吴永娇、董锁成：《中国耕地变化模式的资源经济学分析》，《中国人口·资源与环境》2010年第5期。

[4] 汪鹏、刘燕、马超：《重庆市耕地面积变化与经济发展关系的区域差异分析》，《安徽农业科学》2010年第31期。

[5] 唐倩、魏娜：《基于耕地库兹涅茨曲线的耕地非农化与经济增长相关性研究》，《农村经济与科技》2011年第1期。

[6] 李伟、郝晋珉、冯婷婷、张洁瑕、谢敏：《基于计量经济模型的中国耕地数量变化政策与资产因素分析》，《农业工程学报》2008年第6期。

[7] 柴志敏、刘小英、李卫祥、李富忠：《基于PCA法的山西省耕地变化及驱动力研究》，《中国农机化》2011年第1期。

[8] 武江民、赵学茂、党国锋：《甘肃兰州市耕地动态变化与驱动力关系定量研究》，《干旱区资源与环境》2010年第12期。

[9] 严岩、赵景柱、王延春、罗祺姗：《中国耕地资源损失驱动力分析》，《生态学杂志》2005年第7期。

[10] 曾祥坤、李贵才、王仰麟、谢苗苗：《基于logistic曲线的快速城市化地区耕地变化人文驱动力建模》，《资源科学》2009年第4期。

[11] 王晓轩、夏丽华、邓珊珊、潘灼坤：《基于STIRPAT模型的广州市耕地变化社会经济驱动力分析》，《中国农学通报》2010年第20期。

[12] 李茂、张洪业：《中国耕地和粮食生产力变化的省际差异研究》，《资源科学》2003年第3期。

[13] 范秋梅、蔡运龙：《基于粮食安全的区域耕地压力研究》，《地域研究与开发》2010年第5期。

[14] 封志明、刘宝勤、杨艳昭：《中国耕地资源数量变化的趋势分析与数据重建》，《自然资源学报》2005年第1期。

[15] 李秀彬：《中国近20年来耕地面积变化及其政策启示》，《自然资源学报》1999年第4期。

[16] 张川、王穗、张建生、郭颖良等：《云南省耕地数量动态变化及驱动因子研究》，《云南农业大学学报》2011年第1期。

[17] 王雨濠、吴娟、张安录：《湖北省耕地变化与社会经济因素的实证分析》，

《中国人口·资源与环境》2010年第7期。

[18] 党国锋、尚雯、洪媛：《甘肃省耕地数量变化特征及其对粮食安全的影响》，《干旱区资源与环境》2010年第2期。

[19] 王梅、曲福田：《基于变异率的中国50多年耕地变化动因分析》，《资源科学》2005年第2期。

[20] 刘庆、陈利根、杨君、何长元、沈飞：《长、株、潭城市群耕地资源数量变化驱动力的计量经济分析》，《资源科学》2010年第9期。

[21] 黄忠华、吴次芳、杜雪君：《我国耕地变化与社会经济因素的实证分析》，《自然资源学报》2009年第2期。

[22] 李志、周生路、陆长林、李达、王晓瑞：《基于系统动力学城市边缘区土地利用变化模拟与预测》，《土壤》2010年第2期。

[23] 王卫、李秀彬：《中国耕地有机质含量变化对土地生产力影响的定量研究》，《地理科学》2002年第1期。

[24] 刘小平：《县级耕地质量经济评价的理论与方法研究——以江苏扬中市为例》，《地域研究与开发》1999年第2期。

[25] 曹东杰、顾玉泉、朱恩等：《上海市金山区耕地质量时空变化与提高途径》，《上海农业学报》2008年第1期。

[26] 葛向东、彭补拙、濮励杰等：《长江三角洲地区耕地质量变化的初步研究——以锡山市为例》，《长江流域资源与环境》2002年第1期。

[27] 程传周、杨小唤、李月娇、纪银晓：《2005~2008年中国耕地变化对区域生产潜力的影响》，《地球信息科学学报》2010年第5期。

[28] 张国平、刘纪远、张增祥：《近10年来中国耕地资源的时空变化分析》，《地理学报》2003年第3期。

[29] 刘毅华：《我国耕地数量变化研究的回顾——进展及问题》，《土壤》2003年第3期。

[30] 关兴良、方创琳、鲁莎莎：《中国耕地变化的空间格局与重心曲线动态分析》，《自然资源学报》2010年第12期。

[31] 刘彦随、李裕瑞：《中国县域耕地与农业劳动力变化的时空耦合关系》，《地理学报》2010年第12期。

[32] 刘彦随、王介勇、郭丽英：《中国粮食生产与耕地变化的时空动态》，《中国农业科学》2009年第12期。

[33] 谢宗棠、刘宏霞：《甘肃省土地资源可持续性利用的综合评价》，《西北民族大学学报》（自然科学版）2009年第4期。

[34] 徐梦洁、葛向东：《耕地可持续利用评价指标体系及评价》，《土壤学报》2001年第3期。

[35] 赵凯、牛刚：《对耕地可持续利用评价指标体系的探讨》，《经济问题》2001年第6期。

[36] 蔡运龙、傅泽强、戴尔阜：《区域最小人均耕地面积与耕地资源调控》，《地理学报》2002年第2期。

[37] 蔡运龙、汪涌、李玉平：《中国耕地供需变化规律研究》，《中国土地科学》2009年第3期。
[38] 李玉平、蔡运龙：《河北省耕地压力动态分析与预测》，《干旱区资源与环境》2007年第4期。
[39] 刘笑彤、蔡运龙：《基于耕地压力指数的山东省粮食安全状况研究》，《中国人口·资源与环境》2010年第3期。
[40] 曹蕾、陈志强：《福建耕地压力变化及其影响因素分析》，《安徽农业科学》2009年第8期。
[41] 耿艳辉、闵庆文、成升魁、陈操操：《泾河流域耕地－人口－粮食系统与耕地压力指数时空分布》，《农业工程学报》2008年第10期。
[42] 李根明、孙虎、耿海波、任桂镇：《耕地压力评价模型的建立及应用》，《农业系统科学与综合研究》2007年第4期。
[43] 朱红波、张安录：《中国耕地压力指数时空规律分析》，《资源科学》2007年第2期。
[44] 龚丽芳、杜清运：《耕地可持续利用评价指标体系初探》，《国土资源科技管理》2002年第5期。
[45] 王静、濮励杰、张凤荣：《县级土地资源可持续利用评价指标体系与评价方法——以江苏锡山为例》，《资源科学》2003年第5期。
[46] 李成英、陈怀录：《基于能值生态足迹的青海省耕地可持续发展研究》，《青海师范大学学报》（哲学社会科学版），2010年第3期。
[47] 王国刚、杨德刚、苏芮等：《生态足迹模型及其改进模型在耕地评价中的应用》，《中国生态农业学报》2010年第5期。
[48] 牛海鹏、赵同谦、张安录、李明秋：《基于生态位适宜度的耕地可持续利用评价》，《生态学报》2009年第10期。
[49] 李春华、李宁、史培军：《我国耕地利用压力区域差异的RBF模型判定》，《中国人口·资源与环境》2006年第5期。

第三章 我国耕地资源现状

第一节 耕地资源可持续利用的含义

一 "耕地"的定义

我国是从耕地的利用现状角度对"耕地"进行定义的,耕地一般是指种植短期作物的土地。

2007年,国土资源部牵头制订了《土地利用现状分类》国家标准(GB/T21010-2007),将耕地定义为"种植农作物的土地",包括熟地、新开发、复垦、整理地、休闲地(含轮歇地、轮作地);以种植农作物(含蔬菜)为主,间或有零星果树、桑树或其他树木的土地;平均每年能保证收获一季的已垦滩地和海涂。耕地中包括南方面积宽度小于1米、北方面积宽度小于2米固定的沟、渠、路和地坎(埂);临时种植药材、草皮、花卉、苗木等的耕地,以及其他临时改变用途的耕地。二级地类包括用于种植水稻、莲藕等水生农作物的耕地,还包括实行水生、旱生农作物轮种的水田(有水源保证和灌溉设施),在一般年景能正常灌溉,种植旱生农作物和种植蔬菜等非工厂化的大棚的水浇地（无灌溉设施），主要靠天然降水种植旱生农作物的耕地，以及没有灌溉设施仅靠引洪淤灌的旱地。

二 耕地数量可持续的含义

从耕地面积有限性角度看，耕地资源不是典型的可再生资源；但耕地资源的生产能力是可再生的。用经济增长模型分析可再生资源的可持续利用特征，可以得到以下两点含义。

第一，存量不变，耕地面积的数量保持稳定，即保证资源的总规模不变。

第二，资源的边际变动率等于经济的平均增长率，或者可表达为资源的自然增长率等于贴现率，即耕地数量的减少获得的收益应等于或大于经济增长率，以保证获得资源利用效率。例如，可再生的森林资源以（T+1）年的收入增量＝T年的资源使用量（采伐量）；可再生的耕地资源的生产能力：本期的收入增量（期末的收入量－期间的投入量）＝资源耗损量。

三 耕地资源可持续利用的视角

本书使用"耕地资源可持续利用"一词，目的是在突出耕地的自然属性的同时，加入耕地的经济社会属性，并从经济、生态和社会的视角评价耕地资源的保护和利用。

从经济学的视角出发来看，耕地的生产利润率＝社会的平均利润率，两者之间的差异决定着耕地利用可持续性的经济压力。

从生态学的视角出发来看，耕地的预期产出品≥耕地的现实产出品，耕地的数量和质量决定着持续地获得安全的农产品的能力。

从社会学的视角出发来看，耕地的预期分配功能≥耕地的现实分配功能，体现社会发展的公平性原则。

第二节 耕地数量变化

一 对耕地面积数据的说明

1949年以来，我国耕地面积是如何变化的？在很长时间内这是一个充满争议的话题。我国的耕地面积值是一个动态数据，在不同时间段的统计口径和范围存在较大差异，同一时间段来自国土部门、农业部门和经济统计部门的数据亦存在差异。这种数据的差异，使得以往对耕地数量变化的分析会得到完全不同的结论。

最近十多年中，来自自然科学与社会科学领域的专家学者，利用不同渠道获得的数据，对1949年以来我国耕地面积数据不断地进行修正和重建，认为"由于多种原因造成中国对于耕地面积的统计在不同时段统计范围与口径差异很大"，并引用国际应用系统分析研究所的结论，即中国耕地面积统计数据有可能存在40%左右的误差（封志明，2005）。与此同时，国土资源部门从自然资源的视角，利用大比例尺地图和土地详查数据对耕地面积的数据进行了核实，并发布了自1998年以来的耕地面积数据。

时至今日，社会各界对我国耕地数量历史数据的分析已经基本达成共识——来自《中国统计年鉴》的耕地面积数据时间序列最长（1949年至今），但准确性受到质疑；农业部门和土地调查数据准确性较高，但为截面数据，不具有时间的连续性。

事实上，由于耕地具有自然资源、农业生产和经济资产等方面的多重属性，同时还具有数量动态、可替代和可置换的特征，全国尺度下的耕地数量将会长期存在资源数量、生产数量和经济数量的差异。自2009年《2008年中国国土资源公报》发布2008年耕地面积数据后,2009年、2010年和2011年的国土资源公报中已经连续三年没有再发布我国耕地面积数据,取而代之的是出现了"新增耕地面积"和"批准建设占用耕地面积"等数据元素,这种状况的出现,与自2008年以来我国耕地面积减少的主要因素已经转向非用建设占用密切相关[①],也与目前我国实行的耕地占补平衡管理举措相吻合。

二 对耕地数据差异的解释

由于耕地具有自然资源、农业生产和经济资产等方面的多重特征,数量是动态的、可替代的和可转换的,由此出现了来自不同部门(口径)的数据有一定差异的现状。

从自然资源的角度出发来看,国土部门的数据来自大比例尺地图和土地利用详查数据,并以耕地资源概念为基础,数据准确。

从农业生产的角度出发来看,农业部门的数据主要以农作物的产量为依据进行估计。

从经济活动的角度出发来看,统计年鉴中的数据综合考虑耕地的资源、生产和保障功能等因素,2007年以来没有发生变化。

三 耕地面积变化

(一)耕地面积变动率

本书通过耕地面积数量、耕地面积变化率和耕地面积环比变化率等数据,分析耕地数量变化,数据来源为1998~2008年的《中国国土资源年鉴》。按照这一数据来源[②],全国耕地面积从1998年的

---

① 来自中国国土资源年鉴的数据显示2008年建设占用耕地已经占到当年耕地减少的70%,即耕地减少的绝大部分已经用于非农建设,这揭示出在新补充耕地而实现耕地数量总体稳定的同时,建设用地占用耕地的现象仍不容忽视。

② 数据来源于1998~2008年《中国国土资源年鉴》。本书的最新数据之所以截至2008年,是因为2009年和2010年官方使用的全国耕地面积数据与2008年相同,而且到2011年尚未出版《中国国土资源年鉴2009》。

194463.15万亩，下降到2008年的182573.84万亩；耕地面积年度变化率在2003年达到高峰值，为2.01%，以后开始逐年下降，2007年和2008年分别为0.03%和0.02%（见图3-1）。

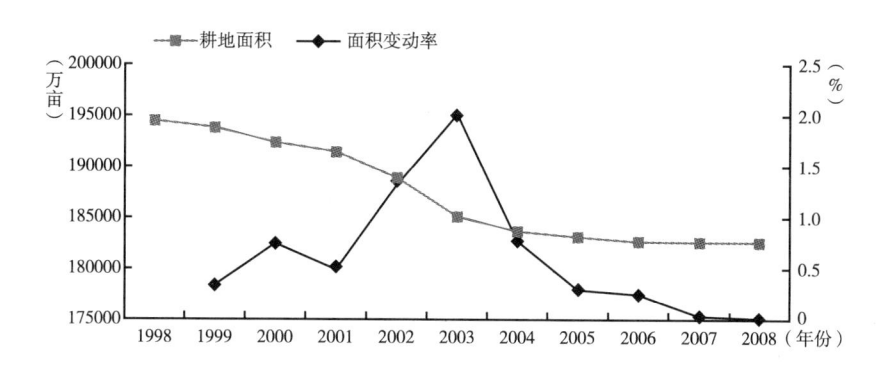

图3-1 1998年以来我国耕地面积及变动率

（二）耕地面积环比变动率

为了进一步揭示耕地减少的情况，这里用环比变动率进行观察，定义为：本年度内耕地面积减少量与上年度内耕地面积减少量之比，即 $\Delta S = (S_{t+1} - S_t) / (S_t - S_{t-1})$。

如果 $\Delta S \geq 1$，意味着耕地减少速度增加（或不变）。

如果 $0 \geq \Delta S < 1$，意味着耕地减少速度下降，耕地面积仍是下降趋势。

如果 $\Delta S < 0$，意味着耕地面积呈增加趋势。

2000年、2002年和2003年的耕地面积变动率大于1，为加速减少年份。其中，2002年达到2.69，为耕地面积减少速度最快的一年。2004年以来，耕地面积变动速度为0~1，表明我国耕地面积仍表现为减少的趋势，但减少的速度在下降。其中，2007年耕地变化率为0.17，是这十年中耕地减少速度最慢的一年（见图3-2）。

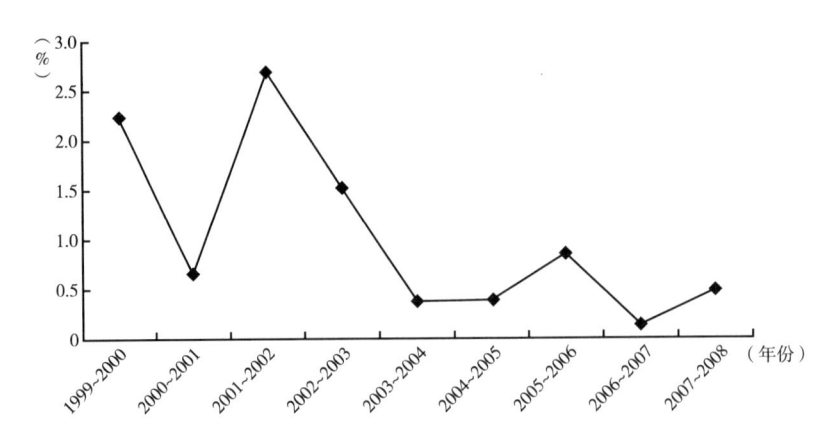

图 3-2 1999~2008 年我国耕地面积环比变动率

根据分省的数据可以分为三种类型：①ΔS 全部大于 0，耕地面积一直呈现下降趋势。②ΔS 在一些年份大于 0、一些年份小于 0，且 2008 年仍为正数，呈现波动减少趋势。③ΔS 在一些年份大于 0、一些年份小于 0，且 2008 年为负数，则耕地环比减少的势头已经扭转，即 2008 年耕地面积开始增加，呈现波动增加趋势。

在 1998~2008 年期间，北京、福建、广东、重庆、贵州和云南 6 个省份耕地呈稳定减少型；天津、内蒙古、辽宁、吉林、上海、浙江、山东、湖南、广西、西藏、甘肃、青海、宁夏和新疆 14 个省份为波动减少型；河北、山西、黑龙江、江苏、安徽、江西、河南、湖北、海南、四川和陕西 11 个省份为波动增加型。在稳定减少的 6 个省份中，没有粮食主产省份；而 11 个波动增加的省份中，8 个为粮食主产区。

四 建设用地占用耕地的份额

耕地非农化是每一个国家工业化、城镇化过程中必然出现的现象。20 世纪 90 年代以来，中国经济增长与社会发展相继进入了工业化中期和城市化加速期。一方面，耕地转变为非农建设用地为国民经济的全面发展提供了土地保障，对经济增长起着重要作用；另一方面，耕地非农化也存在明显的副作用，造成耕地数量减少、质量退化，同时产生了一定数量的失地农民，威胁到粮食安全和社会稳定。

《1997~2010年全国土地利用总体规划纲要》中提出了农用地特别是耕地的保护目标和建设用地控制目标。耕地总面积目标为：2010年保持在12801万公顷（19.20亿亩）以上，其中基本农田面积在10856万公顷（16.28亿亩）以上。建设用地总量控制目标为：2001~2010年，新增建设用地不超过204.80万公顷（3072万亩），合计不超过340.80万公顷（5112万亩），其中占用耕地面积不超过196.67万公顷（2950万亩）[1]。根据公布的数据可以看出，现实与目标之间已经存在差异，而实际的差异更大。

本书根据数据的可获得性[2]，分析了1999~2008年全国和分省的建设用地占用耕地情况。1999~2008年，建设用地占用耕地面积经历了快速上升到逐步稳定的过程，1999年占用耕地面积30.78万亩，2004年占用达到高峰的42.92万亩，2008年下降到28.74万亩。

在各年度的数据中，2004~2006年，耕地面积减少数量包括两部分：当年减少数量和往年未变更上报数量。在国土部门的统计数据中，利用3年时间将前些年没有上报的占地面积化解，从2007年起为当年减少数量。由此，在本书中对"往年未变更上报"建设占用耕地数量采用两种处理方法：一是直接计入当年建设占用耕地数量（调整前）；二是将3年数据加总然后分摊到1999~2006年的8年中（调整后），如表3-1、图3-3、图3-4所示。

---

[1] 参见国土资源部网站，http://www.mlr.gov.cn/zwgk/ghjh/200710/t20071017_658615.htm。

[2] 从1999年起《中国国土资源年鉴》中出现了耕地变化和建设用地占用耕地的数据。

表3-1 1999~2009年耕地数量及建设占用耕地数量

单位：亩，%

年份	年初耕地面积	建设占用耕地（调整前）	建设占用耕地（调整后）	建设占地占总耕地（调整后）	建设占地占耕地减少（调整前）	建设占地占耕地减少（调整后）
1999	1944631455	3078877	3664444	0.19	24.39	29.02
2000	1938082424	2448883	3034450	0.16	10.42	12.92
2001	1923647003	2454809	3040376	0.16	18.32	22.69
2002	1914237133	2947494	3533061	0.18	9.69	11.62
2003	1888943981	3436581	4022153	0.21	7.95	9.31
2004	1850883150	4392054	2761911	0.15	19.81	12.46
2005	1836663833	3181673	2665986	0.15	21.54	18.05
2006	1831240001	3878093	3096091	0.17	25.18	20.11
2007	1826638069	2824289	2824289	0.15	55.27	55.27
2008	1826027983	2873523	2873523	0.16	68.91	68.91
合计	18780995032	31516276	31516284	1.68	17.06	17.06

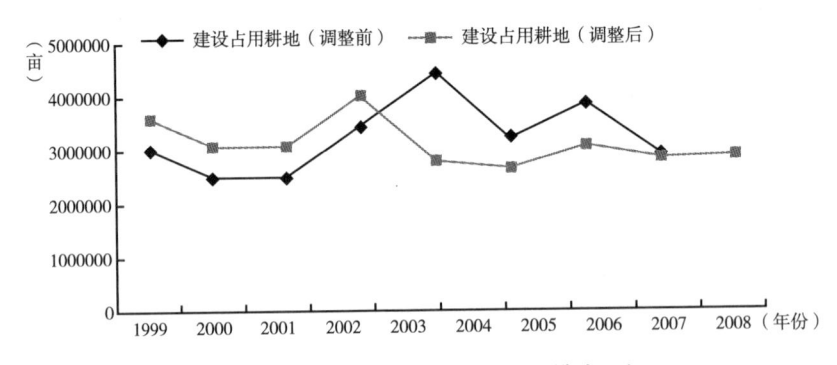

图3-3 1999~2008年建设占用耕地面积

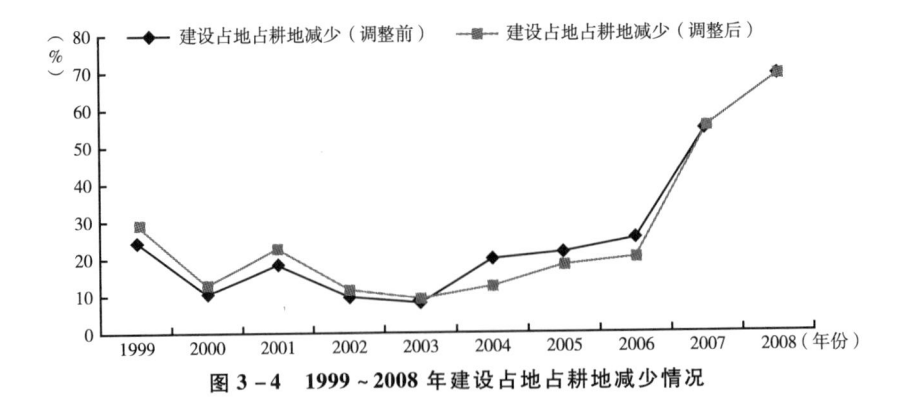

图3-4 1999~2008年建设占地占耕地减少情况

1999~2008年，耕地面积的减少数量呈现波动下降且趋于稳定的态势；但建设占地占耕地减少的比例，却呈现波动且趋于上升的态势。2006年之前，建设占地占耕地减少的比例均在30%以下，而从2007年起这个比例开始超过50%，且呈上升趋势（见图3-1和图3-2）。根据国土资源部的数据，"十一五"以来，全国每年建设用地需求在1200万亩以上，但是每年土地利用计划下达的新增建设用地指标只有600万亩左右，缺口达50%。[1]

2007年之前，"建设用地需求"与"耕地减少"被视为两个不同的概念，耕地减少的大部分用于"生态退耕"和"农业产业结构调整"，即仍是大农地范畴之内的变动；但从2007年以来，这两者之间的联系越来越紧密，耕地减少的绝大部分已经用于非农建设。这揭示出在新补充耕地而实现耕地数量总体稳定的同时，建设用地占用耕地的现象仍不容忽视。

第三节 耕地质量变化

一 评价耕地质量的指标

在农业生产及其相关的研究推广领域，耕地质量就是指耕作土壤质量。本书中将使用这一概念。

1993年，美国成立土壤质量协会，土壤质量已经被确定为美国农业部（NRCS）的一个重要指标。欧盟也将土壤质量评价作为可持续发展的一个重要而有效的指标。

---

[1] 徐绍史：《落实节约优先战略 加强资源节约和管理》，参见国土资源部网站，http://www.mlr.gov.cn/xwdt/jrxw/201012/t20101207_799850.htm。

在生产实践中，土壤质量是土壤动态变化最综合的表征，它既能反映土壤管理的变化，也能反映土壤退化的恢复能力。在1991年和1992年的两次美国土壤质量问题学术讨论会中，着重探讨了土壤质量的指标、定量化方法以及土壤质量与土壤特性和适度利用之间的关系，明确了土壤质量应从生产力、环境质量、人类和动植物健康三方面进行评价，也将此作为高质量土地的努力目标。1997年赵其国院士首次将"土壤质量"概念引入我国。

关于土壤质量的一系列定义，国内与国际上基本一致。国际上通用的是 Doran 和 Parkin（1994）从生产力、环境质量和健康三个角度进行的定义：土壤在生态系统中保持生物生产力、维持环境质量以及促进植物和动物健康的能力。在土壤质量演变规律与持续利用等"973"项目研究中，认为土壤质量取决于土壤支持粮食生产所需的肥力高低，取决于容纳、吸收、降解和自净各种环境污染物质能力的强弱以及促进人与动植物健康能力大小的综合量度。从而确定了土壤的三项基本功能：土壤肥力质量、土壤环境质量和土壤健康质量。

土壤质量的好坏取决于土地利用方式、生态系统类型、地理位置、土壤类型等多因素的相互作用。本书只考虑土地利用方式对土壤质量的影响。一般用于评价土壤质量的土壤性质就是土壤质量指标，并且土壤质量指标的选取与研究的目的也相关。如 Gomez 等为评价菲律宾农田上土地的可持续利用水平，将农民满意度和土壤自然资源条件考虑为评价指标，认为高产量、低成本、少劳动量和高利润可以提高农民的满意度，自然条件一般为土壤深度、持水量、营养均衡、有机质和生物多样性等。

二 全国耕地土壤主要性状变化趋势

耕地土壤是粮食生产的基础，耕地质量是关系到粮食安全、人类健康及生态环境可持续的重要环节（卢良恕，2000；赵其国，2001）。

（一）土壤有机质含量变化趋势

土壤有机质是表征土壤质量与肥力的重要因子，其含量的高低与土壤肥力水平紧密相关。国内外研究（Johannes Lehmann，2001；王胜佳等，2002；解宏图等，2003）表明，自然环境条件的改变、有机肥的施用和轮作方式的不同，都会影响土壤有机质的数量和构成。

我国土壤有机质的具体变化趋势表现为：1985～1997年国家级长期定位监测点的监测结果表明，土壤有机质含量呈显著上升趋势，从1985年的21.2克/公斤上升到1997年的26.9克/公斤，年平均增加0.437克/公斤，而1998～2006年土壤有机质含量基本保持稳定。

另外，各地自然条件以及农业经营水平均有差异：全国耕层土壤有机质含量区域变化总趋势是华南、东北、西南、华东地区有机质普遍高于全国平均水平，华北、西北地区则普遍低于全国平均水平。

同时，不同类型土壤由于自身形成条件和人类生产活动影响，有机质含量也会不同。2006年的监测结果显示，特殊条件和栽培方式下形成的水稻土有机质含量较高，平均含量为32.2克/公斤，东北的草甸土和黑土，含量分别是27.6克/公斤和23.3克/公斤，冲积平原形成的潮土有机质含量较低，为17.7克/公斤；褐土和灌淤土有机质含量也不高，分别为15.5克/公斤和13.9克/公斤；由紫色岩风化而成的南方紫色土，土体较薄，有机质平均含量仅为10.5克/公斤。

（二）土壤全氮变化趋势

1985～1997年国家级长期定位监测点的监测结果表明，土壤全氮含量呈显著上升趋势，从1985年的1.30克/公斤上升到1997年的1.55克/公斤，年平均增加0.02克/公斤；而1998～2006年土壤全氮含量基本保持稳定。这与有机质的变化趋势基本相似。对1998～2006年国家级耕地土壤监测点耕层有机质和全氮含量进行统计分析，土壤全氮与有机质含量变化存在显著相关关系（相关系数为0.8781）。

区域土壤全氮含量与有机质分布基本一致：全国土壤耕层有机质含量区域变化总趋势是华南、东北、西南、华东地区全氮含量普遍高于全国平均水平，华北、西北地区则普遍低于全国平均水平。

（三）土壤有效磷含量变化趋势

国家级长期定位监测点的监测结果表明，土壤有效磷含量在两个监测段均呈显著的上升趋势。土壤有效磷从1985年的6.4毫克/公斤上升到1997年的16.8毫克/公斤，年平均增加0.8毫克/公斤；从1998年的18.3毫克/公斤上升到2006年的27.4毫克/公斤，年平均增加1.0毫克/公斤。

从全国不同区域土壤检测结果显示，耕层土壤有效磷含量区域变化趋势是东北、华北地区有效磷含量普遍高于全国平均水平，华东、华南、西南地区含量普遍低于全国平均水平，西北地区则与全国水平持平。

（四）土壤速效钾含量变化趋势

1985~1997年国家级长期定位监测点的监测结果表明，土壤速效钾含量呈上升趋势，从1985年的76毫克/公斤上升到2006年的127毫克/公斤，年平均增加2毫克/公斤。从20年来的监测结果看，全国耕层速效钾含量变化趋势表现为稳中有升。

从不同区域看，全国耕层土壤速效钾含量区域变化是北方含量高，南方含量低（对策：南方施用钾肥来提高作物产量），西北、东北、华北地区速效钾含量普遍高于全国水平，华南、华东、西南地区含量普遍低于全国平均含量。

（五）土壤pH值变化趋势

从20多年的监测结果来看，全国耕层土壤pH值基本保值稳定。土壤pH值产生于土壤形成过程中，区域性差异大，2006年监测结果为，pH值西北地区最高（8.1），然后是华北地区（7.6）、东北地区（7.1），均高于中性值（7.0），而华南、西南和华东地区则为酸性地区，分别为6.2、6.1和6.0。

三 全国农田养分平衡与主要作物产量变化

(一) 土壤有机质含量变化趋势

对于耕地基础地力的量化指标，多采用在常规的生产水平下，不施肥（空白）区的农业产量占常规区产量的百分率，又称地力贡献率，来度量基础地力的高低（吴志丹，1997）。

从全国土壤检测的结果来看，几种主要作物——小麦、玉米、水稻的基础地力贡献率自1986～2006年呈下降趋势（可能与1997年全国监测点大调整有关）。小麦地力贡献率平均为39.07%，各区域有所不同，从高到低依次是华南、西北、华北、华东、西南；玉米地力贡献率平均为45.55%，各区域有所不同，从高到低依次是东北、华北、华南、西北、华东、西南；水稻地力贡献率平均为49.43%，各区域有所不同，从高到低依次是华北、华东、华南、东北、西南。不同作物对土壤基础地力的依赖程度不同，由高到低依次是水稻、大豆、玉米、小麦、油菜。

我国耕地基础地力从总体变化趋势来看，可以分为两个阶段：玉米、小麦与油菜空白区的产量变化幅度不大，呈稳定趋势；而水稻在1986～1997年和1998～2006年均呈下降趋势。

(二) 主要作物产量变化趋势

产量是土壤肥力水平高低的综合指标。2006年度全国监测结果显示，不同区域作物产量差异较大，如小麦产量华北地区最高，施肥区平均单产是6124.95公斤/公顷，增产150.26%；其次是华东施肥区，平均单产是6077.85公斤/公顷，增产232.43%；西北地区平均单产是5591.55公斤/公顷，增产101.35%；西南地区平均单产为3450.15公斤/公顷，增产245.41%；而华南地区最低，平均单产为3205.05公斤/公顷，增产97.23%。

全国20年监测结果显示，1988～2006年在常规施肥条件下主要作物产量变化趋势除油菜、大豆产量上升趋势不明显外，小麦、玉米、水稻产量都呈明显上升趋势。不同区域主要作物产量的变化趋势也不相同，表现为：第一，对于水稻的常规施肥产量而言，华南和华东地区的产量呈显著上升趋势，平均每年分别上升40.5公斤/公顷和88.6公斤/公顷。而在华北、东北和西南地区水稻产量上升趋势不明显。第二，东北、华北的玉米主产区都呈上升趋势，说明施肥对于提高玉米产量有较好的作用。第三，对于小麦产量来说，西南地区呈明显的下降趋势，而在其他区域，如华北、华东和西北地区都呈显著或极显著的上升趋势。

（三）基础地力与作物产量变化关系

从全国监测点多年的检测结果看，全国土壤监测点的主要作物产量呈稳中有升趋势。1988年以来，除了油菜、大豆产量上升不明显外，小麦、玉米、水稻产量都呈明显的上升趋势。

四 耕地化肥施用量

2009年底完成的全国第一次污染源普查结果显示，[①] 2007年全国农业源污染物的化学需氧量排放量为1324.09万吨，占全国化学需氧量排放总量的43.7%，对水环境造成了较大的负面影响。农业源污染物也是总氮、总磷排放的主要来源，其排放量分别为270.46万吨和28.47万吨，分别占全国排放总量的57.2%和67.4%。这次普查结果表明，农业环境污染成为中国环境污染的主要来源。

（一）耕地化肥施用量持续增加

1998~2008年，化肥施用量持续增加，由4085万吨增加到5239万吨，年均增长达到3%；耕地年均化肥施用量从315公斤/公顷增加到430公斤/公顷。农用化肥施用量的持续增加，为增加粮食产量

---

① 参见人民网，http://env.people.com.cn/，2010年2月9日。

做出了一定的贡献；与此同时，也成为局部地区农业面源污染的主要来源。在大多数情况下，农田肥料面源污染存在时间滞后性和空间的可变性，并受到自然因素（降水形式、土壤坡度和土壤性质）、技术因素（灌溉方式、施肥技术、作物类型）、经济因素（投入和产出品的市场价格）和政策因素（政府农业扶持政策）的影响。

（二）农田无机氮肥过量施用

我国绿色农业生产技术指导原则中提出，每年每公顷耕地施用无机氮的总量不能超过300公斤（刘连馥，2008）。德国规定，农田氮的最高施用量为每年240公斤/公顷·年（武兰芳等，2009），包括无机氮和畜禽粪便。由此可见，我国绿色农业的氮肥标准是指无机氮的施用量，这是相当低水平的标准。根据国内农田氮素施用量与氮肥损失的一般情况，得出的研究结论是，我国大田作物无污染的施氮量标准为单季150~225公斤/公顷（其平均数为单季180公斤/公顷），并称其为"平均适宜施氮量"（侯彦林，2009）。

根据《中国统计年鉴》中的氮肥施用量数据，复合肥按50%的含氮量计算，本书采用了年度耕地化肥施用量每公顷300公斤、单季每公顷180公斤的标准。

在1998~2009年的11年中我国每年耕地施用的无机氮肥总体呈现快速增加趋势，且无机氮肥过量施用问题表现出显著的区域差异性。

1998年全国平均水平为204公斤/公顷，其中超过每公顷300公斤的省份为9个。其中，北京和上海超过标准30%；最高的福建和江苏超过标准50%以上。在低于标准的22个省份中，有9个省份低于标准50%以上。

2008年全国平均水平为255公斤/公顷，其中超过每公顷300公斤的省份上升为15个。其中，北京、上海、河南和湖北超过标准30%；福建、江苏、广东超过标准50%以上。在低于标准的16个省份中，仍有8个省份低于标准50%以上（见表3-2和表3-3）。

表 3-2 耕地年度氮肥投入量的时间和空间变化（超过标准的省份）

单位：公斤/公顷·年

变化率 （变化水平）	0%~10% (300~330)	10%~30% (330~390)	30%~50% (390~450)	50%以上 (>450)
1998年	浙江、广东	安徽、山东、湖北	北京、上海	江苏、福建
2008年	河北、安徽	天津、浙江、山东、湖南、海南、陕西	北京、上海、河南、湖北	江苏、福建、广东

表 3-3 耕地年度氮肥投入量的时间和空间变化（低于标准的省份）

单位：公斤/公顷·年

变化率 （变化水平）	0%~10% (300~270)	10%~30% (270~210)	30%~50% (210~150)	50%以上 (<150)
1998年	河南、湖南	天津、河北、四川	辽宁、吉林、江西、广西、海南、重庆、陕西、宁夏	山西、内蒙古、黑龙江、贵州、云南、西藏、甘肃、青海、新疆
2008年		江西、广西、重庆、四川、新疆	辽宁、吉林、云南、宁夏	山西、内蒙古、黑龙江、贵州、西藏、甘肃、青海

由此可以做出以下两点判断：其一，从时间维度上看，过去的11年中全国耕地无机氮过量施用现象明显加重；其二，从空间分布看，经济发达省份的无机氮过度施用明显高于经济欠发达省份。

第四节 土壤环境质量评价

目前，全国土壤污染情况调查的现状是：农业部门没有组织过全国性的调查，环保部门也没有准确的数据。根据国务院的部署，2006年起环境保护部会同国土资源部开展了全国土壤现状调查及污染防治专项工作，目前各地正在进行数据审核和分析。[①] 但是，到目前还没有官方口径统一公布的数据，这为进行全国性的宏观研究带来了一定的困难。就目前阶段看来，土壤环境质量的判断面临困难。

根据环境保护部的报告[②]，由于方方面面的原因，我国一些地区的土壤受到不同程度的污染，对生态环境、食品安全和农业可持续发展构成威胁，土壤污染的总体形势相当严峻，具体表现在以下几个方面。

一是土壤污染程度加剧。据不完全调查，2006年全国受污染的耕地约有1.5亿亩，污水灌溉污染耕地3250万亩，固体废弃物堆存占地和毁田200万亩，合计约占耕地总面积的1/10以上，其中多数集中在经济较发达的地区。

二是土壤污染危害巨大。据估算，全国每年因重金属污染的粮食达1200万吨，造成的直接经济损失超过200亿元。土壤污染造成有害物质在农作物中积累，并通过食物链进入人体，引发各种疾病，最终危害人类健康。土壤污染直接影响土壤生态系统的结构和功能，最终将对生态安全构成威胁。

三是土壤污染防治基础薄弱。目前，全国土壤污染的面积、分布和程度不清，导致防治措施缺乏针对性。防治土壤污染的法律仍然缺乏，土壤环境标准体系也未形成。由于资金投入有限，土壤科学研究难以深入进行。有相当部分的干部群众和企业界对土壤污染的严重性和危害性缺乏认识，土壤污染日趋严重。

目前，我国土壤环境质量管理中面临着巨大的挑战和困难，表现

[①] 截至2009年底，已经完成65637个点位、18万个土壤、农产品等样品的采集和分析测试工作，共入库470多万个实测数据和205万个野外样点环境信息数据，制作图件1万多件，累计培训15000多人次。该项目完成后将掌握全国范围的土壤污染现状、污染范围、主要污染物和污染程度，为土壤环境管理奠定基础。

[②] 参见周生贤在全国土壤污染状况调查视频会议上的报告《强调采取有效措施 保障土壤环境安全和人体健康》，http://www.mep.gov.cn/。

为：第一，耕地面积的约束。如果将已经受到污染的农田全部都不耕种，则遇到粮食安全的挑战。第二，食品中污染物是否超标？涉及国内和国外的标准问题，土壤环境质量标准是工作难点之一。尽管环保部门于 1997 年出台了"土壤环境质量标准"，近年出台了设施农业标准和展览用地标准，但是土壤环境保护中还涉及更复杂的问题，如土壤中元素超标不一定是污染；污染不一定有危害；土壤不超标的情况下农作物可能有危害；同样的污染物浓度，在不同地区影响不同。

因此，对当前土壤环境质量的总体判断是：①局部地区土壤污染严重。②人为活动是土壤污染的主要原因。③自然背景值在相当大的范围内是重要因素。今后的工作重点是：加强立法、投入机制和管理部门的职责，将土壤环境保护法列入议程。"十二五"规划中，第一次有了《土壤环境保护专项规划》，即便如此，土壤环境保护与大气和水环境管理的差异在于，土壤环境保护做不到指标规划，而是从控制风险的角度进行规划，如对污染土壤调整用途。

参考文献

[1] 全国农业技术推广服务中心、中国农业科学院农业资源与区划所编著《耕地质量演变趋势研究》，中国农业科学技术出版社，2008。
[2] 刘连馥主编《绿色农业生产技术·指导原则》，中国绿色食品发展中心、中国绿色食品协会组织编写，2008 年 12 月。
[3] 《中国土壤环境保护政策研究》（中国环境与发展国际合作委员会专题政策研究报告），2010 年 11 月。
[4] 《绿色农业经济转型研究》（中国环境与发展国际合作委员会课题报告），2011 年 9 月。

第四章 中国耕地资源管理的政策演进及评述

中国是世界上人口最多且土地资源相对稀缺的国家,耕地问题成为众多社会矛盾的焦点,引起国家、政府和社会的广泛关注。自1986年国家土地局成立以来,国家逐步确立了以耕地总量动态平衡、土地用途管制、基本农田保护、建设用地计划和审批管理等制度为主体的耕地保护的宏观和微观管理制度,并出台了一系列的耕地保护政策。

有两点需要陈述:首先,耕地管理政策评述的目的是清楚地勾勒出我国耕地保护的管理政策及目标,以及分析耕地管理政策是否起到了政府管理耕地的作用。其次,耕地管理的核心是耕地保护,所以耕地管理的政策评述主要是就耕地保护政策进行的。

第一节 我国耕地管理体制

我国的耕地管理体制曾经历过统管、分管、统管和分管相结合三种形式,从趋势上看我国的耕地制度体制格局是从分管向统管过渡,管理手段与措施更加严格。

新中国成立后，最初中央内务部曾设地政司，主管全国地政，但这种统管的形式不久即被分管形式所取代，从20世纪50年代中期到80年代初，土地管理体制基本上是采取分管的模式，即分城市、农村和部门三部分。20世纪50年代，政府在城市成立了地政局，直属市政府领导，之后又归属民政局领导。20世纪50年代中期，有些城市将地政和房产合并，称为地政房产管理委员会，后又改为房地产管理局，房屋及土地的管理都属其职能范围内。农村的土地归农业部下属的土地利用局、土壤肥料局等主管。直到1986年正式成立了国家土地管理局，主要负责执行国家的土地政策和法令，组织草拟全国土地和城乡地政管理的立法，主管全国的土地征用、划拨工作。以上事项具体承办需由国务院进行用地项目的申请、审查、报批工作；用以制止非农业建设乱占、滥用耕地和土地买卖租赁的不正之风，其他各部门（铁路、交通、林业、水利）的用地是由部门自身负责利用和管理。

1999年实施的《土地管理法》规定"国务院土地行政主管部门统一负责全国土地的管理和监督工作"。新组建的国土资源部是国务院的土地行政主管部门，统一负责全国土地的管理和监督工作。这表明，我国实行的是全国土地、城乡地政统一管理的体制，即统管体制。目前的土地通关体制，在组织上有五个层次的管理机构：国务院管理部门（国土资源部）、省级土地管理部门、地市级土地管理部门、县级土地管理部门、乡级土地管理部门（乡土地管理所）。2003年12月31日前，各级土地管理部门隶属于同级人民政府，负责本行政区域内土地的统一管理工作。2003年12月，中央政府决定，在全国实行省以下土地垂直管理体制，进一步加强国家对国土资源的统一领导，实行最严格的耕地保护制度。

我国的土地管理政策变革趋向集中管理，尤其是近几年改革的方向较为明显。

1986年6月通过的《土地管理法》中规定国家实行土地用途管制制度，严格限制耕地转变为建设用地，控制建设用地总量，对耕地实行特殊保护；1987年4月，国务院制定了《中华人民共和国耕地占用税暂行条例》；1987年6月，农牧渔业部、国家土地管理局发布了《关于在农业结构调整中严格控制占用耕地的联合通知》；1990年7月，国务院办公厅转发了建设部《关于进一步清理整顿房地产开发公司意见的通知》；1993年4月国务院颁发了《关于严格审批和认真清理各类开发区的通知》；1992年7月，国家土地管理局颁发了《关于严格依法审批土地的紧急通知》；1992年6月，《全国土地总体规划纲要》和《中华人民共和国土地增值税暂行条例》颁布实施；1995年2月，农业部发布了《关于立即制止乱占耕地的通知》；2003年2月，国土资源部下发了《进一步治理整顿土地只需工作方案》；2003年2~7月，国家对新的《土地管理法》实施情况进行了检查；针对各类园区用地、非法圈占集体土地、土地违法违规交易、管理松弛等问题，2003年7月，国务院先后发出了《国务院关于停止审批各类开发区的紧急通知》《国务院办公厅关于清理整顿开发区加强建设用地管理的通知》；2003年11月，国务院又发出了《国务院关于加大工作力度，进一步治理整顿土地市场秩序的紧急通知》，提出要通过治理整顿，使违规设立的开发区得到清理整顿，乱占、滥用耕地和土地的行为得到规范，进一步加强国家对土地的管理。

当前我国耕地保护制度框架以1998年《土地管理法》为核心，主要包括土地用途管制、耕地总量动态平衡、基本农田保护、土地税费等制度安排。在具体执行这些制度的时候，各行政主管部门又陆续出台了农地转用审批（上收农地转用以及征用权和审批权）、土地利用规划管制、耕地占补平衡（将耕地保护的责任落实到省级人民政府，规定省、自治区、直辖市人民政府确保本行政区域内耕地总量不减少）、开发复垦整理、基本农田保护、耕地占用税条例等一系列具体措施。这些制度对耕地保护的行为主体及其责任进行了较为明确的界定,使其成为世界上现行的较为严格的耕地保护制度之一。

第二节 改革开放以来我国耕地保护政策的变化

一 耕地管理政策萌芽阶段:1978~1985年

1978年中共十一届三中全会的召开,掀开了中国改革开放的序幕,中国经济增长从此驶入了快车道,经济实力不断增强。由于中国的改革首先从农村开始,在此期间农业生产得到了较快发展,如1978~1985年,中国农业总产值从1397.00亿元增长到3619.49亿元,粮食总产量从30477万吨增长到37911万吨(全国人均粮食占有量则从317公斤/人提高到358公斤/人)。

随着经济发展以及温饱问题的初步解决,各项建设有计划地展开,一批大中型工程项目陆续开建,农民建房和乡镇企业也逐步兴起。所有这些不可避免地要占用耕地,导致其间全国耕地净减少了330万公顷,年均净减少47.14万公顷。

(一) 政策发展脉络

为了确保粮食生产的资源基础,中央政府多次强调保护耕地。1978年《政府工作报告》提出要通过开荒促使耕地面积逐年增加。1981年《政府工作报告》认为"十分珍惜每寸土地,合理利用每寸土地"应是我们的国策,并要求基本建设和农村建房不能乱占、滥用耕地。

1982年中央1号文件将保护耕地视为与控制人口一样重要的国策,并要求严格控制各类建设占地;该年《政府工作报告》还将滥占耕地建房看成当时农村中必须刹住的一股歪风。1983年中央1号文件在将"耕地减少"列为当时农村一大隐患的同时,明确提出要"严格控制占用耕地建房"和"爱惜每一寸耕地"。为落实中央政府的要求,相关部门陆续颁布了一些有助于耕地保护的法规、规章,但数量并不多,如1982年颁布的《国家建设征用土地条例》也涵盖了耕地保护内容。

(二) 耕地政策主要特点

这一时期恰值改革开放初期,计划经济色彩仍较浓,加之粮食生产形势总体向好和发展经济愿望强烈,耕地管理政策呈现如下特点。

一是该政策难以协调粮食安全与结构调整。确保粮食安全是农业工作的重中之重,但通过结构调整发展多种经营从而提高农民收入的要求同样非常迫切,耕地保护政策苦于协调粮食安全和调整农业结构的关系。1981~1983年《政府工作报告》和1982~1983年中央1号文件都要求在不放松粮食生产的同时发展多种经营,但1984~1985年高调推动农业结构调整则在一定程度上弱化了耕地管理的重要性。

二是耕地管理政策总体上服从建设保障需要。随着经济发展,各类建设用地需求突增,加上粮食生产形势总体上向消除粮食安全压力的方向发展,保证国家建设用地需求常以牺牲耕地为代价。如1982年颁布的《国家建设征用土地条例》虽然也提出保护耕地的要求,但该条例设立的原则之一就是要"保证国家建设必需的土地"。

三是政策散见于相关文件和报告。虽然这一时期各用地部门往往基于局部利益而夸大用地需求并造成耕地浪费,但由于没有专门的土地管理机构,也少有专门的法律、法规,有关耕地保护要求散见于相关文件和报告中,使得耕地保护缺乏具体的法律和政策依据。

四是实施措施稍有提及但不具体。耕地管理政策多以行政命令贯彻,虽也提到了其他措施,如1983年中央1号文件提出"做好规划"、1984年中央1号文件提出"对农民向土地的投资应予合理补偿"等,但多停留于概念而缺少具体配套措施。

二 耕地管理政策制定起步阶段:1986~1997年

1986~1997年,中国国内生产总值从10275.18亿元增长到78973.03亿元,年均增长率高达20.08%。其间我国农业发展同样总体上保持快速发展的势头,农业总产值从4013.01亿元增长到23788.40亿元,粮食总产量从39151万吨增长到49417万吨,并于1996年首次突破5亿吨(50454万吨)大关,全国人均粮食占有量从364公斤/人提高到411公斤/人。

随着我国经济增长速度进一步加快,城镇、基础设施、农村等各项建设全面铺开,加上农业结构调整等政策的实施,我国耕地流失速度仍然较快,其间全国耕地面积净减少310.38万公顷,年均净减少34.49万公顷。

(一)政策发展脉络

由于当时耕地资源的过快减少,1986年中央1号文件要求有关部门尽快制定有关控制非农建设占用耕地的条例,同年"中发7号文件"第一次提出"十分珍惜和合理利用每寸土地,切实保护耕地,是我国必须长期坚持的一项基本国策"的政策号召条例,该年通过的《土地管理法》则对建设用地审批流程和毁坏耕地处罚条例等做了详细规定。国家土地管理局在1987~1988年还参与发布了《关于在农业结构调整中严格控制占用耕地的联合通知》等文件。

1990年《政府工作报告》在强调严格执行建设用地计划和建设用地审批的同时,提出建设占用耕地要承担开发土地义务的要求。1992~1993年国务院相继发布了《关于严格制止乱占、滥用耕地的紧急通知》等文件。1994年国务院发布了《基本农田保护条例》,随后四年的《政府工作报告》都强调要建立健全基本农田保护制度。

1996年6月全国土地管理厅局长会议首次提出"实现耕地总量动态平衡"这一观点。而为了增强威慑性和改善管理效果，1997年有关部门第一次设立了"破坏耕地罪""非法批地罪""非法转让土地罪"，同年中共中央、国务院颁布了"中发11号文件"，后者直接致使国家土地管理局发布了《冻结非农业建设项目占用耕地规定》。

(二) 政策的主要特点

这一时期我国正处于从计划经济向市场经济过渡阶段，加上经济快速发展带来旺盛的用地需求，耕地管理政策呈现如下特点。

一是耕地管理政策受到比较利益的极大冲击。1987年因农业结构调整减少耕地55.6万公顷，虽然这一情形在随后几年有所改观，但很快出现反弹。农业结构调整成为1987～1995年间耕地减少的最主要因素，合计减少耕地352.40万公顷，占其间耕地减少总量的62.04%。

二是耕地管理政策的实施过度倚重行政手段。虽然1986年《土地管理法》明确了乱占、滥用和破坏耕地等行为属于违法，但1997年之前一直缺乏定罪标准而且执法实施困难。1986年"中发7号文件"首次提出要"运用经济手段"，同年颁布的《土地管理法》也规定对一些行为罚款，但一直缺乏合理标准而且执行不力。法律和经济手段的缺位，使得落实耕地管理政策只能更多地凭借行政手段。

三是耕地管理政策虽陆续制定但系统性不强。1986年国家土地管理局成立后，我国开始有了加强耕地保护的专门机构、专业队伍和统一体制。自此以后，我国从宏观和微观方面对如何制定耕地保护政策进行了初步探讨，这一时期陆续有相关的耕地保护政策出台。例如，提出建立以保护耕地为核心的土地利用规划管理制度，建立以计划指标控制非农建设占用耕地的建设用地计划管理制度，建立有助于政府部门控制建设项目占用耕地的建设用地审批管理制度，建立推动耕地补充的土地开发复垦管理制度，建立对耕地精华部分进行特殊保护的基本农田保护制度等。但总体看来,这一时期的耕地保护政策缺乏系统性,常常是"头痛医头,脚痛医脚"的临时应急行为。1986年《土地管理法》和1991年《土地管理法实施条例》没有用单独章节阐述耕地保护,而相关内容散见于其他章节,也说明当时缺乏对耕地保护的系统思考。

四是耕地管理政策与其他政策存在协调难度。1986年《土地管理法》没有从根本上揭示耕地保护与经济社会发展的关系,虽然要求"切实保护耕地",但同时强调要"适应社会主义现代化建设需要"。在保障建设方面,政策间的不协调同样非常明显。例如,建设部等部委1991年发布的《建设项目选址规划管理办法》就未将保护耕地政策作为建设项目规划选址的主要依据。

三 耕地管理政策体系初建期:1998~2003年

1998~2003年,中国国内生产总值从84402.28亿元增长到135822.76亿元,年均增长率达到9.48%。在此期间,虽然农业总产值从24541.86亿元增长到了29691.80亿元,但粮食生产总体上呈下滑态势,总产量从51230万吨剧减到2003年的43070万吨,全国人均粮食占有量也从411公斤/人下降到333公斤/人,2003年因而成为20世纪90年代以来粮食生产的最低谷。与粮食生产出现滑坡相反,其他方面则总体上呈现强劲发展态势。

这一阶段,我国的重化工业比重不断提高、城镇化快速发展、经济增长速度超预期等多方面因素共同推高的用地需求给耕地保护施加了强大压力,我国又进入一个耕地快速流失期,其间全国耕地净减少了662.25万公顷,年均净减少了110.37万公顷。同时,在这一阶段,耕地保护政策不断出台,各种保护手段日益多样化。

(一)政策发展脉络

1998年中央办公厅和国务院办公厅联合发布《关于继续冻结非

农业建设项目占用耕地的通知》，新成立的国土资源部也接着发出《关于坚决贯彻执行中央继续冻结非农业建设项目占用耕地决策的通知》。同年新修订的《土地管理法》首次以立法形式确认了"十分珍惜、合理利用土地和切实保护耕地是我国的基本国策"，并有专门章节对耕地特殊保护进行规定。为落实新修订的《土地管理法》，该年国务院修订了《土地管理法实施条例》和《基本农田保护条例》，国土资源部仅在1999年一年就独自或参与发布了多项相关文件，如《关于切实做好耕地占补平衡工作的通知》等。

2000~2003年，国土资源部陆续颁布了许多文件，以进一步落实耕地保护要求，如《关于加大补充耕地工作力度确保实现耕地占补平衡的通知》等。为了协调耕地保护与其他政策关系，国土资源部先后颁发了《关于搞好农用地管理促进农业生产结构调整工作的通知》等文件，对于破坏耕地保护行为也颁布了针对性文件，如2003年的《关于严禁非农业建设违法占用基本农田的通知》等。

(二) 政策的主要特点

这一时期我国尚处在市场经济体制初步建立阶段，但配套制度建设的滞后性导致这一时期耕地利用仍然较为混乱，耕地管理政策呈现如下特点。

一是耕地管理政策体系得到了初步构建。1998年成立的国土资源部设立了耕地保护等职能部门，开始统一管理耕地管理问题，也为构建耕地管理政策体系奠定了体制基础。1998年修订了《土地管理法》并随后颁布了配套政策，标志着我国初步构建了耕地管理政策体系框架。

二是耕地管理政策服从国家重大战略。1998年《土地管理法》反映了土地资源保护和利用必须与经济社会发展相协调，而且必须兼顾眼前利益和长远利益、兼顾局部利益和整体利益。这就要求耕地管理政策必须服从国家重大战略，事实上也正是如此。例如，1998~

2003年我国生态退耕政策的实施导致耕地减少了557.56万公顷,占其间耕地减少了总量的63.50%。

三是耕地管理政策实施手段日趋多样化。行政命令在这一时期还是加强耕地保护所倚重的手段,但其他手段也在不断被引入。经济手段上,1998年《土地管理法》对征地补偿安置做出了有利的规定,1999年《闲置土地处置办法》首次提出征收土地闲置费等;法律手段上,1997年修改后的《刑法》第一次设立破坏耕地罪等条款,1998年《土地管理法》给了保护耕地应有的法律地位;技术手段也被引入,如2003年国土资源部发布了《农用地分等规程》等行业标准。

四是耕地管埋政策被地方政府严重曲解。由于有关部门认为耕地保护阻碍了地方经济发展,耕地管理政策在地方上的执行往往被阻碍。例如,基本农田不仅在划定时"划劣不划优,划远不划近"的现象普遍,农田的数量保护也几乎成为空谈,2003年大检查结果显示,全国基本农田面积较第二轮土地利用总体规划纲要下达指标净减少261.26万公顷。

四 耕地管理政策体系完善期:2004年以后

各方面研究表明,我国自2004年以后处在"经济高速增长通道"的"爬坡"阶段,而这种较快发展势头仍可能持续较长一段时间。

根据国际经验,这段时期由于来自各方面的土地利用需求非常旺盛,耕地保护往往面临前所未有的压力。中国同样如此,随着工业化的迅猛发展、城镇化的快速推进、新农村建设的全面展开、基础设施建设的蓬勃发展、消费结构的调整升级,以及改善生态环境质量的诉求增加等,我国土地供需矛盾日趋尖锐,耕地保护的压力与日俱增。但随着科学发展观的贯彻落实,我国采取了较为切实有效的耕地保护措施，总体上遏制了耕地过快减少的势头。2004~2007年我国耕地因生态退耕、农业结构调整、建设占用和灾害损毁减少了383.01万公顷，但同时通过开发整理复垦和农业结构调整增加耕地217.30万公顷，增减相抵净减少165.71万公顷，相当于年均净减少41.43万公顷。

（一）政策发展脉络

2004年中央1号文件明确提出"各级政府要切实落实最严格的耕地保护制度"，同年《政府工作报告》强调要依法加强耕地管理和加快征地改革，国务院还做出了市场经济条件下有益于耕地保护的规定。为落实中央政府的要求，国土资源部发布了《用于农业土地开发的土地出让金收入管理办法》等配套文件。2005年中央1号文件要求"坚决实行最严格的耕地保护制度，切实提高耕地质量"，该年《政府工作报告》要求"严格保护耕地特别是基本农田"，国务院还颁布了《省级政府耕地保护责任目标考核办法》。国土资源部则先后颁布了《关于规范城镇建设用地增加与农村建设用地减少相挂钩试点工作的意见》等文件。

2006年中央1号文件在耕地占用税、土地出让金、新增建设用地有偿使用费征缴和使用方面做出了有利的规定，同年《政府工作报告》仍高调要求"切实保护耕地特别是基本农田"。国土资源部先后发布了《耕地占补平衡考核办法》等。而对当年及之后耕地保护都将产生深远影响的是该年国务院颁发的《关于加强土地调控有关问题的通知》。2007中央1号文件要求"强化和落实耕地保护责任制"，并继续强调提高耕地质量。同年《政府工作报告》则发出"一定要守住全国耕地不少于18亿亩这条红线"的最强音。2008年中央1号文件和《政府工作报告》同样强调"坚持最严格的耕地保护制度，特别是加强基本农田保护"。而为了缓解耕地管理压力，国务院颁布了《关于完善退耕还林政策的通知》等，国土资源部也颁布了《实际耕地与新增建设用地面积确定办法》等文件。

（二）政策的主要特点

在我国经济社会发展的重要战略机遇期，耕地保护遭遇了与日俱增的压力，但也面临着前所未有的机遇，这一时期我国耕地管理政策呈现如下特点。

一是耕地管理政策被赋予了参与宏观调控的使命。2003年国务院首次将土地作为宏观调控手段，作为土地政策主体的耕地管理政策也被赋予了参与宏观调控的使命。为切实把好各项建设的土地供应"闸门"，需要科学编制和严格实施土地利用总体规划和年度用地计划，还需要严格和规范建设用地预审和审批管理，而所有这些都无一例外地贯彻了耕地保护原则。

二是耕地管理政策的科学内涵在不断深化。随着对耕地质量建设认识的提升和提高耕地综合生产能力的需要，这一时期对实施"沃土工程"提出了明确要求；建设占用耕地表土剥离再利用在这一时期真正落实，"移土培肥"在三峡库区得到了实践。加强耕地的生态管护也成为这一时期耕地管理政策的主要内涵之一，不仅要求切实防治耕地污染，还要支持重点生态工程和巩固生态建设成果。

三是耕地管理政策与相关政策的互动加强。这一时期耕地管理政策与相关政策互动显著增强。例如，农业结构调整在重新定义后也在向有利于耕地保护方向发展；有关新增建设用地土地有偿使用费、土地出让金、耕地占用税的征缴标准和使用方向的适时调整，体现了税费政策和耕地管理政策的联动；在环境政策方面，中国政府也及时调整和完善了退耕还林政策。

四是耕地管理政策的实施手段在不断完善。中国政府正在耕地保护方面更多地运用经济手段，如提高了新增建设用地土地有偿使用费征收标准，并将之专项用于基本农田建设和保护等。在行政手段方面，2005年颁布的《省级政府耕地保护责任目标考核办法》要求省级人民政府对耕地保有量和基本农田保护面积负责。法律手段也在不断强化，如2006年9月最高人民法院将非法转让倒卖土地使用权、非法占用耕地和非法批准征用占用土地三类涉土地犯罪列为八类依法严惩的涉农犯罪之一。在技术手段方面，包括遥感监测和信息技术在内的现代技术的发展，使新时期耕地管理工作建立在及时、准确的数据之上。

从上述耕地管理制度和保护政策的演变过程中可以看出以下特点：一是我国的耕地管理制度体制格局是从分管向统管过渡；二是管理的手段与措施更加严格；三是政策和法规体系日趋完善；四是耕地管理的政策目标从为保障粮食安全而强调关注耕地的数量保护（提出了要用世界上最严格的耕地保护政策来保障耕地的总体平衡）到坚持可持续发展观来强调注重对耕地质量的保护。

第三节　我国现行的耕地管理政策

耕地资源可持续利用问题，由于各个国家或地区耕地资源及生态环境条件和经济发展水平的不同，耕地资源可持续利用的目标也各有侧重。

经过三十多年的发展，我国已经形成较为完整的耕地保护政策体系，即以《土地管理法》为主体，包括基本农田保护制度、土地用途管制制度、耕地占补平衡制度和土地开发整理复垦、耕地产权制度等在内的有机整体，它是由中央政府供给的一套用以管束特定经济行为和利益主体相互关系的行为规则的集合，其中土地用途管制和耕地总量动态平衡政策是目前我国政府控制耕地数量减少的直接手段。我国现行的耕地保护政策体系由以下部分构成。

第一，耕地产权制度，包括土地承包制度，农地的流转制度，土地收购、储备制度，土地市场制度。

第二，土地利用规划制度，包括土地用途管制制度，建设用地审批制度，城市、村庄、集镇规划，土地利用的动态监测。

第三，耕地总量动态平衡，包括耕地的数量、质量和区内区际平衡；耕地占补平衡制度；建设占用耕地的耕作层保护；土地整治制度（土地整理、开发、开垦、复垦与耕地休耕、土壤改良与提高耕地生产力制度）、地力恢复政策；基本农田保护制度等监督检查法律责任。

第四，行政违法责任；民事违法责任；刑事违法责任。

一 土地用途管制制度

土地用途管制政策是在我国人多地少、资源环境与经济发展关系紧张的背景下产生的。对农用地和非农用地实现严格的用途管制，这是世界上市场经济国家的通行做法，主要目的是政府采取直接管制抑制土地的供给，弥补市场手段配置土地资源的缺陷，实现土地资源的合理利用与可持续利用，核心目标是保护耕地。

长期以来，我国实行的是分级限额审批用地制度，但是因为难以控制地方政府用"化整为零"或"下方土地审批权"等变通办法非法用地，土地利用规划难以落实，导致大量耕地转变为建设用地。1999年起实施的新《土地管理法》确定了国家实施土地用途管制制度，以代替原分级限额审批制度，强化了土地利用总体规划和土地利用年度计划的法定效力。

土地用途管制制度是指国家为保证土地资源合理利用和经济、社会协调发展，通过编制土地利用总体规划划定土地利用区，确定土地使用条件，并要求土地所有者和使用者严格按照国家确定的用途利用土地的一项制度。其制度主要建立在1997年《中共中央、国务院关于进一步加强土地管理切实保护耕地的通知》和1998年修订的《土地管理法》的基础之上。

（一）土地用途管制政策的主要内容

1. 对土地进行分类

围绕土地用途管制制度，新的《土地管理法》中提出"国家编制土地利用总体规划，规定土地用途，将土地分为农用地、建设用地和未利用地"，并且规定"严格限制农用地转为建设用地，控制建设用地总量，对耕地实行特殊保护"。关于土地的分类，土地资源调查曾把土地分为耕地、园地、林地、牧草地、城镇村级工矿用地、交通用地、水域、未利用土地八大类。现行的土地分类将土地分为农用地、建设用地和未利用地三大类。

2. 编制土地利用规划，划定土地用途区

土地利用总体规划是在一定区域内，根据国家社会经济可持续发展的要求以及当地自然、经济、社会条件，对土地的开发、利用、治理、保护在空间、时间上所做的总体安排和布局，是国家实行土地用途管制的基础。土地利用总体规划属于宏观土地利用规划，根据我国行政区划，规划分为全国、省（自治区、直辖市）、市（地）、县（市）和乡（镇）五级，即五个层次。上下级规划必须紧密衔接，上一级规划是下级规划的依据，并指导下一级规划，下级规划是上级规划的基础和落实。

因此，通过编制土地利用总体规划来划定土地用途区域，确定土地使用限制条件，土地的所有者、使用者需要严格按照国家确定的用途利用土地，这是世界上市场经济国家的通行做法，并在耕地保护方面取得了良好的效果。土地利用总体规划是土地用途管制的重要技术保障。

我国的土地利用规划编制工作已开展了两轮。第一轮土地规划的编制于1986年启动，背景是国家土地管理局成立并实施《土地管理法》，该法第十五条规定"各级人民政府编制土地利用总体规划经上级人民政府批准执行"。第一轮土地规划基期为1985年，规划期为

2000年,并展望到2020年和2050年。第二轮规划是在贯彻落实《关于进一步加强土地管理切实保护耕地的通知》(中发〔1997〕11号)精神、1998年修订《土地管理法》并确立了土地利用总体规划的法律地位、强化了土地利用总体规划对城乡土地利用的整体调控作用以及建立了社会主义市场经济体制的背景下,适应实现社会主义现代化建设第二步战略目标的发展阶段的需求,配合国民经济和社会发展"九五"计划和实现2010年远景目标而编制的。基期为1996年,规划期为2010年,并展望到2030年。2005年启动第二轮规划修编。

3. 严格限制农用地变更为建设用地

《土地管理法》改变了过去建设用地审批制度,增设了农用地转用的审批程序,严格控制农用地转为建设用地、集体土地转变为国有土地。即土地用途管制制度通过控制建设用地总量,对耕地实行特殊保护,确保区域内耕地总量不减少。

(二) 土地用途管制政策对耕地的保护作用

土地用途管制的重点是保护耕地,也就是说,对各类土地使用和用途管制的同时,给予耕地特殊保护,包括数量上和质量上的保护。

一是控制耕地数量的减少。耕地数量的变化取决于两个因素:其一是耕地的占用;其二是耕地的补偿。要实现耕地总量的动态平衡,就必须使耕地的补偿量至少能与耕地的占用量相等。在实践中,一方面,要努力提高耕地的供给量;另一方面,要设法抑制耕地的占用速度。而土地用途管制是抑制耕地占用速度的最重要手段。土地用途管制是国家依据土地利用规划做出对土地使用上的限制以及对土地用途转变的许可、限制许可或不许可的规定,并通过法律或行政手段实施的强制性措施。保护耕地目标的实现体现在对不同用地区的具体管制上。

二是就耕地质量的控制。土地用途管制的另一重要作用就是维护生态。其主要措施如下:对现有林地实行总量控制制度,只可增加,不能减少；严禁非农建设占用及垦殖水土保护林、防风固沙林等防护林用地与优良草场，限制占用一般园林牧地，严禁开垦25度以上的坡地等，以利于生态环境保护。

三是改变分级限额审批制度将建设用地审批集中于市、县政府而形成了各地"多卖地，多得益"的土地收益分配机制，建立将存量建设用地收益归地方、增量土地收益上缴中央的土地收益分配机制。

二 耕地占补平衡制度（刺激耕地供给政策）

耕地占补平衡是我国实现耕地总量动态平衡的重要措施，是为了确保国家粮食安全而以法律形式做出的重要规定，是实现我国耕地保护基本国策的一项基本政策。

（一）耕地占补平衡的政策及内容

"耕地占补平衡"于1999年提出。其具体内容指的是非农业建设经批准占用耕地的，按照"占多少，垦多少"的原则，由占用耕地的单位负责开垦与所占用耕地的数量和质量相当的耕地；没有条件开垦或者开垦的耕地不符合要求的，应当按照省、自治区、直辖市的规定缴纳耕地开垦费，专款用于开垦新的耕地。在实际工作中称其为耕地占补平衡制度。

我国政府提出耕地的占补平衡主要是基于以下几个方面原因：一是非农占地面积逐年增加，尤其是城镇化、开发区及城市建设等占地问题突出；二是人均耕地面积逐年减少，人地矛盾异常尖锐；三是我国耕地后备资源严重不足、粮食需求压力增加等。因此，如何在不遏制经济发展的基础上，努力做到耕地保护与耕地占补平衡的均衡发展就显得尤为重要。

耕地占补平衡政策提出后，从2001年起全国实现了省域耕地占补平衡。但它是区域内所有新增耕地与建设项目占用耕地之间的平衡，而不是建设项目的耕地占补平衡；从2002年开始逐步设立省级人民政府依法批准的农用地转用中的耕地占补平衡登记台账，全面掌握依法批准的农用地转用建设项目和与之相对应的土地开发整理复垦项目的名称、编号，拟补充耕地面积、地块的图幅号以及资金落实、项目进展情况。2004年《国务院关于深化改革严格土地管理的决定》指出：要利用农用地分等定级的方法，对补充耕地与被占用耕地进行折算，以实现耕地占补数量和质量平衡。为了检查占用耕地的建设单位是否履行了法定义务。2006年国土资源部出台了《耕地占补平衡考核办法》，进一步明确了补充耕地的责任单位，确定了按建设用地项目考核占补平衡的基本原则，并实行了占用耕地的建设用地项目与补充耕地的土地开发整理项目挂钩等制度，通过严格的考核制度规范占补平衡制度的实施，并对除西藏以外的30个省（区、市）和新疆生产建设兵团进行了考核，结果表明，21个省（区、市）和新疆生产建设兵团的抽查项目基本合格，9个省（区、市）低于全国抽查项目总合格率。2008年国土资源部下发《关于进一步加强土地整理复垦开发工作的通知》（国土资发〔2008〕176号），提出"从2009年起，除国家重大工程可以暂缓外，非农建设占用耕地全面实行'先补后占'"。"每年年底前对各省（区、市）土地整理复垦开发项目和补充耕地计划完成情况进行考核，达到或超出计划任务的，给予建设用地计划指标倾斜；非农建设项目占用耕地占补平衡不落实的，扣减相应新增建设用地计划指标。""积极探索市场化运作模式。有条件的地方，可以尝试建立土地整理复垦开发基金，扩大资金渠道。"

2009年《国土资源部关于全面实行耕地先补后占有关问题的通知》（国土资发〔2009〕31号）进一步强调，"各级地方国土资源部门在编制年度土地利用计划时，应充分考虑本地区补充耕地能力。按照差别化管理的原则，对补充耕地能力不足的或落实不好的，相应减少新增建设用地占用耕地的计划指标，通过'以补定占'，形成耕地占补平衡倒逼机制"。

(二) 政策实施效果

到 2002 年全国初步建立起了较为完善的耕地占补平衡的工作制度体系。耕地占补平衡作为一项强制性的措施，促使地方政府高效集约利用土地，减少了土地的浪费，在一定程度上遏制了耕地快速减少的势头，全国多数省份实现了行政辖区内的耕地占补平衡，有的省份还略有增加。

从 1997~2006 年我国耕地面积变化的统计数据来看，10 年间建设占用耕地面积共计 177.8 万公顷，但通过土地开发、复垦等方式增加的土地面积共计 320.7 万公顷，虽然小于耕地减少总量，但大于建设占用耕地量，说明耕地占补平衡制度实施对遏制耕地过快流失发挥了积极的作用。

但是，政策实施中存在以下问题。

第一，很多地区尽管实现了行政区域内耕地的占补平衡，但这种平衡是将通过各种途径新增加的耕地都算成建设占用耕地的补充，并不是完成了真正意义上耕地占补平衡。

第二，占补平衡政策实施中，主要着眼于追求耕地数量上的平衡，并不能保证新补充的耕地生产能力相当于占用的熟地的生产能力。经过几年的实践，表明我国耕地"占"在东部沿海和内地，但"补"在偏僻地区；占的多为高产田，补的多为低产田。2005 年，全国建设占用耕地 208.1 万亩，通过整理复垦开发补充耕地 460 万亩，但是建设占用的耕地中有灌溉设施的占 67%，而补充的耕地中有灌溉设施的只占 35%。同时，开垦的荒地多集中在生态环境质量比较差、产出能力明显不足的东北、西北地区。

第三，因为测度耕地质量上的平衡存在难度，耕地质量平衡的可操作性差，从而使新增耕地在质量上得不到保证，很难达到保护优质耕地的目的。

第四，为实现耕地占补平衡，一些地区不惜围湖造田、毁林开荒，对生态环境造成了破坏，对耕地的生产力造成负面影响。因此，在耕地数量平衡的背景下，耕地生产力即质量状态如何、耕地资源利用效益如何，成为理论界关注的重点。统计资料表明，在1986~2001年的16年中，1996年以前总的趋势是持续下降；1998年新土地管理法实施，国家实行耕地总量动态平衡战略，耕地面积逐年增加。但由于劣质耕地面积的增加掩盖了优质农田的减少，土地生产力不断地被侵蚀。由此可以看出，当前我国耕地数量实现了占补平衡，但耕地生产率即耕地利用效益却在下降。

总之，耕地占补平衡作为我国耕地保护的重要政策，其作用正在显现。针对政策执行中随之出现的各种新情况和新问题，国家近年来出台了一系列配套政策进行认真监控和考核，力求实现对等条件下的占补平衡，实现真正意义上的耕地总量动态平衡。

三 基本农田保护制度（从质量上增加耕地供给）

新《土地管理法》规定"国家实行基本农田保护制度"。按照新《土地管理法》修改后实施的《基本农田保护条例》（以下简称《条例》）总则第2条规定，"国家实行基本农田保护制度"，并具体指出，基本农田是按照一定时期人口和社会经济发展对农产品的需求，依据土地利用总体规划确定的不得占用的耕地；基本农田保护区是指为对基本农田实行特殊保护而依据土地利用总体规划和依照法定程序确定的特定保护区域。因此，为将优质耕地作为基本农田实施特殊保护而建立的制度就是基本农田保护制度。也有学者认为，基本农田保护是指从战略高度出发，为了满足国民经济持续、稳定发展，保证一定规划期内人口增长对农产品的基本需求而必须确保的农田。

（一）基本农田保护政策的内容

基本农田保护制度就是把优质耕地作为基本农田实行特殊保护而建立的制度。新《土地管理法》把经实践证明十分有效的基本农田保护制度上升为法律条款，使这一制度得到强化。按照新《土地管理法》的有关规定，《条例》做了较大的修改。按照法律和《条例》的规定，基本农田保护制度主要有以下内容。

一是划定基本农田保护区。主要对优质土地实行特殊保护的一项关键性措施。《土地管理法》规定了五类耕地需要划入基本农田保护区，进行严格管理：各省、区、市划入基本农田的保护区的耕地要占本行政区域内耕地的80%以上。《全国土地利用总体规划纲要》确定2010年前全国基本农田总面积要达到1.085亿公顷（16.28亿亩），占全国耕地面积的83.5%。

二是严禁占用基本农田。《条例》规定，基本农田保护区经依法划定后，任何单位和个人不得改变或占用。国家重点建设项目选址确实无法避开基本农田保护区，需要占用基本农田，涉及农用地转用或者征用土地的，必须经国务院批准。经国务院批准占用基本农田的，当地人民政府应当按照国务院的批准文件修改土地利用总体规划，并补充划入数量和质量相当的基本农田，以保证基本农田的面积不减少、质量不降低。

《条例》中也规定了三项禁止滥占耕地资源的政策：其一，禁止任何单位和个人在基本农田内建窑、建房、建坟、挖沙、采石、取土或者进行其他破坏基本农田的活动；其二，禁止占用基本农田发展林果业和挖塘养鱼；其三，禁止任何单位和个人闲置、荒芜基本农田。

三是基本农田的监督管理。要求县级以上人民政府应当建立基本农田保护监督检查制度，定期组织土地行政主管部门、农业行政主管部门以及其他有关部门对基本农田保护情况进行检查，将检查情况书面报告上一级人民政府。此外，还要求地方政府签订基本农田保护责任书，明确基本农田保护的职责。

四是法律责任。对于非法占用基本农田的、非法批准占用基本农田的、非法转让基本农田的以及侵占、挪用基本农田的耕地开垦费等非法行为，构成犯罪的，依法追究刑事责任；尚不构成犯罪的，依法给予行政处分或者纪律处分。

（二）基本农田保护政策的形成

我国自20世纪80年代开始重视农田面积保护，并启动基本农田保护的县级试点工程。其中湖北省荆州地区保护基本农田的成功经验得到了社会广泛好评和有关部门的认可，1989年5月原国家土地管理局和农业部联合在荆州召开"全国基本农田保护现场会"推广荆州经验，并不断在全国开展基本农田保护试点工作。

1990年，以划定基本农田保护区为主要形式，在全国范围内全面展开基本农田保护工作。农田保护政策以保护农田面积为目标，并开始重视农田质量保护。这一时期的重点是进行基本农田保护区的划定，落实一定比例的基本农田保护区，并建立基本农田保护区制度。1994年国务院颁布《条例》，明确基本农田概念、分等定级方法等内容，把基本农田保护工作进一步纳入法制化管理的轨道。

对基本农田保护区的调整划定，按照《条例》中将下列耕地应当划入基本农田保护区进行严格管理：一是经国务院有关主管部门或者县级以上地方人民政府批准确定的粮、棉、油生产基地内的耕地；二是有良好的水利与水土保持设施的耕地，正在实施改造计划以及可以改造的中、低产田；三是蔬菜生产基地；四是农业科研、教学试验田。根据土地利用总体规划，铁路、公路等交通沿线，城市和村庄、集镇建设用地区周边的耕地，应当优先划入基本农田保护区；需要退耕还林、还牧、还湖的耕地，不应当划入基本农田保护区。按照规定，县级及以上的地方政府需要在各乡镇和各村划定基本农田保护区。

到2002年，我国基本农田保护区调整划定工作基本完成。国土资源部提供的数据显示，全国调整划定基本农田保护区面积为17.2014亿亩。其中，基本农田面积16.315亿亩，保护率为

83.64%。按照全国土地利用总体规划要求，全国30个省（区、市）完成调整划定任务，河北、安徽、江西、湖北、湖南等粮食主产区根据本地区区域特点，超额完成省级规划确定的保护任务，比全国土地利用总体规划确定的基本农田面积多划了534万亩，全国共建立了基本农田保护牌292块。

基本农田保护区调整划定工作基本结束后，基本农田保护工作进入一个更加严格与全面建设的时期，政策重点从保护区调整划定转到建设及严格管理上，如通过基本农田内的基本农田建设，不断增加有效灌溉面积，实现基本农田的数量、质量和生态保护的协调统一。而且在开展基本农田的具体做法和措施上，各地结合自身区域特点创造性地开展工作，并取得了明显的效果。到2005年全国基本农田保护检查在册的基本农田面积为15.89亿亩，其中耕地15.36亿亩，是当年耕地保有量（2005年耕地18.31亿亩）的84%。

（三）政策实施及调整

基本农田保护制度的建立和贯彻执行，增强了全面保护耕地的意识；农业的基础地位得到进一步加强；有效地遏制了乱占滥用耕地的势头，促进了土地的合理利用；稳定了农村土地承包制，调动了农民种田积极性。但是，基本农田保护政策本身及执行中，还存在问题：由于基本农田数量指标的下达是自上而下的分解式的，很大程度上不能完全考虑各地的实际情况，因此，为了完成上级下达的指标任务，有些地方不得不把质量较差的耕地也划入基本农田保护区，这在一定程度上违背了划定基本农田保护区的初衷；在个别经济发达的地方，"划劣不划优、划远不划近"的现象普遍存在；基本农田分级制度不完善，基本农田分级保护没有确定的依据；基本农田的监测手段落后，难以满足对执行的成效评估和监督要求。

中共十七届三中全会下发的《中共中央关于推进农村改革发展

若干重大问题的决定》明确提出要划定永久基本农田，建立保护补偿机制，确保基本农田总量不减少、用途不改变、质量有提高。为此，国土资源部、农业部联合下发《关于划定基本农田实行永久保护的通知》，对基本农田永久保护从以下六方面提出了具体要求。①落实中央要求、实行永久保护，开创基本农田保护工作新局面。②合理调整、科学划定，确保基本农田落地到户。③加强信息化建设、推行网络化报备制度，实现基本农田动态管理。④严格占用审批、及时补划到位，确保基本农田的数量和质量。⑤实行年度变更调查、强化督察考核，提升基本农田监管水平。⑥加大投入、创新机制，强化基本农田保护和建设。

2010年12月的中央农村工作会议再次明确要求"划定永久基本农田"。为此，2010年12月国土资源部、农业部联合下发《关于加强和完善永久基本农田划定有关工作的通知》提出，划定基本农田实行永久保护，核心工作任务就是要做好基本农田落地到户、上图入库；提出要以第二次全国土地调查基本农田上图成果和县乡土地利用总体规划数据库为基础，将规划确定的基本农田逐步落实到基本农田地块，建立基本农田数据库。基本要求是确保成果的真实性、合法性、合规性。

四　土地开发整理复垦政策（增加耕地供给的政策）

土地开发整理复垦是在一定区域内按照土地利用总体规划、城市规划、土地开发整理复垦专项规划确定的目标和用途，通过采取行政、经济和法律等手段，运用工程建设措施，通过对田、水、路、林、村实行综合整治、开发，对配置不当、利用不合理以及分散、闲置、未被充分利用的农村居民点用地实施深度开发，提高土地集约利用率和产出率，改善生产、生活条件和生态环境的过程，其实质是合理组织土地利用。

土地整理是世界发达国家进行耕地管理的通行方式，各国根据其自然、社会和经济发展的变化，逐步形成了各自相对完善的体系，如德国等欧洲国家将调整土地利用结构和土地关系、实现土地利用规划目标的过程称为"土地管理"，日本称之为"土地整理和整备"，又称"耕地整理"，我国台湾地区则称之为"土地重划"。

(一) 土地整理复垦政策的内容

在新的《土地管理法》中对其做出了明确规定。在"第四章耕地保护"中确定了土地开发整理复垦的基本原则。第38条规定：国家鼓励单位和个人按照土地利用总体规划，在保护和改善生态环境、防止水土流失和土地荒漠化的前提下，开发未利用的土地；适宜开发为农用地的，应当优先开发成农用地。第41条规定：国家鼓励土地整理。第42条规定：因挖损、塌陷、压占等造成土地破坏，用地单位和个人应当按照国家有关规定负责复垦；没有条件复垦或者复垦不符合要求的，应当缴纳土地复垦费，专项用于土地复垦。复垦的土地应当优先用于农业。

根据国家生态环境建设、农业生产结构调整的战略要求，土地开发整理复垦工作要以保护和改善生态环境为前提，保障土地资源可持续利用，改善农业生产条件，防治水土流失。通过对田、水、路、林、村的综合治理以及灾毁土地、工矿废弃地的恢复利用，调整用地结构，增加有效耕地面积，提高耕地质量，改善农业生产条件和生态环境。

对未开发利用的土地的开发应当充分考虑生态环境保护和水土保持的要求，只能是适度开发。禁止违反规划毁林开荒，在牧草地上开荒；禁止在25度以上坡地上开垦耕地；禁止围湖造田和侵占江河滩地。根据土地利用规划，在对农民生产、生活妥善安置的前提下，对影响生态、过度开垦围垦的土地要有计划、有步骤地退耕还林、还牧、还湖。

（二）土地开发整理复垦政策的实施

为调动各方面积极推进土地开发整理复垦工作，国土资源部制定了一系列相关鼓励性政策。

一是促进农村土地整理和土地复垦的土地置换政策，主要是在县乡土地利用规划确定的村庄、集镇建设用地区域内选址建农民住宅、乡镇企业和农村公共设施等，确需占用耕地的，经县级以上土地行政主管部门调查核实和批准，需要与腾出来的旧址经整理后恢复的耕地进行置换。实行这一政策，主要目的是鼓励通过土地整理对农村田、水、路、林、村进行综合整治，实现耕地面积的控制。

二是鼓励投资者整理土地的"新增耕地60%折抵"政策，即通过农用地土地整理新增加的耕地面积，其60%可以作为新增建设用地占用耕地的补偿指标，也可以有偿转让其他用地单位。

三是鼓励多方筹集资金以及土地开发整理复垦政策开展土地开发整理复垦。

全国农村的耕地整理有巨大潜力。通过积极探索和实践，全国土地开发整理复垦工作取得了成效：①补充了耕地数量，基本实现了"占补平衡"。据统计，仅"十五"期间，全国建设占用耕地109.4万公顷，灾毁耕地25.4万公顷，而同期中央和地方各类资金投入的土地开发整理复垦补充的耕地面积142.7万公顷，补充耕地面积大于建设占用和灾毁耕地的总面积。②提高了耕地质量，增强了耕地生产能力。项目实施中强调以田、水、路、林、村综合整治，因此农田基础设施逐步完善，农业生产条件逐步改善。③通过推广"农田向规模经营集中、农村居民点向中心村和小城镇集中、工业向园区集中"为重点的土地整理，优化土地利用结构，促进土地的集约利用。④促进了生态环境建设和重点矿区生态环境的恢复治理。

当然，由于我国土地整理复垦工作还处于初始阶段，还存在一些问题和不足，如一些地区在执行中重开发、轻整理和复垦，重数量、轻质量和生态的问题；土地利用规划对土地开发整理复垦的宏观调控和引导作用尚未发挥；缺乏土地开发整理复垦专项法规，因此规范化管理不到位；资金投入不足，促进土地开发整理复垦的利益分配机制尚未形成，土地开发整理的社会化、产业化有待进一步推进。

五 耕地使用权制度

耕地的使用制度包括土地承包制度、农地的流转制度等方面内容。耕地的使用权制度对于耕地资源可持续利用的影响，是通过影响经济当事人的经济行为，特别是耕地使用者的利用方式（行为）所决定的。不同的产权界定（制度安排）会导致经济当事人选择不同的行为方式。

对于我国这样一个人口大国来说，保障粮食供给一直是政府管理耕地最重要的目标。因此，为保证相当程度的粮食自给率，对于农业生产经营主体——农户而言，建立在明晰产权基础上的土地使用权长期化就显得至关重要。因为这不仅关系到他们在增加土地投入、改良土壤、增添设施以提高产出和农产品供给能力上的积极性，而且更重要的是，通过增强这一制度的激励功能将促使农户自觉克服短期行为，有利于土地资源的充分利用。因此，保证农民长期而稳定的土地使用权既是我国土地政策目标的重要取向，也是保障农产品供给能力的必需。

（一）耕地的承包经营政策

"集体所有、家庭经营"的农村土地制度已经运行30多年，最初激发了我国农业生产史无前例的加速增长，对耕地资源利用效益的提高作用十分显著。然而，土地所有权却没有私有化，所有权仍然保持"集体"所有。然而，1984年以后增长便停滞了，尤其是粮食生产。这一局面引发了对其原因的广泛争论。

从实行联产承包到1988年，农民没有对种植农作物的决定权。

凭借行政力量，国家对各项农作物实行统购统派制度，要求农民完成各种定购任务。"交够国家的，留足集体的，剩下都是自己的"是对这个阶段的家庭联产承包责任制的形象写照，实际上农民只是获得了有限的耕植权。

根据现行《土地管理法》的规定，农村和城市郊区的土地，除由法律规定属于国家所有的外，属于农民集体所有。也就是说，农民集体对其所拥有的土地依法享有占有、使用和收益的权利。第一，集体所有概念不明晰。第二，国家以公共利益之名将集体土地征为国有，农民集体在与政府博弈过程中处于弱势地位。第三，在这个过程中，农民集体得到的补偿是以耕地这个用途计算的，国家获得的土地出让金是以出让后的用途（商用居住用地）计算的。因此，农民集体没有耕地保护的自觉性。

（二）承包期延长与调地制度

根据我国实行联产承包制以后耕地制度的情况，并且比较国际上其他国家的经验，我国政府不断做出新的政策选择，完善耕地的使用权制度。从1995年至今，农民对耕地产权的完整性和权能得到加强。

分户承包经营刚刚普及，1984年中央即提出了土地承包期15年的规定（文件的原文是"土地承包期一般应在十五年以上"）。

1993年又把承包期延长到30年，其标志性事件是1995年国务院批转农业部《关于稳定和完善土地承包关系的意见》中进一步确定延长承包期30年不变，规定农户对所承包的耕地在承包期内拥有继承权，提倡在承包期内"增人不增地，减人不减地"，同时规定无论是"口粮田""责任田"，其承包费都属于农民向集体经济组织上缴的村提留、乡统筹的范围，要控制在上年农民人均纯收入的5%之内。《土地管理法》第十四条规定：农民集体所有的土地，由本集体经济组织的成员承包经营，从事种植业、林业、畜牧业、渔业生产，土地承包期为30年。

1998年以法律的形式规定了"一刀切"地实行30年承包期。

按照2003年3月1日起实行的《中华人民共和国农村土地承包法》对土地承包经营权的主体、期限、权利、义务、保护、流转等做了进一步规定。

《农村土地承包法》第二十条规定：耕地的承包期为三十年。第二十六条规定：承包期内，发包方不得收回承包地。第二十七条规定：承包期内，发包方不得调整承包地。小调整只能是"因自然灾害严重毁损承包地等特殊情形"，而且"必须经本集体经济组织成员的村民会议三分之二以上成员或者三分之二以上村民代表的同意，并报乡（镇）人民政府和县级人民政府农业等行政主管部门批准"。该条中还规定：承包合同中约定不得调整的，按照其约定。按照这些法律规定，集体经济组织在承包期内几乎没有任何权力。

《农村土地承包法》第三十二条规定：土地承包经营权可以依法采取转包、出租、互换、转让或者其他方式流转。就是说，除了没有规定对承包地有抵押权，农户几乎具有一切权力。但实际上，没有规定抵押权，不等于承包人没有抵押权，只是一方面，银行可以不承认其抵押权，不能以抵押承包地来获得银行贷款；另一方面，承包地抵押给别人，如果承包人想要回承包地，法律不保护因抵押而获得土地的人。所以，在实际上，农户在30年承包期间几乎拥有了一切权力。事实上，30年承包权一次性出租、出让、出卖的事例在全国比比皆是。

据报道，在《农村土地承包法》的起草过程中，2000年初，法律起草小组接到上级指示，要在新的法律中使承包经营权体现出部分所有权的性质。最终通过的法案中，土地承包经营权的性质已经非常接近所有权。在2004年修改的《土地管理法》中重申农户家庭承包的土地一律实行30年承包期。

尽管新《土地管理法》和《农村土地承包法》都规定农地承包

30年不变，但在实际执行过程中，很多农村集体经济组织在土地第二轮承包中并没有认真执行，承包期为3~10年，致使农民对所承包耕地缺少投资预期，长期投资激励机制缺位，中、低产田得不到改良，农业基础设施老化。

2007年10月1日施行的《中华人民共和国物权法》将物权分为所有权、用益物权、担保物权、占有权，其用益物权包含土地承包经营权用权等。该法第一百二十四条规定：农民集体所有和国家所有由农民集体使用的耕地、林地、草地以及其他用于农业的土地，依法实行承包经营制度。该法对土地承包经营权给予了物权保护。自此，耕地的承包经营权得以确定。

六 其他政策

（一）适应农业生产结构调整的政策

农业生产结构调整要在土地利用总体规划的指导下进行。禁止在基本农田保护区内挖塘养鱼、发展林果业；要积极引导农民优先利用闲置土地、未利用地发展农业生产。经土地和农业部门共同认定，在农业生产结构调整中由耕地改为其他农用地的，土壤耕作层未被严重破坏、易于回复的耕地，可不作为减少耕地考核；将闲置建设用地、未利用地或者被破坏耕地开发整理复垦成园地，经土地和农业主管部门共同认定能调整成耕地的，可以视同补充耕地。

（二）适应生态退耕的政策

生态退耕是为了改善耕地的生态环境、提高耕地质量，出台的政策中强调生态退耕要有计划、有步骤地进行，防止出现盲目性，给群众生活和生产带来困难，要根据当地的土地资源和气候特点，大力进行农业生产结构调整，与发展林果业、名特优产品相结合，不断增加农民收入。

(三) 鼓励农民种粮的政策

为了鼓励农民种粮、保护耕地，国家出台了相关政策来调动农民的积极性，主要包括农业税减免、对种粮农民的直接补贴、对种粮农民购买良种和农机具的补贴等措施。

第四节　耕地保护政策的特点

一　实施全面严格计划控制

编制土地利用总体规划，对土地转用实现总量控制。《全国土地利用总体规划纲要（2006~2020年）》规划确定耕地保护目标，提出以下约束性指标：耕地保有量、基本农田保护面积、新增建设占用耕地规模和整理复垦开发补充耕地义务量。其中，规划期内全国耕地保有量2010年和2020年分别保持在18.18亿亩和18.05亿亩；基本农田保护面积确保10400万公顷（15.6亿亩）；全国新增建设占用耕地规模到2010年和2020年，分别为195万公顷（2925万亩）和585万公顷（8775万亩）；整理复垦开发补充耕地义务量到2010年和2020年不低于114万公顷（1710万亩）和367万公顷（5500万亩）。

发布和实施《土地利用年度计划管理办法》，国家对计划年度内新增建设用地量、土地开发整理补充耕地量和耕地保有量有具体安排。新增建设用地计划指标实行指令性管理，不得突破。没有新增建设用地计划指标擅自批准用地的，或者没有新增建设占用农用地计划指标擅自批准农用地转用的，按非法批准用地追究法律责任。上级国土资源管理部门应当对下级国土资源管理部门土地利用年度计划的执行情况进行年度评估和考核。年度评估和考核，以土地利用变更调查和监测数据为依据。对实际新增建设用地面积超过当年下达计划指标的，扣减下一年度相应的计划指标。2008年5月颁布《土地利用年度计划执行情况考核办法》，详细地制订了考核依据、考核办法以及奖罚措施。

二 审批是耕地保护的重要调节手段

自2003年土地参与宏观调控以来，土地审批成为宏观调控的重要手段，也成为耕地保护的重要调控手段，保持从严从紧的土地供应政策，收紧"地根"，严把"土地闸门"是土地管理的主要方向；或者冻结农用地转用审批，2004年《国务院办公厅关于深入开展土地市场治理整顿严格土地管理的紧急通知》，在全国范围内集中半年左右的时间，开展土地市场治理整顿，要求"治理整顿期间，全国暂停审批农用地转非农建设用地；治理整顿结束后，对因检查和整改不力，经验收不合格的地方，报经国务院同意后，继续暂停审批农用地转非农建设用地，直至达到规定的整改要求"。

三 地方政府在耕地保护中的作用不断强化

国务院办公厅2005年印发《省级政府耕地保护责任目标考核办法》，要求各省（区、市）人民政府应负责规划确定的本行政区域内的耕地保有量和基本农田保护面积，第一责任人为省长（主席、市长）。2006年开始全面实施国家土地督察制度，督促地方政府耕地保护目标责任制度的落实。经国务院同意，2008年国土资源部与农业部、国家统计局一起组织开展了2007年度省级政府耕地保护责任目标履行情况大检查；2008年6月1日起施行监察部、人力资源和社会保障部以及国土资源部联合修订的《违反土地管理规定行为处分办法》。2009年依规进行问责，形成耕地保护的共同责任机制，多部门共同监督。

四 耕地占用税与实际脱节

耕地占用税设置的目的是保护农用耕地，相对于法律法规或者土地利用规划来说，税收是一种较为灵活的政策手段，它更易于对社会经济形势变化、耕地面积变化做出迅速的反应，是在短期内对耕地保护行为进行干涉的有效手段，同时税收还具有导向作用。耕地占用税征税标准设置不合理，只是按照人均耕地面积的不同设置差别税率，并没有考虑所占用耕地的质量等级，没有考虑耕地的价值（耕地转为建设用地后的价格）；税额轻，耕地占用税采用定额税率，每平方米最高不超过50元，几乎等于没有征税；疏于调整，制定于1987年，仅在2007年加以修订，与土地管理形势与物价变动水平相比严重滞后。耕地占用税的作用没有发挥出来。

五 资金来源单一

耕地保护的资金主要依靠新增补偿使用费。2008年，地方政府土地出让及新增建设用地土地有偿使用费收入10375.28亿元。地方政府性基金支出中，土地相关支出10172.5亿元，包括征地、拆迁补偿以及补助征地农民支出3778.15亿元，土地开发和耕地保护支出1286.22亿元，廉租住房支出141.65亿元，农村基础设施建设、基本农田建设和保护支出369.88亿元，城市建设支出3035.32亿元，破产或改制国有企业土地收入用于职工安置等支出1561.28亿元。

第五节 我国耕地保护政策实施过程中存在的问题

一 耕地的产权不清

我国的耕地虽然在法律上是属于农民集体所有，但是农民集体对耕地没有处分权，不能任意改变耕地的用途。由于耕地资源关系到我国的粮食安全、社会稳定，国家必须对耕地的数量和用途进行宏观调控，这样一来，国家就掌握了耕地的处分权，农民在具体的使用权上又受到国家的约束，导致耕地产权不清晰，造成了耕地的保护不力。

二 耕地总量动态平衡政策不完善，执行效果较差

目前，有些地方本行政区域内耕地后备资源不足，落实占补平衡的难度很大。有些地方对于立足于本行政区域内补充耕地没有积极性，而是盲目地推行跨区域补充耕地。从全国情况看，光热水土条件好的耕地后备资源只有约8000万亩，耕地后备资源不足是实情。但是，如果建设占用耕地没有补充，或者建设占用的是区位条件好的优质耕地，补充的却是质量不高、灌溉条件不好的耕地，那么我国耕地资源相对不足的矛盾就会变得更加突出，直接影响耕地生产能力。

占补平衡，之所以被一些地方、一些人看成负担，执行得不好，根源还是一些地方上的项目过多。很明显，一个地方的建设用地规模并不是越大越好，经济发展速度也不是越快越好，这些必须与土地等资源的承载能力相平衡。否则，后备资源永远也不会够用。

有些政府在执行耕地总量动态平衡过程中重视耕地数量的平衡而轻视耕地质量的平衡。这样就导致耕地虽然在数量上没有减少，但是耕地的总体质量却在逐年下降。更有甚者，有的地方政府违反基本农田条例，大肆侵占良田，然后开垦荒山、荒滩来完成总量平衡指标，出现"平原良田不断占用，基本农田不断上山"的荒谬现象。

我国区域差异性较大，西北和东北省份后备资源较多，实现耕地总量平衡难度不大。但是，经济发达的沿海和南方地区本身后备资源较少，土地需求量大，占补平衡的目标难以实现，从而影响经济发展。

另外，我国的耕地保护政策中没有明确规定生态补偿，在法律上也没有依据，这非常不利于我国的耕地保护和生态环境的可持续发展。

三 耕地保护政策系统性不强，与其他政策协调性不够

我国虽然初步建立了完整的耕地保护政策体系，但是耕地保护政策多是以一些条例和部门规章制度为主，而且多为一些应急性措施。一些法律和条例多是针对特殊的问题，缺乏统一的土地规划和利用的长期计划。另外，我国耕地保护政策的制定大多是服务于我国特定时期的社会经济利益，在特定的时期耕地保护会让步于经济社会的发展。我国的耕地保护政策未能与官员的晋升考评制度很好地联系，造成一些地方官员保护耕地的积极性不高的情况发生。

第六节 初步结论

目前，我国耕地保护取得了令人瞩目的成就，用不到全球10%的耕地养活了接近世界20%的人口。在2008年世界粮食危机中，中国粮食充足、粮价稳定，但是我国耕地保护政策仍然存在亟须完善的地方。

前面的分析讨论中，对我国现有的耕地资源管理制度和政策进行了梳理，并做出了初步评价。综上所述，对现有耕地管理政策的概括性评述包括以下几方面。

第一，根据前面对1978年以来我国耕地保护政策演变的分析，耕地管理的政策演变及重点调整是随着政府对耕地保护和管理的认识水平的不断提升而发展的。我国现行的耕地管理政策主要围绕落实严格的耕地保护制度和耕地总量动态平衡制度而制定的，核心是为了实

现基本农田总量不减少、质量不降低的目标。

第二，我国的耕地保护制度体系和政策随着市场经济体制的不断健全也在不断完善中。但总体来看，中国现行耕地保护制度以行政控制为主，计划体制色彩较浓，中央政府对耕地实施全面严格的计划管制，各级政府、审批在耕地保护中的作用日益得到强化，而经济手段的作用没有得到充分发挥。

第三，进一步强化耕地保护共同责任制。2008年提出的耕地保护"一家管、大家用"向"大家管、大家用"的"共同责任"转变是今后耕地保护政策完善的方向。由于耕地利用涉及面广泛，因此，必须落实相关各方保护耕地的共同责任，除了强化纵向的上下级考核评价，还需要在横向的用地部门之间强化责任意识和必要的约束规则。

第四，尊重和认可地方的耕地保护创新。各地根据地方实际在耕地保护方面的创新，只要不违背现行法律、符合相关政策要求，就要及时总结和推广。

第五，倡导包括农民在内的公众参与制度，大力发挥农民在耕地保护中的作用。虽然耕地保护涉及占我国人口多数的农民的切身利益，但改革开放以来的耕地保护制度的制定和实施过程中，很少执行包括农民在内的公众参与制度，公众参与往往被认为会延长开发周期、放慢效率，而受到忽视甚至排斥。当前的耕地保护主体是各级政府，这与耕地的实际利用主体（农民）不吻合，这也是农民在耕地保护中不够积极主动的真实写照。必须赋予农民充分的土地产权，并且给予适当的经济激励，从而发挥其应有作用。

第六，我国耕地管理和保护政策体系正在逐步完善，但从暴露出的一些问题看，涉及更多的可能是执行和规范层面上的问题。因此，适时将已经成熟的政策法律化，除进一步提高其效力和权威外，需要加大力度完善耕地保护政策的执行。

参考文献

[1] 唐健等:《我国耕地保护制度与政策研究》,中国社会科学出版社,2006。
[2] 吴群等:《中国耕地保护的体制与政策研究》,科学出版社,2011。
[3] 张全景、欧名豪等:《中国土地用途管制政策的耕地保护绩效研究》,商务印书馆,2008。
[4] 刘新卫、赵崔莉:《改革开放以来中国耕地保护政策演变》,《中国国土资源经济》2009 年第 3 期。
[5] 刘国凤:《中国最严格耕地保护制度研究》,吉林大学博士论文,2011 年 5 月。
[6] 姚洋:《中国农地制度——一个分析框架》,《中国社会科学》2000 年第 2 期。
[7] 蔡运龙、汪涌、李玉平:《中国耕地供需变化规律研究》,《中国土地科学》2009 年第 3 期。
[8] 张宇、刘涛:《中国耕地保护制度研究综述》,《内蒙古大学学报》(哲学社会科学版) 2010 年第 7 期。
[9] 赵阳:《中国农地制度的产权特征》,《改革》2004 年第 4 期。
[10] 张馨元:《土地用途管制》,《法制与社会》2009 年第 3 期。
[11] 王梅农、刘旭、王波:《我国耕地占补平衡政策的变迁及今后走向》,《安徽农业科学》2010 年第 33 期。
[12] 江华、万本红:《中国土地政策目标的障碍与现实选择》,《华南农业大学学报》2004 年第 1 期。
[13] 张传新:《我国当前耕地保护政策完善探析》,《广东农业科学》2010 年第 12 期。
[14] 何一鸣、罗必良:《中国农地制度改革阐释——以所有权、产权为肯綮》,《改革》2011 年第 5 期。
[15] 李珍贵:《土地用途管制制度的产生、发展及成效》,中国土地勘测规划院地政研究中心,http://www.mlr.gov.cn/zt/tdr/2006lt/gdbh/200711/t20071127_94172.html,2007 年 11 月 2 日。

第五章　典型国家（地区）的耕地资源保护政策和做法

耕地的经济功能是生产粮食和原材料，生态环境功能是提供植被覆盖和开阔空间。因此，耕地是人类宝贵的经济和生态环境资源之一。质量好的耕地往往位于近水平原，由水流冲积而成，地势平坦，土壤肥沃。这样的优质土地，不仅适于农业，也可以有其他用途。在所有其他用途中，城镇是耕地最强有力的竞争者——出于交通和用水便利的考虑，许多城镇就建设在沿河的平地上。

由于城镇的土地开发强度高、密度大，所以，就单位土地面积而言，城镇开发产生的经济利益远远高于作为耕地利用的经济利益；而且，耕地的生态环境效益还不能反映在其市场价格上。结果，在发达国家进行快速城镇化建设的过程中，都出现了大量占用耕地的情况。相应的，许多已经完成城镇化建设的发达国家，尤其是人口密度大、耕地资源相对紧缺的国家，都十分关注耕地和开阔空间的保护。

即使在美国这样耕地人均面积较大、生产力较高的国家，也有不少州级政府采取措施遏制城镇扩展，保护耕地等自然资源。其中，俄勒冈州是专业领域和媒体常常引用的典范（Gosnell et al.，2011）。

在本章选取的典型国家（地区）中，英国是保护耕地最早的国家。这个国家的初衷是遏制城镇蔓延、保护乡村开阔空间，耕地保护属于乡村保护的副产品。荷兰是耕地保护最卓有成效的国家，在近3.4万平方公里的土地上（包括水域的国土总面积为4.15万平方公里），生活着1600万人口、1300万头猪、400万头牛和1亿只鸡；荷兰是世界奶制品、肉类和鲜花的主要出口国之一，农产品的60%用于出口（世界经济年鉴编辑委员会，2009）。以色列在20世纪80年代以前曾经是全球耕地保护采取措施最严厉的国家，90年代以后有所放松，并加入了保护开阔空间的内容。此外，我国的近邻日本，在耕地保护方面也有不俗的表现。

本部分的结构是首先分别回顾前述几个国家和地区的耕地/开阔空间保护措施，然后进行简要的比较和总结。

第一节　英国的乡村保护

英国是工业革命的发源地。1815～1850年是英国城市问题最为严重的时期。当时，城市数量剧增，城市范围迅速扩大。因为人口增长速度过快，城市里的基础设施，从基本生活需要的供水和污水处理，到教育和医疗等社会服务，普遍严重不足。这个阶段城市里随处可见的贫穷脏乱情景成了当时和以后英国人的城市印象和概念，成为政府采取措施遏制城市扩展的社会基础。

一　设置绿色隔离带

英国人遏制城市蔓延的最早措施是设置绿色隔离带。绿色隔离带是由林、草和农作物等植被为主要构成的空间地带。

早在17世纪，就有人提出设置绿色隔离带的建议（http：//website.lineone.net）。1935年，大伦敦区域规划委员会提出第一个官方正式建议。1947年的《城镇和乡村规划法》允许伦敦地方政府在其第一份开发规划中包含设置绿色隔离带的内容。1955年，设置绿色隔离带的政策从伦敦扩散到全国。

半个多世纪以来，英国在主要城市周围共设置了14条绿色隔离带、近164万公顷，约占国土总面积的13%（不包括2005年划为国家森林公园的部分）；面积最大的绿色隔离带有48.6万公顷，最小的也有700公顷。

除主要城市之外，英国的城镇之间甚至村落之间，一般都有绿色隔离带。绿色隔离带内的土地允许买卖，但必须根据绿色隔离带的相关要求利用这些土地。绿色隔离带的利用不局限于林、牧、农业，也允许设置一些娱乐场所（如野餐用地）和事业机构，以及其他符合政府有关规定的非城镇开发类型的利用。绿色隔离带已经成为英国重要的地貌景观。

根据1988年的《规划政策导则2》（1995年修改），绿色隔离带的主要作用包括以下方面：①为城镇居民提供接近乡村开阔地的机会；②为城镇居民提供户外活动和户外娱乐的场所；③保持和保护有特色的地貌景观；④恢复和改善城镇周围被破坏和遗弃的土地；⑤保护自然；⑥保持土地的林业和农业等相关产业的利用。《规划政策导则2》重申的设置绿色隔离带的目的有以下方面：①阻止大片建筑群的无限制扩展；②阻止相邻城镇连接；③减少乡村土地被城镇蚕食；④保护历史古镇的原有风貌；⑤通过鼓励城市弃地的再利用和其他城市土地利用，帮助城市重建和改善。

绿色隔离带在遏制英国的城市扩展和蔓延方面发挥了重要作用，而且曾经被赋予了太多的政治和情感因素。但是，也有些人认为，绿色隔离带就是一种对土地资源的浪费；还有些人批评绿色隔离带刚性太强。近年来，由于住房压力以及出于追求较好生活质量的考虑，已有伦敦人口向周边卫星城镇迁居的情况。而且，因为在绿地上建房远比在城区建房更容易也更便宜，有一些社会活动家、房地产开发商和私人建房者呼吁英国政府修改绿色隔离带政策（www.buildinglanduk.co.uk）。

二 进行土地利用规划

英国的土地利用规划体系是由 1947 年的《城镇和乡村规划法》制定的。在这套体系中，土地利用规划的权力下放到地方政府，由地方政府制定具体的土地利用规划。中央政府的作用，首先是通过《规划政策导则》指导地方政府进行土地利用规划，《规划政策导则》的内容涉及绿色隔离带、电信、防洪和交通运输等。其次，国家环保部门设立地方土地规划稽查员，这是一大队人马，监督地方政府的土地利用规划，倾听不同意见。必要时，环境大臣出面直接干预地方政府的土地利用规划（Alterman, 1997; Janssen-Jansen and Woltjer, 2010）。

地方政府的土地利用规划最终审定以后，地方政府就根据这份规划对改变土地用途的申请进行审批。规划政策要求，绿色隔离带内的土地不得转用，绿色隔离带以外的广大农村地区，只有与农业有关的建筑物才能获得开发许可。即使否决开发申请，政府也不用支付任何补偿。相反，申请得到批准的开发商还要承担一些"开发义务"，即在其开发项目中加入一些公共设施建设或提供公共服务。"开发义务"需要各利益相关方参与磋商，且各方达成意见一致才能实施（实现）。英国土地利用规划体系的主要目标是，为了公众的利益管制开发和土地利用（Janssen-Jansen and Woltjer, 2010）。

在英国的土地利用规划和保护中，开阔空间明显比耕地更重要。例如，在 1987 年的环境部第 16 号通告、1992 年作为 17 号《规划政策导则》重申的政策文件上说，"考虑改变农地用途时，要较少地把重点放在农业生产力上，要把更多的重点放在农地的环境价值上"。

而且，要考虑"需要持续保护乡村是为了乡村本身，而不是为了有生产价值的土地"（Alterman，1997）。

由于英国的土地利用规划一直由二级地方政府负责，长期缺乏一级地方政府的参与，导致区域间的规划和发展失调。为此，自20世纪80年后期开始，区域体系和规划逐渐建立起来。《区域规划导则》成为指导地方政府土地利用规划的新政策。2004年《规划和强制购买法》出台以后，《区域空间战略》取代了《区域规划导则》。《区域空间战略》实际上是一个区域未来15~20年的基本发展框架，涉及区域内住房、环境保护、交通、基础设施、经济发展、农业、废物处理等的发展规模和布局。《区域空间战略》由区域发展机构和地方政府共同参与讨论形成。所有下一级地方政府的发展框架必须符合《区域空间战略》提出的原则、政策和建议。制定《区域空间战略》的目的，是实现整个区域的有机结合、协调发展（Janssen-Jansen and Woltjer，2010）。

三 开展农地质量评价

根据在英格兰和威尔士的勘测调查结果，由农业部负责，英国于1966年建立了农业土地分类系统，为土地利用规划的制定者提供规划依据。1967~1974年出版了一系列的图件，1976年和1988年对评价的导则和标准进行了修订。伴随地理信息系统技术的出现以及相关气候、土壤等数据的增加，评价的精度不断提高。1999年以后，调查评价工作由以政府为主转为以私人咨询为主。英国陆军测量局生产的农用地分类图比例尺从1∶10000到1∶50000不等。

农业土地评价主要考虑土地长期的物理属性、化学属性、作物适宜范围、产量水平、可持续能力以及成本等。影响因素包括气候、立地、土壤特点及其相互关系。将农业土地分为从好到差的5个级别，分别为优质、很好、好、差、很差。其中，第三级"好"又分为好和一般两级。地方规划当局在优质、很好、好（第三级中的较高级）三级土地上进行一定面积的开发之前，必须咨询农渔食品部。1987年以前，第三级中的一般级也在此范围，1988年对分类体系的修正取消了对这类土地的限制，也把优质、很好、好（第三级中的较高级）三级土地开发的门槛降低到10公顷。而且，这些要求只是为了协商，地方规划当局或者主管部长可以推翻。

第二节　荷兰的耕地保护

荷兰的耕地保护措施主要是土地利用规划。1965年生效的《空间规划法》是荷兰政府土地利用规划体系的法律基础。这项法律规定，中央、省和市三级政府都有规划权。其中，中央和省政府的土地利用规划对市级政府的规划有指导作用。此外，住房、空间规划和环境部部长也有权对省、市级政府发布指令，但很少用到。平等沟通、互作调整和让步一直是荷兰各级政府间的往来之道（Valk，2002）。

在三级政府的土地利用规划中，中央和省政府的规划具有区划的性质，对市级政府的规划有指导作用。市级政府要制定两种土地利用规划，一种是与两个上级政府相同的区域规划；另一种是土地分配规划。土地分配规划是在区划规定的不同土地利用类型内进行具体的土地分配。因此，市级政府的土地分配规划对用地者的影响直接、巨大。个人或企业等如果想开发土地或改变土地用途，必须首先向市政府提出申请。如果开发计划与市政府的土地分配规划相一致，市政府必须批准申请，不能拒绝，也不能提出任何附加条件。相反，如果申请者的开发计划不符合土地利用规划，申请被驳回，申请者也得不到任何补偿。此外，违反土地利用规划的行为要受到惩罚（Valk，2002）。

即便是耕地的所有者，也没有权力占用耕地。规划中指明的农业用地只能用于农业生产。如果一个准备改变土地用途的项目建议招致严厉的批评，政府部门也认为这个项目的建设不符合公众意愿，那么，政府部门可以用公共资金把这块准备改变用途的土地买下来，购买的价格根据当时的农业用地价值确定。结果，荷兰几乎不存在土地投机的情况。有时候，为了公众的利益，政府需要征用农民的土地。[①] 征用土地的补偿款，由两部分构成：一是土地及其上建筑物的价值补偿；二是收入损失补偿。土地补偿的价格，如前所述，根据土地当时的农业利用价值确定。收入损失补偿的时段，（在农民放弃整个农场经营的情况下）最长达到12年（Alterman, 1997; Spit, 1995）。

《空间规划法》要求各级政府每10年更新一次土地利用规划；农村地区的土地利用规划是强制性的，城市地区的土地利用规划是选择性的；但没有对不及时更新规划的政府进行处罚的条款。结果，有些市就出现了不及时更新土地利用规划的情况。2008年的《空间规划法》修正案把城市地区的土地利用规划从选择改为强制性，并增加了对不及时更新规划政府进行惩罚的规定（Buitelaar and Sorel, 2010）。

按照城市化压力的程度，可以把荷兰的耕地划分为三类：第一类是设施农业，包括各种温室大棚，聚集在大城市近郊；第二类是阿姆斯特丹、鹿特丹、海牙、代夫特和多德雷赫特市等几个主要城市之间的露天农业；第三类是远处的大片农田，以荷兰北部地区居多。需要保护的是其中的第二类农业用地。这类土地除了提供农产品，还有为这几座中心城市提供开阔空间的作用，后一个功能尤其重要。1993

---

① 例如，1993年，荷兰内阁批准使用10亿荷兰盾，为了达到环境保护的目的，购买农业用地（Alterman, 1997）。

年内阁批款购买的地块，就位于这个农业区内。这个地区被称为（实际上也是）荷兰的"绿色心脏"。

三类农业用地中的第一类，设施农业，以鹿特丹市郊的分布密度最大。这个农业区主要生产出口的花卉、水果和蔬菜等，当场收获、打包，随时运走，经营利润可观。如果不加以限制，这类设施农业很快会扩展到第二类农业区。因此，第二类农业区的土地转用威胁来自两个方面：城市扩展和第一类农业区的扩展。此外，在第二类农业区内部，首先是有土地细碎化倾向，其次是大量的低地排水成本高、牲畜粪便污染严重。结果，农业的收益越来越少，甚至无利可图。20世纪80~90年代，荷兰政府组织对第二类农业区进行土地整理，以维持这里农业的生存。1985年的《土地发展法》扩大了土地整理的标准，把景观保护和户外娱乐条件也包括进来（Grossman and Brussaard，1988；Brussaard，1991）。此外政府也采取其他措施，鼓（激）励第二类农业区的土地所有者，在农业生产经济上已经不可行的情况下，仍保持其土地原有风貌（Alterman，1997）。

在城市建设方面，荷兰政府力主建设"高密度城市"，也发挥了保护耕地和开阔空间的作用。荷兰的住房政策，长期以来是根据需要而非实际需求供给。住宅区以居民楼和适度的连排房为主，私人占用较大空间的情况很少。即使在新增人口数量很少的情况下，每年仍保持8万~10万套的住宅增速，分别适用于不同人口数量的家庭规模。荷兰的人均土地消费面积，1950年是200平方米，1989年上升到350平方米（Alterman，1997）。

第三节 以色列的耕地保护

与大部分其他国家相比，以色列的人口和耕地有两个显著特点。

人口方面的特点是人口密度大、出生率高、接受的外来移民多；农业上的特点是基本农田少、降水少、耕地规模小。尽管如此，几十年经营下来，以色列耕地不稀缺，多数农产品有剩余，这其中有耕地保护的重要贡献。以色列的耕地保护途径主要有以下几个方面。

一 土地国有，由专门的机构负责管理

以色列92%的国土面积由犹太人国家基金会和政府掌管和拥有。为了巩固土地国有化制度、加强对国有土地的管理，以色列政府于1960年成立了国家土地管理局，由以色列政府的农业部部长负责。国家土地管理局执行的土地政策，由国家土地管理委员会制定，这个土地管理委员会的成员来自犹太人国家基金会和政府。以色列国家土地管理委员会1965年发布的土地管理政策包括以下内容：国有土地不能出售，只能租赁（租期为49年，到期可以续租）；租赁者不能对租入的土地做进一步的分割，只能连续耕种；租赁者不能更改租入土地的标示，否则就要把土地归还国家土地管理局（Feitelson，1999）。

二 设置专门的耕地保护机构和制度

1948年独立以后，有100多万犹太人涌入以色列。为了解决这些新增人口的吃饭、住房问题，当时的以色列政府实施了"食品分配制度"和"兴建居民点计划"。在居民点建设过程中，出现了占用城镇郊区基本农田的情况。为了避免之后有更多的基本农田被占用，以色列政府于1953年成立了农地保护委员会，要求任何在耕地上的开发都要经过农地保护委员会的批准。

1965年，以色列的《规划与建筑法》出台。这项法律把耕地保护列为法定的规划目标，在国家、地区和再低一级政府层面分别设立规划机构，依法对辖区内的土地利用进行规划。之后，经过修改的

《规划与建筑法》赋予农地保护委员会耕地开发的否决权，也就是说，任何占用耕地的行为，无论在公有还是私有的土地上，也不管是长期还是短期，都必须得到农地保护委员会的批准。

农地保护委员会在全国 6 个区的政府土地利用规划机构各派驻一名代表，负责起草该地区的土地利用规划，以及审批地区以下一级政府的土地利用规划。两级地方政府的土地利用规划必须与国家的土地利用规划保持完全一致。根据《规划与建筑法》的规定，农地保护委员会和负责制定国家土地利用规划的国家规划与建筑委员会为同一级别。但是，因为后者制定的土地利用规划需要经过前者的批准，所以，在实际上，农地保护委员会的权力更大一些。

1968 年，农地保护委员会绘制出全国沙漠地区以外的国土利用状况图，并且宣布，在该图完成之前没有取得开发权的土地，无论耕种与否，都属于农业用地，未经许可，不得占用。最高法庭裁决，这个规定不属于"拿地"，所以，以后否决开发不存在补偿问题（Feitelson，1999）。

三 密集开发城区土地

大多数以色列的城市人口居住在居民楼里。即使在 20 世纪 80 年代流行"接地气"以来，新建住宅也多为两套或多套连排。20 世纪 90 年代以色列的城市住宅密度为每公顷 25~40 套（Alterman，1997）。

长期的高压管理确实很好地保护了以色列的耕地资源（耕地面积数据见后面的比较部分）。但是，这也严重抑制了基础设施建设。结果 20 世纪 80 年代后期，以色列出现了道路严重拥堵、交通事故频发的问题，急需增扩建道路。这种情况下，农地保护委员会的建设审批制度和程序就成了阻碍因素。为此，1988 年的《规划与建筑法》修正案取消了农地保护委员会对国家级道路建设项目的审批权。

1990 年，在苏联解体之后，以色列又出现了一次移民浪潮，带来了巨大的住房压力。以色列政府首先要求农地保护委员会划出9000公顷的农业用地用于住宅开发，之后改变农地保护委员会的职能，从农地保护转向进行改善城市规划，诸如提供充足的城市公共设施和服务，或者向边缘地区疏散人口。保护开阔空间也成了农地保护委员会新的工作内容（Alterman，1997；Feitelson，1999）。

此外，自20世纪90年代初期开始，以色列的国家土地管理局由原来的农业部部长负责改为由住房和建筑部部长负责。国家土地管理局新的政策目标是降低土地开发的交易成本。总体来看，以往对农地的过度严格管理阻碍了城市的健康发展，因而导致了城乡发展的失衡。为此，20世纪90年代以来，以色列国家和政府把工作重点转向了城市，以追求城市和乡村的均衡发展。

第四节　日本的耕地保护

日本是一个山地岛国，只有30%的国土面积（约1130万公顷）适宜农业或城市利用（OECD，2009）。所以，日本很早就通过了立法管制转用耕地，以后又增加了土地利用规划。

一　立法直接管制转用耕地

1941年的《临时农地管理令》要求以耕作以外的使用为目的取得农地所有权、租借权、场地使用权时，必须由知事批准，同时设置了对违法行为的处罚规定。即便申请是可能的，在以下情形时还要受到农林部部令的限制：①其事业设施的建设当前来讲非紧要时；②农地的转用有可能对附近农地或农作物造成极大的危害的可能性或有可能极大地危害到农地耕作者的生活时；③其农地接受政府或都道府县的补助而实施改良时，或其农地是根据《农地调整法》的自耕农创设维持事业在创设或维持时。在上述情况下，都不能申请批准（关谷俊作，2004）。

1946年再次修改的《农地调整法》要求，无论其目的是耕作还是转用，凡是权利转移都必须有知事的批准或市町村农地委员会的同意，并规定了对违法行为的惩罚条例以及将来未经审批的合同予以废除的所谓效力条款。1952年的《农地法》第4条规定，农地主将自己的农地改变用途或转卖他人的，超过2公顷的，由国家农林水产大臣批准；2公顷以下的，由都道府县知事批准。《农地法》第92条又规定，不经批准，擅自占用农地的，处3年以下有期徒刑和100万日元以下的罚金（张宁宁，1999）。

如果是因为实施同一事业的需要而进行超过4公顷农地的转用，或是以转用为目的的权利转移，则需要农林大臣的审批；其他情况，则需要都道府县知事的审批。但是，根据《农村地区引进工业法》及其他关于地域开发或建设的法律所进行农地转用的，如果符合政令规定的条件（根据各自的法律规定的一定之计划，为了在一定的地区内进行一定的建设），则即使超过4公顷也可以由都道府县知事审批。此外，在一定的时期内，都道府县知事在审批超过2公顷以上的农地转用时，除了上述根据与地域建设相关的法律进行的农地转用以外，都要与农林水产大臣进行协商。这是根据1997年的修改，在权限转让中设置的临时措施（关谷俊作，2004）。

二 土地利用规划

20世纪50年代以来，在日本经济高速增长的同时，也出现了许多问题，包括城市建设区膨胀、地价飞涨、混乱的土地开发，以及环境污染。在此背景下，日本国会于1968~1974年连续颁布实施了《城市规划法》（1968）、《农业促进法》（1969）、《全国环境保护法》（1971）、《森林和自然公园法》（1971）和《全国土地利用规划法》（1974）。

1968年颁布的《城市规划法》责成所有的城市和镇政府为已建设区及其周边土地制定开发规划，而且所有人口超过10万的城市必须划定城市促进区，即未来10年左右需要开发的区域，还有城市控制区，即不允许再有任何开发的地区。

《农业促进法》要求47个区（县）都要划定农业促进区。农业促进区必须在农村地区，可以为农业所用，或其利用与农业相关（这些土地必须还没有用于农业，或者终究可能用于耕种）。这些土地的开发通常只允许作为新的农业生产用地或农村自然用地。农业促进区占日本近一半的国土面积。农业区分布在农业促进区内，基本由已耕地构成。这些地区的土地一般不允许改作他用。大约1/6的日本国土，即4/5的耕地面积，不能用于任何其他开发。

《全国土地利用规划法》要求中央、地区和市级政府分别制定辖区内的土地利用规划。中央政府的全国土地利用规划由土地部负责，经内阁批准。地区政府的规划在中央政府规划的基础上制定，市级政府的规划进一步以地区土地利用规划为基础。地区级政府的地位最重要，它们是土地利用规划的主体，根据城市、农业、林业、天然公园和自然保护区五种用地类型制定具体的土地利用规划，而且它们还能干预市级单位土地利用区划的决定。中央政府会派出专家组代表中央政府审查地区制定的规划，但这不是一个正式的程序（Dawson，1985；Shibata，2002）。

三 其他影响耕地保护的因素

（一）土地制度

几乎所有的农业用地和城市土地，以及许多林地，都归私人所有。在这种体制下，土地利用控制通常被限制在禁止提出改变的负向过程。表现这类问题的一个例子，是已经在国土局记录备案的一件事，发生在名古屋、大阪和东京的城市化促进区内。这些地方的农民被安排出售其土地用于开发，而且按全球范围来说极高标准的地价，但 20 世纪 80 年代初的一次调查发现，大约 37% 的受访者表示要继续耕种其土地，47% 的受访者只愿意出售其土地的一部分，愿意出售其全部土地的只占受访者的 16%。政府和规划者预计这些地区在之后的 10 年开发为城市用地。但是，因为农民不愿意卖地，有关当局要求延长城市化的时限。此外，零星地块的征用导致城市开发区的杂乱，这是 20 世纪 50~60 年代日本城市周边地区扩散的典型状态。为此，国土局要求给城市促进区的农民以更多的激励，促使更多的农民同意卖地，以利于新城区连片开发。

（二）土地规模

许多在城市有全职工作的办公室职员中，大多数人在农村还有一两公顷稻田，这些耕地是其很好的第二份收入，更是其在老年的时候政策微弱养老金的补充、便宜的食品来源以及食品保障。特别是在农业高度机械化、现代化的今天，一小块耕地上一种作物，种、管、收均只需要几天的时间，所以以农业作为兼业是一种普遍情况。而且，这些所有者在地价上涨的幅度高于通货膨胀的速度的时候也不愿意卖地。

（三）选举制度

选举制度也是一个因素。自民党严重依赖农业社区的选票，所以觉得有责任支持农产品价格，不顾这种支持与其自身的土地利用政策有矛盾。特别是稻谷价格维持在国际市场价格的 3 倍左右，尽管自 20 世纪 60 年代末期日本国内就已经出现稻谷生产过剩。

第五节 美国俄勒冈州的农地保护

20 世纪 50~60 年代，随着美国经济的快速增长，人们开始追求更舒适的居住环境，向城镇边缘地带迁居，占用了一些农地和林地。

这种"郊区化"行为引发了公众对过多占用城镇周边地区农地、林地和草地等自然资源的关注和担心。俄勒冈、威斯康星和纽约等州陆续采取措施控制城镇地区的无节制扩展。在这些州中，俄勒冈州是采取措施较早、措施最严厉的州。俄勒冈州遏制城区蔓延的主要手段是土地利用规划。

俄勒冈州的大规模扩展发生在20世纪60年代。虽然当时也有相关的法律和土地利用规划，但这些法律和规划已经不足以应付新出现的状况和问题。总体来说，新的土地开发利用缺乏规划和管理。在此背景下，俄勒冈州的立法者于1973年颁布了一项新法律——《土地保护与开发法》。这项法律为州内的土地利用政策和规划设定了10个基本目标，其中包括有序和有效地开发利用土地，通过对农业用地、林业用地和其他用地分区划带的办法，约束对城区以外土地的开发。这里的其他用地包括低密度住宅区、主要的商业用地和工业用地以及允许开发且开发申请正在审批过程中的土地（Alterman，1997；Einswol and Hone，1994）。

根据《土地保护与开发法》成立的州土地规划和利用管理委员会，由州长任命7名成员组成。委员会负责制订全州的土地利用规划，监督规划的实施，并最终实现《土地保护与开发法》制定的土地利用规划目标。为此，这个州的土地规划和利用管理委员会要审查市、县政府根据州土地利用规划制定当地的土地利用规划，以确保其既与州政府的土地利用规划相一致，又与当地的其他发展规划相协调。州土地利用管理机构对县、市级土地利用规划的监督审核具有阶段性和连续性，以确保其与州规划的长期一致性。

由于《土地保护与开发法》允许州政府集权式管理，这激起了县、市政府的不满情绪。为了鼓励这些地方政府服从州政府的《土地保护与开发法》，州土地规划和利用管理委员会采取了一些激励措施。其中，最主要的激励措施是，县、市政府的土地利用规划，在经过州土地规划和利用管理委员会的审批之后，对土地利用变化的复审工作，仍由县、市政府负责，州政府不干预。这实际上是恢复了县、市政府对土地利用的传统控制权（Jacobs，1997）。

由于上述原因以及地方政府在制定当地土地利用规划过程中，需要协调各有关方面的关系，直到1986年，全州36个县和241个市的土地利用规划才全部得到州土地规划和管理委员会的认可（Knapp，1994）。

土地利用规划并不防止土地开发，而是约束开发的速度、地点和密度。县、市政府也可以批准一些在林业用地和农业用地上的土地开发，但必须上报到州土地规划和利用管理委员会。

虽然俄勒冈州的土地利用规划体系和方法有法律基础，并且得到了广泛的民众支持，但是，自开始以来，这套体系和方法的支持者与反对者之间就出现了紧张的关系。支持者认为，为了长期保护林业用地和农业用地，有必要进行土地利用规划。反对者则认为，土地利用管理体系和方法过分地增加了土地所有者的负担。两种观点辩论的结果是在20世纪末至21世纪初，以投票形式决定是否补偿土地所有者因为土地利用规划体系和方法造成的财产价值损失（Gosnell et al.，2011）。

作为对土地利用规划体系的补充，俄勒冈州成立了一个土地利用上诉委员会。这是一个专门的土地利用法庭，负责裁决土地利用中出现的个别冲突和争端（Jacobs，1997）。

俄勒冈州的土地利用规划体系取得了令人瞩目的成就。从1973年到2001年，私有"自然状态"林地从1070万英亩下降到1050万英亩，近30年间只减少了20万亩，占1.87%；集约化生产的农业用地从580万英亩下降到570万英亩，只减少了10万英亩，占1.72%。所以，俄勒冈州的土地利用规划体系和方法得到了美国规划协会的称赞，被称为美国土地利用政策的先锋（Gosnell，2011）。

第六节　各国耕地保护比较和小结

这 5 个国家和地区的土地保护目标和措施不尽相同，归纳如下（见表 5-1）。

表 5-1　各国耕地保护措施比较

目　标	以色列	日本	荷兰	英国	美国俄勒冈州
	耕地开阔空间	耕地	耕地开阔空间	开阔空间	开阔空间
直接控制耕地转用	有	有	没有	没有	没有
土地利用规划	有	有	有	有	有
土地利用规划的法律基础	有	有	有	有	有
否决开发补偿	没有	没有	没有	没有	没有
限制城市扩展	是	是	是	是	是
进行城市土地利用规划	是	是	是	是	是
控制城市人均住宅规模	是	—	是	—	—

首先，就目标而言，英国和美国俄勒冈州从开始就是为了遏制城市的无节制蔓延，以色列和日本是为了保护耕地；荷兰既是为了保护耕地，也是为了保护开阔空间，且后者的重要性日渐增加。其次，从保护措施上看，以色列与日本有法律和政策直接控制耕地转用，同时也通过土地利用规划管理土地的利用方式。而英国、荷兰和美国俄勒冈州主要是通过土地利用规划管理土地，通过开发审批控制规划区的土地转用。荷兰除了审批开发申请以外，还有政府用公共资金购买受开发威胁的农业用武之地的情况，关键是购买土地的价格按当时的农业用地计算，而不是按开发后的利用价格计算。

这些国家和地区共同的做法和经验可以概括为以下几个方面：第一，公众和政府有保护耕地和开阔空间的强烈意愿。所以，即使在美国这样一个极度崇拜个人自由和尊重个人产权的国家,也有俄勒冈州这样以集权方式牢牢保护和管理农村土地几十年的极端案例。第二,所有国家和地区都以土地利用规划作为主要方式之一,而所有这些国家和地区的土地利用规划都有坚实、完善的法律基础,所以才有以色列和荷兰负责土地利用管理的部门或个人为保护农业用地与有权势的组织机构进行抗争并取得胜利的案例(Alterman,1997)。第三,土地所有权与开发权在所有这些国家和地区都是分离的,所以,即便驳回土地开发者的开发申请,也不存在赔偿问题。第四,综合考虑粮食安全、开阔空间和城乡均衡发展等多方面的需要,并根据均衡发展的原则,以土地保护策略和方法进行调整,以保持其可持续性和生命力。

国外的几项相关研究也得出了与本书相近或相似的结论。例如,Alterman(1997)比较的是美国、加拿大、英国、荷兰、法国和以色列6个国家的耕地保护。Jacobs(1997)回顾的是荷兰,瑞典,法国,英国,日本,美国的威斯康星、纽约和俄勒冈州,加拿大的安大略、哥伦比亚、魁北克和爱德华王子岛等省。两人得出的共同结论是,在保护农村土地方面取得成功的国家,取得成功的关键不在于采用的战略和措施,而是形成这些战略和措施的社会政治环境。Nelson(2004)通过对美国控制城镇扩展的比较研究发现,约束的力度越大,得到的约束效果越好。

参考文献

[1] 陈建宏:《日本农地转用许可制度之概》,http://translate.googleusercontent.com/,2003。
[2] 关谷俊作:《日本的农地制度》,金洪云译,生活·读书·新知三联书店,2004。

[3] 刘丽、郭文华:《外国人看中国的耕地安全》,国土资源部信息中心,2006。

[4] 世界经济年鉴编辑委员会:《世界经济年鉴(2008/2009)》,2009。

[5] 张宁宁:《日本土地资源管理一瞥》,《中国土地科学》1999年第1期。

[6] Alterman, R., "The Challenge of Farmland Preservation: Lessons from a Six-nation Comparison", Spring 63 (2), 1997.

[7] Brussaard, W., "Protecting Agricultural Resources in Europe: A Report from the Netherlands", Indiana Law Review 24.

[8] Buitelaar, E. and N. Sorel, "Between the Rule of Law and the Quest for Control: Legal Certainty in the Dutch Planning System", Land Use Policy 27, 2010.

[9] Dawson, A. H., "Land Use Policy and Control in Japan", Land Use Policy, January, 1985.

[10] Feitelson, E., "Social Norms, Rationales and Policies: Reframing Farmland Protection in Lsrael", Journal of Rural Studies 15, 1999.

[11] Gosnell, H., J. D. Kline, G. Chrostek, and J. Duncan, "Is Oregon's Land Use Planning Program Conserving Forest and Farm Land?" Land Use Policy 28, 2011.

[12] Grossman, M. and W. Brussaard, "Planning, Development and Management", Washburn Law Journal 28 (1), 1988.

[13] Jacobs, H. M., "Agricultural Land Protection Policy for Albania: Lessons from Western Europe, North America and Japan", Working Paper, No. 6, Land Tenure Center, University of Wisconsin-Madison, 1997.

[14] Janssen-Jansen, L. B. and J. Woltjer, "British Discretion in Dutch Planning: Establishing a Comparative Perspective for Regional Planning and Local Development in the Netherlands and the United Kindom", Land Use Policy 27, 2010.

[15] Koomen, E., J. Dekkers, and T. van Dijk, "Open-space Preservation in the Netherlands: Planning, Practice and Prospects", Land Use Policy 25, 2008.

[16] Nelson, A. C., "Urban Containment American Style: A Preliminary Assessment", Eichardson, H. W. and C. H. C. Mae (eds.), Urban Sprawl in Western Europe and the United States, Ashgate, Aldershot, 2004.

[17] OECD, "Evaluation of Agricultural Policy Reform in Japan", 2009.

[18] Shibata, B., "Land-Use Law in the United States and Japan: A Fundamental Overview and Comparative Analysis", Journal of Law & Policy, Vol. 10, 2002.

[19] Spit, T. J. M. Regionalization and Regional Land Policy in the Netherlands, Paper Presented at the 9th Congress of AESOP – Association of European Schools of Planning, Glasgow, Scotland, August, 1995.

[20] van der Valk, A., "The Dutch Planning Experience", Landscape and Urban Planning 58, 2002.

第六章 耕地数量变化和经济发展关系的实证研究

——基于多国经验数据

可以将可持续发展的基本含义理解为,要在经济发展的同时保持资源环境存量不变或增加,尤其需要保持的是对人类生存和发展具有不可替代作用的资源。耕地作为人类不可代替的自然资源的基础,其数量和质量的特性决定着一个国家或地区的社会经济的可持续发展。[1] 改革开放以来,中国经济的持续快速发展,城市化和工业化进程不断加快的理论和经验表明,快速的经济发展往往伴随着大量耕地转换为工业用地、基础设施用地和住宅用地。[2] 中国耕地总量的减少速度随经济增长明显加快,1978~1995 年耕地年均减少 26 万公顷,1997~2008 年耕地的年均减少提高到了 69 万公顷。[3] 耕地数量的急剧下降,使如何协调经济发展和耕地保护之间的关系,成为社会经济发展中必须面对的重大问题。只有正确认识经济发展与耕地非农

---

[1] 曲福田、吴丽梅:《经济增长与耕地非农化的库兹涅茨曲线假说及验证》,《资源科学》2004 年第 5 期。

[2] Deng, X. Z., Huang, J. K., Rozelle, S. and Uchida, E., "Cultivated Land Conversion and Potential Agricultural Productivity in China", *Land Use Policy*, 23 (4): 372 – 384, 2006.

[3] 由于 1996 年中国的耕地数据进行了调整,耕地面积出现了较大幅度的增加,因此,从可比性的角度,我们选择以 1996 年为界限划分出两个比较区间。

化的变化趋势,才能妥善处理二者的关系。因此,首先需要弄清楚的是经济发展和耕地数量变化之间的关系是什么。这可以从中国的历史数据中寻找答案,通过总结和归纳中国自身经济发展与耕地数量变化的规律,甄别影响耕地数量变化的关键性因素,从而为国家制定耕地保护政策提供依据。但是,这可能会使目光更加专注于中国自身的独特性,而忽视一些更为本质的东西,甚至误入歧途。任何事物都是有本质特征的,耕地资源利用也不例外。全世界有两百多个国家和地区,它们在面积、人口、经济发展程度、社会制度以及文化习俗等方面存在大大小小的差异,从而造成耕地资源利用的方式也不尽相同,但是,这些形形色色的耕地利用方式中又必然隐含着某些共同的特征,这些特征就可以被称为一般规律。将全球耕地资源资源利用的一般规律和中国的实践相对照,就可以对中国耕地保护政策做出比较科学的评价。因此,本章的主要目的就是使用多国的经验数据,通过适当的计量经济方法,简单、明了地刻画耕地数量变化和经济发展之间的关系,从而为中国的耕地保护提供参照系。

第一节 研究综述

关于耕地数量变化与经济发展的关系没有太多理论支撑,其中有代表性的是库兹涅茨曲线假说。环境经济学家在研究环境污染和经济发展的关系时发现,在一定收入阶段,污染强度随经济发展而上升,达到一个转折点之后开始下降,呈现倒 U 形曲线关系(Grossman & Krueger, 1995),这被称为环境库兹涅茨曲线假说。而后有研究将其延伸到耕地保护领域,假定耕地数量变化和经济发展之间也呈倒 U 形曲线关系。曲福田等(2004)最早提出了耕地数量变化和经济发展关系的库兹涅茨假说,并通过对国内6个典型地区经济发展过程中耕地损失的分析验证了这个假说。蔡银莺等[①]通过对深圳等5个城市的进一步研究,认为耕地资源流失量与人均 GDP 的演化规律基本上符合库兹涅茨曲线的一般特征。何蓓蓓等[②]采用 1986~2004 年全国数据对经济增长与耕地流失之间的关系进行的实证研究也表明,中国的耕地非农流失与经济发展的演化规律基本符合库兹涅茨曲线的特征。以上的实证研究主要是采用时间序列数据,事实上,随着经济现象的复杂化和经济学理论的深化,单纯应用截面数据或时间序列数据来分析经济理论、寻找经济规律和预测经济趋势存在一定的偏差。面板数据由于扩大了样本信息量,控制了不可观测经济变量所引致的估计偏差,因而提高了模型设定的合理性及参数估计的有效性,能够更准确地揭示经济行为。[③]为了弥补方法上的不足,李永乐等[④]利用中国 1999~2003 年省际面板数据再次验证了经济增长与耕地非农化之间满足库兹涅茨曲线假说。吴群等[⑤]通过国际比较揭示出,不同的经济发展阶段,耕地数量变化存在不同的特征。该项研究的结论表明,借助于国际数据,采用合适的方法应该可以进一步刻画出耕地数量变化和经济发展之间的一般规律。

与以上研究主要考察经济总量(或者是收入水平)对耕地数量的影响不同,有些研究者开始直接探讨耕地变化与工业化、城镇化

[①] 蔡银莺、张安录:《耕地资源流失与经济发展的关系》,《中国人口·资源与环境》2006年第5期。
[②] 何蓓蓓、刘友兆、张健:《中国经济增长与耕地资源非农流失的计量分析——耕地库兹涅茨曲线的检验与修正》,《干旱区资源与环境》2008年第6期。
[③] 吴玉鸣、冯仁勇:《岩溶区城镇化与耕地资源动态变动的面板数据分析——以广西河池地区为例》,《资源科学》2010年第5期。
[④] 李永乐、吴群:《经济增长与耕地非农化的 Kuznets 曲线验证——来自中国省际面板数据的证据》,《资源科学》2008年第5期。
[⑤] 吴群、郭贯成、方丽平:《经济增长与耕地资源数量变化——国际比较及其启示》,《资源科学》2006年第4期。

的关系。那么,工业化、城市化和耕地数量变化之间是否存在库兹涅茨曲线关系呢？大多数国家的经验表明,经济发展的过程是一个城市规模不断扩大、城市用地不断扩张的过程。城市化的发展依赖于基础设施（Parker,1996；Ogu,2000）,基础设施的扩张也会增加对土地的需求。有研究表明,城镇化是耕地减少的直接原因,并且测算出城镇化对耕地减少的直接影响在5%~10%之间。[①] 与此同时,伴随着经济发展,人类对工业制成品与服务产品的需求也会相应地增长（Xiao et al.,2005）。因此,经济发展还是一个经济重心从以农业为主导转移到以工业与服务业为主导的过程（Otsuka,1995）,而农用地生产率与工业用地生产率之间的差异以及土地利用方式转变过程中的土地价值增值,是引起土地非农化的根本因素,[②] 工业和服务业投资的增加过程往往也是耕地资源从农业向非农产业转移的过程。所以,人口在产业间的转移、工业化发展与基础设施扩张都需要占用大量的土地。[③] 从目前来看,大部分的研究集中于探讨城市化和耕地数量变化之间的关系（邓祥征,2003；朱莉芬等[④],2007；吴玉鸣等,2010）,其原因可能在于研究者们混淆了工业化和城市化过程,或许认为城市化相对于工业化是更加重要的影响耕地数量变化的因素。城市化的过程也是工业化与经济发展的一个过程。事实上,在工业化以及城镇化的不同阶段,耕地需求并不相同。[⑤] 工业化对耕地规模的影响在工业化初期是较为直接的,而当城镇化启动之后,工业化对耕地规模的影响就不如城镇化直接

---

① 贾绍凤、张军岩：《日本城市化中的耕地变动与经验》,《中国人口·资源与环境》2003年第1期。
② 吴先华：《耕地非农化研究综述》,《地理与地理信息科学》2006年第1期。
③ 邓祥征：《土地利用变化的效应及其决定因素分析》,中国科学院博士后研究工作报告,2003年。
④ 朱莉芬、黄季焜：《城镇化对耕地影响的研究》,《经济研究》2007年第2期。
⑤ 孟爱云、濮励杰：《区域耕地数量变化与工业化、城市化进程相互关系探讨——以江苏省为例》,《长江流域资源与环境》2008年第2期。

和明显了。① 因此，耕地减少与城镇化、工业化的关系可能并非简单的线性关系；工业化是生产活动向工业部门集聚的过程，而城镇化是人口向城镇集聚的过程，内在机理不同导致它们对耕地的需求强度不同。② 孟爱云等（2008）使用江苏省1996～2004年耕地数量和工业化、城市化的数据，进行了初步的探索。李魁（2010）则对日本、韩国以及中国台湾地区1979年以来城镇化、工业化与耕地变化的关系进行了数量分析，结果发现，日本、韩国以及中国台湾的工业化、城镇化与耕地减少的协动形态均呈现倒U形曲线关系，但在拐点时间上彼此存在较大差异。中国的工业化与耕地减少呈现倒U形关系，但城镇化与耕地减少的倒U形关系不明显。可是，正如研究者所指出的，这几个研究样本与中国大陆有着相似工业化路径和城镇化道路，正是基于这一点，降低了工业化、城市化和耕地数量变化关系的库兹涅茨曲线假说的可信度。因此，需要纳入更多的研究样本，才能够获得有力的支持。而且，上面的研究依然是基于时间序列数据进行的，结论存在偏差性的可能性很大，这进一步增强了使用更多国家的样本进行面板数据模型分析的必要性。

第二节 数据来源与模型设定

本章数据主要来自联合国粮农组织数据库③和世界银行数据

---

① 郝寿义、王家庭、张换兆：《日本工业化、城市化与农地制度演进的历史考察》，《日本学刊》2007年第1期。
② 李魁：《东亚工业化、城镇化与耕地总量变化的协动性比较》，《中国农村经济》2010年第10期。
③ 数据参见公布网址，http://apps.fao.org.forestry。

库①。1961~2008年，由于很多国家因为独立、合并等改变了领土面积，这些国家林产品的统计就发生了变化；而且，相当多的国家独立前的数据本身就难以获得，例如，苏联解体以后，各加盟共和国解体前的各种数据就难以获得。为了保证数据的连贯性，本章仍将这些新独立国家看成一个经济体进行分析。这类国家包括苏联、南斯拉夫、捷克斯洛伐克以及埃塞俄比亚。最终，本章得到了130个样本国家的数据，统计描述如表6-1所示。这130个国家在2008年耕地面积总量占到全世界的95%以上，其GDP在全球也占了95%以上的比重，样本的代表性不成问题。

表6-1 样本的统计描述

变量	平均值	标准差	最小值	最大值
耕地面积	8591.11	24044.16	14.40	188557.00
耕地变化率	0.42	2.34	-22.29	34.02
人均GDP	4915.21	7486.46	79.39	41133.49
城市化水平	44.07	23.42	2.17	97.91
工业化水平	29.43	11.38	3.59	94.23

表6-1中的耕地变化率通过公式（1）计算得到：

$$L_{i,t} = \frac{S_{i,t-1} - S_{i,t}}{S_{i,t-1}} + 100\% \tag{1}$$

其中，$L_{i,t}$为i国t年的耕地变化率。$S_{i,t}$为i国第t年的耕地存量。当$L_{i,t}>0$时，耕地数量递减；当$L_{i,t}<0$时，耕地数量递增；当$L_{i,t}=0$时，耕地数量不变。本章中耕地变化应该为广义上的耕地变化，不仅

---

① 数据参见公布网址，http://devdata.worldbank.org。

包括交通、住宅、工厂、商业等用地，也包含灾毁、生态退耕等减少的耕地。此外，本章对耕地存量发生突变年份的数据进行了处理，具体是消除了一些耕地存量"突兀点"的年份。城市化水平使用一国城市人口占该年全国总人口的比重表示；而工业化水平采取一国工业增加值占该国 GDP 的比重表示。

为了观察耕地数量变化和经济发展、城市化、工业化之间是否出现库兹涅茨曲线所描绘的模式，我们利用下面的计量经济模型来观察各国的耕地数量变化和经济发展、城市化、工业化水平之间的关系：

$$S_{i,t} = \alpha_0 + \beta_1 L_n y_{i,t} + \beta_2 L_n y_{i,t}^2 + \mu_{i,t} + \upsilon_{i,t} + \varepsilon_{i,t} \quad (2)$$

$$S_{i,t} = \alpha_0 + \beta_2 L_n y_{i,t} + \beta_2 L_n y_{i,t}^2 + \beta_3 U_{i,t} + \beta_4 U_{i,t}^2 \mu + \beta_5 g_{i,t} + \mu_{i,t} + \upsilon_{i,t} + \varepsilon_{i,t} \quad (3)$$

$$S_{i,t} = \alpha_0 + \beta_1 L_n y_{i,t} + \beta_2 L_n y_{i,t}^2 + \beta_3 I_{i,t} + \beta_4 I_{i,t}^2 \mu + \beta_5 g_{i,t} + \mu_{i,t} + \upsilon_{i,t} + \varepsilon_{i,t} \quad (4)$$

其中，$S_{i,t}$ 为第 t 年份、第 i 个国家的耕地数量变化率，$L_n y_{i,t}$ 和 $L_n y_{i,t}^2$ 则分别为第 t 年份、第 i 国家以 2000 年美元价格计算的人均 GDP 水平对数及其平方项。人均 GDP 代表一国的经济发展水平，由于这一变量的分布严重右偏，所以我们对其取了自然对数。$U_{i,t}$ 和 $I_{i,t}$ 分别代表第 t 年份、第 i 个国家的城市化水平和工业化水平。我们的目的是观察上述方程中的系数 β_1、β_2、β_3、β_4 的符号和显著性是否符合倒 U 形关系。要说明的是，$g_{i,t}$ 代表人均 GDP 增长率，加入它是为了考察更快的经济增长是会加大还是减少耕地变化速度。一方面，经济增长较快的国家往往是穷国，耕地变化较快；另一方面，经济增长较快的国家很可能耕地利用效率提高，耕地数量变化较慢，而且这一变量的符号不确定。我们采用了国家时间双向固定效应面板回归，目的是控制没有进入回归的国别因素和时间变化趋势的影响。$\mu_{i,t}$ 是国家的虚拟变量，反映了国家间持续存在的差异。$\vartheta_{i,t}$ 是年度虚拟变量，主要控制经济增长以外，随时间变化的因素所发生的影响。$\varepsilon_{i,t}$则是与时间和国家都无关的随机扰动因素。

第三节 回归结果及解释

一 耕地数量变化和经济发展水平的关系

表6-2是公式（2）的回归结果，揭示了耕地数量变化和经济发展水平之间的关系。该表中的三列回归结果分别是对47个国家、91个国家以及130个国家的回归结果。虽然我们对结果的报告，是从47国到91国然后再到130国，事实上，我们在进行回归时，是从相反的方向进行的，也就是逐步削减少样本的数量。之所以会选择不同的样本大小进行回归，主要是因为考虑到数据质量问题。在数据库中，很多国家尤其是经济落后的国家的数据质量是非常差的，既存在严重的数据缺失，也存在一些数据错误，为了提高研究结论的可信度，我们逐步剔除掉了一些样本。但是，从表6-2中的结果来看，无论是采用哪些样本，耕地数量损失和人均收入水平之间都存在倒U形的库兹涅茨曲线关系。从国际上来看，美国、加拿大、法国、瑞典等发达国家已经实现了转折，进入了耕地损失率随经济发展水平上升而下降，甚至耕地数量增加的阶段。其原因在于这些国家土地利用逐步走向集约化，经济增长的耕地代价性损失减少，这些国家越来越注重生态和环境的保护，主要依赖资金和技术密集而非耕地密集来发展经济，耕地数量的减少还体现为在退耕还林还牧等保护方性减少方面。

表6-2 耕地数量变化和经济发展水平的关系：双向固定效应模型回归结果

	47国	91国	130国
人均GDP对数	1.61** (2.49)	1.46** (2.40)	45.10** (2.16)
人均GDP对数平方	-0.11** (-2.58)	-0.07** (-1.98)	-3.45** (-2.33)
固定效应:国家	包括	包括	包括
固定效应:年份	包括	包括	包括
常数项	-6.22** (-2.88)	-7.17* (-1.84)	-144.83* (-1.83)
R^2			
组内	0.0508	0.0134	0.0880
组间	0.0051	0.2267	0.0001
总体	0.0331	0.0310	0.0708

注：括号中的数值为t检验值，***、**和*分别表示在1%、5%和10%的置信水平上显著。

二 耕地数量变化和城市化水平的关系

表6-3是公式（3）的回归结果，反映了耕地数量变化和城市化水平之间的关系。从表6-3可以看出，耕地数量变化和城市化水平之间并不存在倒U形的库兹涅茨曲线关系，而是存在正U形曲线关系，即随着城市化水平的提高，耕地损失率逐步下降，等到过了转折点以后，随着城市化水平的继续提高，耕地损失率开始上升。这和李魁（2010）的研究结论正好相反，这就表明在某些个别国家存在的库兹涅茨曲线假说在全球范围内并不成立，造成这一结果的原因可能在于城镇化模式。朱莉芬等（2007）研究发现，不同城镇化模式对耕地的影响也不同，在其他条件相同的情况下，相对于农村住宅建设用地而言，城镇化对耕地减少还起到一些缓解的作用。也就是说，随着城市化的逐步启动，城市比农村更加能够集约利用耕地，因此，耕地损失是逐步下降的，等到城市化进行到以一定程度以后，农村住

宅建设基本停滞了，这时候的耕地损失就直接体现为城市的扩张了。从表6-3还可以看出，人均GDP增速对耕地损失率提高有推动作用，即经济增长速度越快，耕地损失越快，这和经济学直觉是一致的。

表6-3 耕地数量变化和城市化水平的关系：双向固定效应模型回归结果

	47国	91国	130国
人均GDP对数	3.31** (2.29)	2.95*** (2.57)	23.64** (1.96)
人均GDP对数平方	-0.20** (-2.29)	-0.18** (-2.23)	-3.60** (-2.22)
人均GDP增速	0.008 (0.38)	0.06*** (4.16)	0.39*** (5.34)
城市化水平	-0.10* (-1.85)	-0.05 (-1.47)	-0.61** (-2.47)
城市化水平的平方	0.001** (2.48)	0.006** (2.28)	0.01** (2.02)
固定效应:国家	包括	包括	包括
固定效应:年份	包括	包括	包括
常数项	-11.96** (-2.27)	-11.44** (-2.83)	-96.73 (-1.16)
R^2			
组内	0.0548	0.0194	0.0946
组间	0.0833	0.1653	0.0006
总体	0.0336	0.0303	0.0543

注：括号中的数值为t检验值，***、**和*分别表示在1%、5%和10%的置信水平上显著。

三 耕地数量变化和工业化水平的关系

表6-4是公式（4）的回归结果，反映了耕地数量变化和工业化水平之间的关系。从表6-4的结果来看，工业化水平和耕地数量变化之间不存在显著的相关关系，即使根据91国的回归结果，工业化水平和耕地数量变化之间存在正U形的关系，这也和李魁（2010）

的研究结论正好相反。其中很重要的原因在于，工业化水平并不是线性增长的，随着经济水平的提高，工业化水平本身则体现出先增加后下降的趋势。

表6-4 耕地数量变化和工业化水平的关系：双向固定效应模型回归结果

	47国	91国	130国
人均GDP对数	1.35** (2.01)	2.25 (1.56)	15.32 (1.14)
人均GDP对数平方	-0.10** (-2.22)	-0.13* (-1.28)	-1.61* (-1.69)
人均GDP增速	0.003 (0.14)	0.06*** (4.02)	0.67*** (5.72)
工业化水平	-0.05 (-0.80)	-0.07 (-1.45)	-0.47 (-1.23)
工业化水平的平方	0.0008 (1.04)	0.001*** (1.43)	0.01 (1.18)
固定效应:国家	包括	包括	包括
固定效应:年份	包括	包括	包括
常数项	-4.32* (-1.84)	-9.23* (-1.87)	2.01 (0.04)
R^2			
组内	0.1517	0.1775	0.1775
组间	0.0116	0.0001	0.0001
总体	0.0200	0.0998	0.0998

注：括号中的数值为t检验值，***、**和*分别表示在1%、5%和10%的置信水平上显著。

第四节 结论

第一，从世界范围来看，耕地数量损失和人均GDP水平之间都存在倒U形的库兹涅茨曲线关系。这一假说，无论是采用47个国家、91个国家还是130个国家的样本都得到了验证。

第二,从世界范围来看,耕地数量变化和城市化水平之间并不存在倒 U 形的库兹涅茨曲线关系,而是存在正 U 形曲线关系。

第三,从世界范围来看,工业化水平和耕地数量变化之间不存在显著的相关关系。

第四,人均 GDP 增速对耕地损失率提高有推动作用,即经济增长速度越快,耕地损失越快。

参考文献

[1] 曲福田、吴丽梅:《经济增长与耕地非农化的库兹涅茨曲线假说及验证》,《资源科学》2004 年第 5 期。

[2] Deng, X. Z., Huang, J. K., Rozelle, S. and Uchida, E., "Cultivated Land Conversion and Potential Agricultural Productivity in China", *Land Use Policy*, 23 (4): 372 – 384, 2006.

[3] 蔡银莺、张安录:《耕地资源流失与经济发展的关系》,《中国人口·资源与环境》2006 年第 5 期。

[4] 何蓓蓓、刘友兆、张健:《中国经济增长与耕地资源非农流失的计量分析——耕地库兹涅茨曲线的检验与修正》,《干旱区资源与环境》2008 年第 6 期。

[5] 吴玉鸣、冯仁勇:《岩溶区城镇化与耕地资源动态变动的面板数据分析——以广西河池地区为例》,《资源科学》2010 年第 5 期。

[6] 李永乐、吴群:《经济增长与耕地非农化的 Kuznets 曲线验证——来自中国省际面板数据的证据》,《资源科学》2008 年第 5 期。

[7] 吴群、郭贯成、方丽平:《经济增长与耕地资源数量变化——国际比较及其启示》,《资源科学》2006 年第 4 期。

[8] 贾绍凤、张军岩:《日本城市化中的耕地变动与经验》,《中国人口·资源与环境》2003 年第 1 期。

[9] 吴先华:《耕地非农化研究综述》,《地理与地理信息科学》2006 年第 1 期。

[10] 邓祥征:《土地利用变化的效应及其决定因素分析》,中国科学院博士后研究工作报告,2003 年。

[11] 朱莉芬、黄季焜:《城镇化对耕地影响的研究》,《经济研究》2007 年第 2 期。

[12] 孟爱云、濮励杰：《区域耕地数量变化与工业化、城市化进程相互关系探讨——以江苏省为例》，《长江流域资源与环境》2008 年第 2 期。

[13] 郝寿义、王家庭、张换兆：《日本工业化、城市化与农地制度演进的历史考察》，《日本学刊》2007 年第 1 期。

[14] 李魁：《东亚工业化、城镇化与耕地总量变化的协动性比较》，《中国农村经济》2010 年第 10 期。

第七章 中国耕地非农化的库兹涅茨曲线再验证
——基于省级面板数据

第一节 概述

库兹涅茨曲线假说能否反映中国经济发展与耕地变化的关系呢？事实上，耕地非农化的库兹涅茨曲线假说，最早是由中国学者（曲福田，2004）提出并进行验证的。此后，又有一些研究者（蔡银莺等，2006；何蓓蓓等，2008；李永乐等，2008）对这一假说进行了验证，基本认为在所研究的时间区间存在库兹涅茨曲线。但是，以上研究依然存在一些可以改进的方面：第一，已有研究大多数用的是时间序列数据，如果采用面板数据将能够克服时间序列数据的一些不足，使研究结论更加可靠。第二，由于数据资料的约束，有些研究的时间区间选择较短，无疑降低了研究样本的代表性。本章在李永乐等（2008）的数据基础上，加入2004~2008年的研究样本，提高了研究样本的代表性。第三，不同的研究采用了不同的研究指标来衡量耕地变化，这可能也会对研究结果产生影响。事实上，从环境库兹涅茨曲线的研究来看，并不是所有的环境指标与经济发展之间都存在单一的形态，即环境库兹涅茨曲线形态，而且由于所选的样本的不同，有些指标的实证结果甚至相互矛盾。因此，本章拟采用中国1999~2008

年省级面板数据对中国经济发展与耕地非农化之间是否存在库兹涅茨曲线假说进行进一步的验证。

第二节 数据来源与模型设定

根据历年《中国统计年鉴》《中国国土资源年鉴》以及《新中国六十年统计资料》公布的资料，我们收集了1999~2008年分省的耕地面积、耕地转为建设用地面积、人均GDP、城市化水平、工业化水平等资料。由于中国各区域之间经济发展水平和耕地资源数量存在较大差异，因此，本章基于区域经济理论及《中国统计年鉴》的划分方法，将中国分为东部、中部、西部地区分别进行考察。其中，东部地区包括辽宁、河北、北京、天津、山东、江苏、上海、浙江、福建、广东、海南11个省（市），中部地区包括吉林、黑龙江、山西、安徽、江西、河南、湖北、湖南8个省（区），西部地区包括内蒙古、陕西、青海、宁夏、新疆、甘肃、四川、贵州、云南、广西10个省（区）。由于耕地资源面积数据缺失，本章的研究区域没有包括重庆市和西藏自治区。表7-1是对上述几个主要变量的统计描述。1999~2008年，耕地变化率平均为0.9%，到了2008年已经降低到了0.25%，说明耕地损失的速度在下降。进一步观察10年间的平均水平，东部地区的耕地变化率明显高于中西部地区，这一状态一直保持到2008年。1999~2008年，耕地转用建设用地面积平均为10.93万亩，到了2008年略为下降到9.95万亩；东部地区的耕地转用建设用地面积高于中西部地区，但是，到了2008年，东部地区下降到了13.78万亩，中西部地区却上升到了7.82万亩。

图7-1中的横轴是以2000年价格衡量的人均GDP水平，纵轴

表 7-1　样本的统计描述

变　量	均值(标准差)	最小值	最大值	2008 年均值
29 个省份				
耕地变化率(%)	0.90(1.89)	-11.87	13.39	0.25(1.15)
建设用地面积(万亩)	10.93(10.38)	0.47	70.06	9.95(7.82)
人均 GDP(2000 年价格,元)	14258.12(12494.14)	2514.28	85823.07	22965.18(16758.86)
城市化水平(%)	42.75(14.67)	20.85	87.46	48.08(14.05)
工业化水平(%)	45.62(6.90)	25.68	60.13	50.05(7.82)
东部地区				
耕地变化率(%)	1.15(1.96)	-0.60	13.39	0.73(1.88)
建设用地面积(万亩)	16.84(14.04)	1.16	70.06	13.78(10.76)
人均 GDP(2000 年价格,元)	24525.12(15707.60)	6804.74	85823.07	38636.68(19553.21)
城市化水平(%)	54.21(16.48)	25.00	87.46	59.78(16.18)
工业化水平(%)	48.76(7.38)	25.68	60.13	50.88(9.71)
中西部地区				
耕地变化率(%)	0.76(1.84)	-11.87	9.48	-0.03(0.07)
建设用地面积(万亩)	7.64(5.33)	0.47	32.93	7.82(4.75)
人均 GDP(2000 年价格,元)	8554.24(3904.92)	2514.28	26398.21	14258.79(4351.30)
城市化水平(%)	36.39(8.43)	20.85	55.40	41.58(7.06)
工业化水平(%)	43.88(5.96)	33.56	59.98	49.59(5.55)

是耕地变化率。随着人均 GDP 水平的上升,中西部地区的耕地变化率呈现先加速增长然后下降的趋势。相比之下,东部沿海地区人均收入水平明显高于中西部地区,耕地变化率增长的趋势在部分省份似乎得到了遏制,体现在散点图上,明显地表现出东部地区和中西部地区之间的分化。

为了观察耕地数量变化和经济发展、城市化、工业化之间是否出现库兹涅茨曲线所描绘的模式,我们采用 1999～2008 年的省级面板

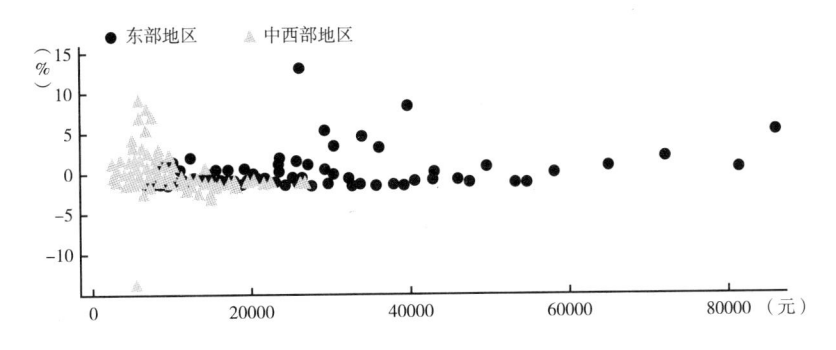

图 7-1 1999~2008 年耕地变化率与人均 GDP 的关系

资料来源：根据历年《中国统计年鉴》和《中国国土资源年鉴》数据计算得到。

数据进行检验。回归模型中，我们分别以耕地变化率和耕地转用建设用地面积作为因变量，自变量分别为人均 GDP 及其二次方项、城市化率及其二次项、工业化率及其二次项。其中，人均 GDP 我们统一折算为 2000 年价格；城市化率采用的是人口城市化水平指标，即当年城镇人口占总人口的比重；工业化水平则通过第二产业增加值占 GDP 的比重计算而来。我们分别采用个体固定效应模型以及双向固定效应模型进行回归，得到不同的回归方程，目的是观察在上述回归方程中的二次项系数是否显著为负。

第三节 回归结果及解释

一 耕地数量变化和经济发展水平的关系

表 7-2 揭示了耕地变化率和人均 GDP 之间的关系。从回归结果来看，1999~2008 年无论是总样本还是分时期的子样本，耕地变化率和人均 GDP 之间都显著相关。其中，总样本和 2004~2008 年子样

本的耕地变化率与人均 GDP 之间存在正 U 形关系；1999~2003 年子样本的耕地变化率与人均 GDP 之间存在倒 U 形关系。但是，如果将样本分为东部和中西部地区两个样本，耕地变化率和人均 GDP 之间都不显著相关。

表 7-2 耕地变化率和经济发展水平的关系

变量	29省 1999~2008年	29省 1999~2003年	29省 2004~2008年	东部地区	中西部地区
人均 GDP	-0.00011*** (-3.14)	6.79E-04*** (3.36)	-2.18E-04*** (-4.66)	-6.12E-05 (-1.31)	-1.05E-04 (-0.76)
人均 GDP 的平方	1.16E-09*** (2.59)	-9.26E-09*** (-2.61)	1.77E-09*** (3.39)	6.75E-10 (1.24)	-1.28E-09 (-0.22)
常数项	2.06*** (5.36)	-4.01*** (-2.62)	3.61*** (5.61)	2.08*** (2.69)	1.76*** (2.48)
R^2					
组内	0.0383	0.0987	0.1729	0.0192	0.0647
组间	0.1651	0.0218	0.4958	0.5752	0.0266
总体	0.0026	0.0192	0.0806	0.0223	0.0534
F	4.98	6.02	11.00	2.86	5.52

注：括号中的数值为 t 检验值，***、**和*分别表示在 1%、5% 和 10% 的置信水平上显著。

表 7-3 展示的是耕地转用建设用地面积和经济发展水平之间的关系。从回归结果来看，1999~2008 年，总样本和分时期子样本的耕地转用建设用地面积与人均 GDP 之间都显著相关。其中，总样本和 1999~2003 年子样本的耕地转用建设用地面积与人均 GDP 之间存在倒 U 形关系，这一结果和李永乐等（2008）的研究相吻合；2004~2008 年子样本的耕地转用建设用地面积与人均 GDP 之间存在正 U 形关系。东部地区样本的耕地转用建设用地面积与人均 GDP 之间不存在显著相关。中西部地区样本的耕地转用建设用地面积与人均 GDP 之间存在倒 U 形关系。

表7-3 耕地转用建设用地面积和经济发展水平的关系

变量	29省			东部地区	中西部地区
	1999~2008年	1999~2003年	2004~2008年		
人均GDP	2.58** (2.12)	16.84*** (2.91)	-9.82*** (-3.99)	3.04 (1.24)	6.07** (2.29)
人均GDP平方	-3.65E-05** (-2.35)	-0.0002** (-2.32)	6.1E-05** (2.2)	-4E-05 (-1.43)	-0.0002* (-1.92)
常数项	85547.83*** (6.41)	-29833.07 (-0.68)	267256.1*** (7.89)	128236*** (3.16)	43676.9*** (3.19)
R^2					
组内	0.0217	0.0743	0.1619	0.023	0.0368
组间	0.1401	0.0803	0.039	0.0147	0.0085
总体	0.0751	0.069	0.0128	0.0015	0.0037
F	2.78	4.41	10.62	2.94	3.06

注：括号中的数值为t检验值，***、**和*分别表示在1%、5%和10%的置信水平上显著。

二 耕地数量变化和城市化水平的关系

表7-4揭示了耕地变化率和城市化水平之间的关系。从回归结果来看，1999~2008年总样本、分时期子样本、东部样本的耕地变化率和城市化水平之间都不显著相关。只有中西部地区样本的耕地变化率和城市化水平之间存在倒U形关系。

表7-4 耕地变化率和城市化水平的关系

变量	29省			东部地区	中西部地区
	1999~2008年	1999~2003年	2004~2008年		
城市化率	1.31E-02 (0.16)	6.16E-01* (1.87)	1.62E-02 (0.09)	7.64E-02 (0.57)	2.91E-01 (1.4)
城市化率平方	-6.05E-04 (-0.64)	-4.94E-03 (-1.16)	-1.72E-03 (-0.97)	-8.80E-04 (-0.71)	-4.90E-03* (-1.69)
常数项	1.58E+00 (0.85)	-1.43E+01** (-2.39)	3.79E+00 (0.9)	-1.69E-01 (-0.05)	-2.994008 (-0.82)
R^2					
组内	0.0097	0.0894	0.0808	0.007	0.0321
组间	0.359	0.0167	0.6022	0.8087	0.0775
总体	0.0554	0.0164	0.1702	0.1822	0.0246
F	2.53	5.04	4.48	2.81	2.66

注：括号中的数值为t检验值，***、**和*分别表示在1%、5%和10%的置信水平上显著。

表7-5是耕地转用建设用地面积和城市化水平之间的关系。从回归结果来看,1999~2008年,建设用地面积和城市化水平之间存在显著的倒U形关系,这和李魁(2010)采用时间序列数据得出的结论存在差异。但是,分时期子样本的建设用地面积和城市化水平之间不存在显著的相关。东部地区样本的耕地转用建设用地面积和城市化水平之间存在显著的倒U形关系;中西部地区样本的耕地转用建设用地面积和城市化水平之间存在显著的正向线性相关,即随着城市化水平的提高,耕地转用建设用地面积始终处于增长的过程之中。

表7-5 耕地转用建设用地面积和城市化水平的关系

变量	29省 1999~2008年	29省 1999~2003年	29省 2004~2008年	东部地区	中西部地区
城市化率	7.70E+03*** (2.71)	-2.15E+03 (-0.23)	-5.15E+03 (-0.59)	1.36E+04* (1.96)	6.69E+03* (1.73)
城市化率平方	-6.92E+01** (-2.16)	9.02E+01 (0.73)	-6.13E+01 (-0.69)	-1.13E+02* (-1.76)	-68.99 (-1.28)
常数项	-78846.27 (-1.25)	2.52E+04 (0.14)	4.97E+05** (2.36)	-208861 (-1.09)	-70714.56 (-1.05)
R^2					
组内	0.035	0.0398	0.1546	0.0431	0.0569
组间	0.0027	0.0001	0.0033	0.0968	0.0998
总体	0.008	0.0004	0.0055	0.0211	0.0143
F	4.53	2.38	10.06	3.98	4.83

注:括号中的数值为t检验值,***、**和*分别表示在1%、5%和10%的置信水平上显著。

三 耕地数量变化和工业化水平的关系

表7-6揭示了耕地变化率和工业化水平之间的关系。从回归结果来看,1999~2008年总样本、2004~2008年子样本、东部地区子样本的耕地变化率和工业化水平之间都存在显著的倒U形关系。1999~2003年子样本、中西部地区子样本的耕地变化率和工业化水平之间都不显著相关。

表 7-6　耕地变化率和工业化水平的关系

变量	29 省 1999~2008 年	29 省 1999~2003 年	29 省 2004~2008 年	东部地区	中西部地区
工业化率	0.38 (1.36)	-0.3801 (0.38)	1.29*** (3.46)	1.13** (2.26)	0.39 (1.09)
工业化率平方	-0.005* (-1.71)	0.00682 (0.6)	-0.015*** (-3.74)	-0.011** (-2.2)	-0.006 (-1.45)
常数项	-5.40 (-0.85)	4.71892 (0.22)	-27.41*** (-3.06)	-27.21** (-2.18)	-5.22 (-0.65)
R^2					
组内	0.0497	0.0226	0.1488	0.0553	0.0942
组间	0.0026	0.0968	0.1279	0.7095	0.0391
总体	0.0192	0.0178	0.0041	0.1417	0.0201
F	6.54	2.77	9.61	2.58	8.32

注：括号中的数值为 t 检验值，***、**和*分别表示在 1%、5% 和 10% 的置信水平上显著。

表 7-7 是耕地转用建设用地面积和工业化水平之间的关系。从回归结果来看，除了 1999~2003 年子样本以外，建设用地面积和工业化水平之间都不存在显著的倒 U 形关系。而且，对于 1999~2003 年子样本，耕地转用建设用地面积和城工业化水平之间存在显著的正 U 形关系。

表 7-7　耕地转用建设用地面积和工业化水平的关系

变量	29 省 1999~2008 年	29 省 1999~2003 年	29 省 2004~2008 年	东部地区	中西部地区
工业化率	3.49E+03 (0.35)	-4.72E+04* (-1.72)	2.34E+04 (1.12)	1.33E+03 (0.05)	1.05E+04 (1.53)
工业化率平方	-1.60E+01 (-0.36)	6.32E+02** (2.02)	-280.22 (-1.29)	2.91E+01 (0.11)	-98.63 (-1.32)
常数项	-16001.23 (-0.17)	935991.6 (1.56)	-347516.7 (-0.7)	32759.07 (0.05)	-192261.2 (-1.24)
R^2					
组内	0.0146	0.0658	0.0329	0.0143	0.0455
组间	0.2134	0.3644	0.1929	0.3018	0.0041
总体	0.1331	0.2665	0.097	0.1807	0.0032
F	2.85	3.88	2.87	1.64	3.82

注：括号中的数值为 t 检验值，***、**和*分别表示在 1%、5% 和 10% 的置信水平上显著。

第四节 结论

第一,由于指标选取和样本的不同,中国的耕地损失和经济发展之间并不存在稳定的倒 U 形关系。如果采用耕地变化率,1999~2008 年,29 个省的总样本和 2004~2008 年子样本的耕地变化率和人均 GDP 之间存在正 U 形关系;1999~2003 年子样本的耕地变化率和人均 GDP 之间存在倒 U 形关系。采用耕地转用建设用地面积,29 个省的总样本、1999~2003 年子样本以及中西部地区样本的耕地转用建设用地面积和人均 GDP 之间存在倒 U 形关系;2004~2008 年子样本的耕地转用建设用地面积和人均 GDP 之间存在正 U 形关系。

第二,1999~2008 年,中西部地区样本的耕地变化率和城市化水平之间存在倒 U 形关系。29 个省总样本、东部地区样本的耕地转用建设用地面积和城市化水平之间存在显著的倒 U 形关系;中西部地区样本的耕地转用建设用地面积和城市化水平之间存在显著的正向线性相关。

第三,1999~2008 年总样本、2004~2008 年子样本、东部地区子样本的耕地变化率和工业化水平之间都存在显著的倒 U 形关系。1999~2003 年子样本,耕地转用建设用地面积和城工业化水平之间存在显著的正 U 形关系。

第四,"环境库兹涅茨曲线只是一个客观现象,而不是一个必然规律"[1],套用这句话,在中国的耕地资源利用和经济发展的关系中,耕地损失的环境库兹涅茨曲线只是一个客观的现象,并不是一个必然的规律。截至目前来看,这一结论对中国的现状还是可靠的。

---

[1] 赵云君、文启湘:《环境库兹涅茨曲线及其在我国的修正》,《经济学家》2004 年第 5 期。

第八章 耕地资源可持续利用的研究
——基于村级面板数据的实证分析

本章研究的主要目的是利用实际的统计数据，确定影响耕地资源可持续利用的可能因素。本章由七个主要部分组成：①介绍我们所使用的统计数据，对数据的整理以及对于主要统计指标的初步分析；②结合整理好的数据，介绍我们的研究思路；③利用整理好的数据，研究耕地数量可持续的影响因素；④利用整理好的数据，研究耕地利用可持续的影响因素；⑤利用整理好的数据，研究粮食生产可持续的影响因素，顺便为国家的粮食安全战略献计献策；⑥总结前面的研究，提出有关的政策建议；⑦附录，简单介绍本章用到的有关数据分析方法。

第一节 有关的数据、整理及初步分析

一 数据来源和指标

本章研究所用的数据是由农业部农村固定观察点办公室提供的村庄级数据，系由包括安徽、北京、福建、甘肃、广东、广西、贵州、

海南、河北、河南、黑龙江、湖北、湖南、吉林、江苏、江西、辽宁、内蒙古、宁夏、青海、山东、山西、陕西、上海、四川、天津、新疆、云南、浙江和重庆 30 个省（市、自治区）的 234 个行政村在 2000 年、2005 年和 2010 年三个年度的有关统计数据所组成的面板数据集。

面板数据集所包括的统计指标分为十个方面：分组标志（12 个变量）；经济概况（16 个变量）；人口、农户、企业和基层组织情况（43 个变量）；劳动力情况（39 个变量）；土地情况（44 个变量）；集体固定资产情况（13 个变量）；农、林、牧、渔业生产情况（48 个变量）；村集体经营情况（32 个变量）；村集体财务收支及年末资金往来余额（40 个变量）；社会发展情况（52 个变量）。这些统计指标是很全面的，涵盖农村的政治、经济、人口、资源、社会、生产、生活几乎所有方面。

二　数据整理

在这些统计指标中，某个村庄缺失某一年度某项统计数据的情况很常见。具有完整数据的统计指标仅包括地势、经济区域、经济发达程度居所在县（市）水平、是否上次调查村、年初常住人口、年末常住人口、年末常住男性人口、年末常住女性人口、年末总户数、村干部实际人数、年末劳动力总数和土地总面积。

由于计量分析时，一个缺失数据可以导致整个一行观测值（即该村庄在对应年份的全部统计数据）作废，为了保证计量分析以及统计分析时有足够的样本量，我们首先对缺失数据的情况进行具体分析，尽量想办法比较合理地填补上有关的缺失数据，主要采取了以下的步骤和方法对数据集以及缺失数据进行处理。

第一，耕地面积指标有 3 个村缺少 2005 年和 2010 年的数据，由于耕地是我们此项研究的重点指标，而且我们在计量分析中还要利用耕地面积的变化率，因此，我们将这3个村去掉，再处理其他的231个行政村的数据。

第二，浙江临安县石门乡龙上村有两行2010年的数据，而浙江嘉兴市余北村缺少2010年的数据。我们经过对比发现，龙上村2010年多出的一行数据与余北村的数据相当耦合，怀疑是原始数据录入时将村码录错，遂将该行数据对应的村码（1）改为余北村的村码（3）。这样，龙上村和余北村都各有3年的数据。

第三，黑龙江泰来县胜利乡五家子村的村码为13，该村缺少2010年的数据。但2010年的原始数据中黑龙江多出了一个村码为23的无名村，我们对比该无名村的有关统计数据和五家子村2000年及2005年的有关数据，发现它们基本一致，而且无名村还是以前调查过的村子，于是我们怀疑无名村的村码属于录入错误，遂将该无名村的村码由23改为13。同理，将新疆2010年村码为13的无名村村码改为6，补齐新疆泽普县波斯喀木乡喀尔萨村（该村村码为6）的3年数据。

经过以上对数据集的初步整理后，我们再用以下的方法处理面板数据集中的缺失数据。

第四，直接采用其他年份的数据，这种方法主要用于处理具有哑变量性质的统计指标。比如，所在的村庄是否属于城市郊区这一哑变量，河南某村2010年的数据缺失，但2000年和2005年的数据均显示其不属城市郊区，我们就认定该村2010年仍不属于城市郊区。采用这种方式填补缺失数据的统计指标还包括是否工矿郊区、是否乡镇政府所在地、是否当地县以上政府命名的小康村、是否属当地民政承认的贫困村。

第五，假设全村人均纯收入指标在2000～2005年和2005～2010年之间按照相同的增长率增长，据此假设计算出有关全村人均纯收入的缺失数据。

第六，对于全村已用电户数这一统计指标，我们假设其2005年的值是2000年和2010年的平均值，据此补齐有关的缺失数据（在2000年和2005年之间经历过村庄合并的村，我们将其2000年的值当成缺失数据处理；在2005年和2010年之间经历过村庄合并的村，我们将其2010年的值当成缺失数据处理）。采用这种方式补齐缺失数据的统计指标还有全村居住钢筋、混凝土房屋的户数、粮食产量、农作物总播种面积、粮食作物播种面积。

第七，全村经营总收入由种植业收入、林业收入、畜牧业收入、渔业收入、工业收入、建筑业收入、运输业收入、商业-饮食业-服务业收入和其他收入组成，但这些子收入成分中包含大量的以空白形式出现的缺失数据，我们将这些子收入相加，发现其和恰好等于全村经营总收入。于是，我们有理由相信，缺失的数据均等于0，填表人很可能认为没有此项收入就将此处留做空白了。所以，我们将这些子指标中的空白处均替换为0。

采用这种方式填补缺失数据的统计指标还包括年末总户数的各组成指标（纯务农户、以农业为主兼营非农业户、以非农业为主兼营农业户、纯非农业户、其他户）；村干部实际人数的各组成指标（识字很少或不识字、小学文化程度、初中文化程度、高中及以上文化程度，35周岁以下、36~45周岁、46~60周岁、61周岁及以上）；年末企业个数及其各组成指标；土地总面积的各组成指标；年末劳动力总数按受教育程度划分的各组成指标（不识字或识字很少的人数、小学文化程度人数、初中文化程度人数、高中文化程度人数、大专及以上文化程度人数）。我们将不识字或识字很少的人数与小学文化程度人数合并，得到一个新的指标：小学以下文化程度人数。由于2010年度的组成指标更加细化，我们将该年度的高中文化程度人数与大专及以上文化程度人数合并，得到高中及以上文化程度人数。2000年度有两个村的年末劳动力总数与其各组成指标之和不一致（有些许出入），而且这些组成指标中均不包含缺失数据，我们将对应的年末劳动力总数修改为其各组成指标之和。

年末劳动力总数按就业行业划分为：以种植业为主的劳动力、以林业为主的劳动力、以畜牧业为主的劳动力、以渔业为主的劳动力、以工业为主的劳动力、以建筑业为主的劳动力、以运输业为主的劳动力、以商业－饮食业－服务业为主的劳动力和其他劳动力。这些组成指标中也有不少缺失数据。将这些组成指标相加，只有三个样本与全村（年末）劳动力总数不符，且出入不大。一个样本的组成指标之和大于全村（年末）劳动力总数，考虑到以种植业为主的劳动力占的比重较大，我们将以种植业为主的劳动力数做了相应的下调；另两个样本的组成指标之和小于全村（年末）劳动力总数，我们将差额加到其他劳动力数指标上面。这样调整后，各组成指标之和等于全村（年末）劳动力总数，我们再将组成指标中以空白形式出现的缺失数据替换为0，从而得到全村（年末）劳动力按就业行业划分的完整数据。

年末劳动力总数按职业划分为：家庭经营劳动者、受雇劳动者、个体及合伙工商劳动经营者以及私营企业经营者。我们按照上述方法补齐这些组成指标中出现的缺失数据。

耕地面积主要分为农户家庭经营和村集体经营两种，其中农户家庭经营指标中出现了很少的缺失数据，我们也采取这种求和对照的方法补齐有关的缺失数据。

第八，农村社会治安情况包含下面三个指标：年内发生各类民事纠纷起数、年内发生各类违反社会治安管理条例起数、年内发生各类刑事犯罪案件起数。这三个指标中含有大量以空白形式出现的缺失数据，根据日常生活经验判断，空白处很可能是由于所在的村庄当年没有出现所属的治安事件，我们将这些空白位置所代表的缺失数据全部替换为0。这样处理缺失数据的统计指标还包括年内全村的结婚对数、年内全村的离婚对数、宗教信仰人数。

总之，对于缺失数据的补填需要具体分析，实在没有办法的，就只好当缺失数据处理了。经过这样的数据处理后，若某一个统计指标仍有较多的缺失数据而且该统计指标对我们的研究又不太重要的，在计量分析时可以将该变量排除在被解释变量和解释变量之外。

三 构建衡量耕地可持续的变量

由于我们关注的是耕地资源的可持续利用，我们用耕地面积的变化率来反映耕地资源的数量变化，因此，需要利用耕地面积数据来生成这一新的统计指标。具体来说，耕地面积的变化率在2005年的值是耕地面积变量在2005~2010年之间的变化率。之所以要将这一变化率放在面板数据集中2005年的位置而不是放在2010年的位置，是从计量分析的角度来考虑的。试想，用耕地面积的变化率作为因变量，用部分其他的统计指标作解释变量进行回归分析，当我们将前面所说的耕地面积的变化率放在2005年的位置上时，解释变量相对于因变量而言是前定的（pre-determined），这符合回归分析中一个最基本的要求。同理，耕地面积的变化率在2000年的值是耕地面积变量在2000~2005年之间的变化率。

再按照相同的方法，生成农作物总播种面积的变化率和粮食播种面积的变化率两个变量。

上面新生成的三个统计指标均没有2010年的数据，由于这三个统计指标是我们研究的重点对象，单独分析2010年的其他统计指标对我们的研究目来说没有什么意义，因此，我们将2010年的所有观测全部删除，相应的数据集变成了两个年度（2000年和2005年）、若干个村庄的有关统计数据所组成的面板数据集。

在2000年和2010年之间,有部分样本村庄经历了一次村庄合并。考虑到村庄合并会对耕地面积、农作物总播种面积和粮食播种面积产生较大的影响,而由此引起的村庄耕地面积等的变化并不能真实反映耕地资源数量及利用的实际变化,我们将涉及的相应观测删除。举例来说,若某村庄在2000~2005年之间经历了一次村庄合并,则面板数据集中2000年该村庄的耕地面积变化率在很大程度上是由村庄合并引起的,我们就删除该村庄在2000年的观测;同理,若村庄合并发生在2005~2010年之间,就删掉相应村庄在2005年的观测。

由此,我们最终得到了一个由两个年度(2000年和2005年)、若干个村庄的有关统计数据所组成的非平衡面板数据集(unbalanced panel data)。该非平衡面板数据集由30个省(自治区、直辖市)的228个村庄在2000年和2005年的总共407个观测构成。

四 变量的统计描述

表8-1至表8-3为反映耕地资源可持续利用情况的变量的分省统计表,表中的符号N代表观测的个数。从中可以发现:①年耕地面积变化率的均值,2010年比2000年减少4.3%。其中,2005年比2000年减少4.5%,2010年比2005年减少4.1%。②农作物播种面积变化率的均值,2010年比2000年减少减少3.8%。其中,2005年比2000年减少1.5%,2010年比2005年减少5.8%。③粮食播种面积变化率均值,2010年比2000年增加9.9%。其中,2005年比2000年减少11.3%,2010年比2005年增加29.7%。

表8-1 耕地可持续利用变量的描述性统计（分省，所有年份）

省（市、区）	N	耕地面积变化率 均值	耕地面积变化率 最小值	耕地面积变化率 最大值	农作物总播种面积变化率 均值	农作物总播种面积变化率 最小值	农作物总播种面积变化率 最大值	粮食播种面积变化率 均值	粮食播种面积变化率 最小值	粮食播种面积变化率 最大值
北京	2	0.1441	0	0.2883	0.2052	0.0997	0.3108	0.1665	0.021	0.3119
天津	4	-0.454	-0.8	0	-0.3317	-0.6702	0	-0.6103	-0.8966	-0.2254
河北	16	-0.0045	-0.3665	0.4298	-0.0695	-0.3894	0.3365	-0.2022	-0.6969	0.7569
山西	17	-0.0276	-0.2796	0.0994	0.0754	-0.1504	1.2853	0.0293	-0.3747	1.2951
内蒙古	4	0.0368	-0.093	0.2679	-0.0023	-0.186	0.1143	0.0881	-0.1485	0.3796
辽宁	12	-0.0017	-0.4513	0.3555	-0.0225	-0.4513	0.3555	0.0347	-0.4792	0.7492
吉林	11	0.0305	-0.4294	0.9535	0.0072	-0.3994	0.9535	0.1457	-0.6303	2.3831
黑龙江	15	0.1872	-0.0678	2.6194	0.2785	-0.0447	2.6194	0.1683	-0.4679	1.2982
上海	3	-0.0211	-0.1266	0.0621	-0.2149	-0.5327	-0.0032	25.1111	-0.6112	75.9375
江苏	10	0.0182	-0.0767	0.3381	0.1054	-0.2984	0.5715	-0.0248	-0.8653	0.579
浙江	14	-0.1539	-0.5331	0.0427	-0.2677	-0.5865	0.1536	-0.4226	-0.9873	0
安徽	24	-0.0879	-0.8824	0.2062	-0.1018	-0.9296	0.3789	-0.0648	-0.8793	0.3893
福建	12	0.342	-0.3448	5.015	-0.299	-0.8063	0.0079	-0.2478	-0.8856	0
江西	15	-0.1224	-0.7143	0.0844	-0.2191	-0.7143	0.1504	-0.1539	-0.7222	0.2661
山东	24	-0.1307	-0.9638	0.2969	-0.1276	-0.9726	0.3588	-0.104	-0.977	0.2665

续表

省(市,区)	N	耕地面积变化率 均值	耕地面积变化率 最小值	耕地面积变化率 最大值	农作物总播种面积变化率 均值	农作物总播种面积变化率 最小值	农作物总播种面积变化率 最大值	粮食播种面积变化率 均值	粮食播种面积变化率 最小值	粮食播种面积变化率 最大值
河 南	31	-0.0559	-0.4952	0.3851	-0.0719	-0.4162	0.4078	-0.0472	-0.4108	0.3055
湖 北	22	-0.0331	-0.5894	1.0673	-0.0494	-0.5279	1.5075	-0.2157	-0.706	0.2811
湖 南	12	-0.0337	-0.378	0.3341	-0.1883	-0.5115	0.2021	-0.1049	-0.4209	0.8478
广 东	10	-0.1209	-0.7103	0.0057	-0.0091	-0.2366	0.3055	-0.1101	-0.7633	0.0361
广 西	25	-0.0196	-0.3453	0.4767	0.0118	-0.3636	1.7953	-0.1534	-0.8486	0.4211
海 南	4	-0.0745	-0.2984	0.077	-0.1141	-0.557	0.1866	-0.0561	-0.3439	0.1811
四 川	15	-0.083	-0.4074	0.1333	-0.0753	-0.5115	0.3945	-0.1018	-0.6292	0.3538
贵 州	6	-0.0669	-0.3298	0.0743	-0.1503	-0.3074	0.0172	-0.0446	-0.1661	0.1068
云 南	8	-0.0804	-0.2995	0.2764	-0.1216	-0.4234	0.124	-0.1235	-0.4786	0.3019
重 庆	4	-0.0502	-0.2908	0.5475	0.025	-0.4532	0.4521	0.0076	-0.4636	0.469
陕 西	45	-0.0473	-0.7557	0.5296	0.0861	-0.6089	4.0526	-0.0821	-0.9697	1.5
甘 肃	16	-0.0775	-0.6445	0.0216	0.0717	-0.373	1.6224	-0.0127	-0.2749	0.4081
青 海	8	-0.1903	-0.7165	0.0251	-0.1671	-0.7149	0.0534	-0.1999	-0.7707	0.0868
宁 夏	9	-0.1976	-0.6817	0	-0.2194	-0.8593	0.006	-0.3184	-0.9304	0.0547
新 疆	9	0.0232	-0.1473	0.2295	0.4589	-0.0543	2.5024	0.6387	-0.206	1.9141
总 计	407	-0.0433	-0.9638	5.015	-0.0378	-0.9726	4.0526	0.1029	-0.9873	75.9375

表8-2 耕地可持续利用变量的描述性统计（分省，2000年）

省（市、区）	N	耕地面积变化率 均值	耕地面积变化率 最小值	耕地面积变化率 最大值	农作物总播种面积变化率 均值	农作物总播种面积变化率 最小值	农作物总播种面积变化率 最大值	粮食播种面积变化率 均值	粮食播种面积变化率 最小值	粮食播种面积变化率 最大值
北京	1	0.2883	0.2883	0.2883	0.3108	0.3108	0.3108	0.3119	0.3119	0.3119
天津	2	-0.7414	-0.8	-0.6829	-0.5218	-0.6702	-0.3733	-0.7747	-0.8966	-0.6528
河北	8	-0.1318	-0.3665	0.0608	-0.1498	-0.282	-0.0511	-0.2753	-0.4663	0.0267
山西	8	-0.0536	-0.2796	0.0644	0.1952	-0.0943	1.2853	0.0573	-0.3747	1.2951
内蒙古	2	0.0875	-0.093	0.2679	-0.0479	-0.186	0.0902	0.1155	-0.1485	0.3796
辽宁	5	-0.0958	-0.4513	0.1509	-0.1275	-0.4513	0.2554	0.0153	-0.4792	0.7492
吉林	6	0.0677	-0.4294	0.9535	0.0226	-0.3994	0.9535	0.186	-0.6303	2.3831
黑龙江	5	0.5303	-0.0678	2.6194	0.7046	-0.0103	2.6194	0.4647	-0.011	1.2982
江苏	4	-0.0253	-0.0767	0.0317	0.1055	-0.2984	0.5715	0.00E+00	-0.3648	0.4258
浙江	7	-0.194	-0.5331	0	-0.266	-0.5654	0.1536	-0.6103	-0.9705	-0.1241
安徽	11	-0.0926	-0.3932	0.1186	-0.0995	-0.5062	0.3789	-0.0719	-0.5026	0.3893
福建	6	0.7045	-0.3448	5.015	-0.2983	-0.8063	0.0079	-0.2776	-0.8856	0
江西	7	-0.2017	-0.7143	-0.0116	-0.2058	-0.7143	0.0447	-0.132	-0.7222	0.2661
山东	12	-0.1405	-0.427	0.2969	-0.1107	-0.5193	0.3588	-0.0906	-0.5265	0.2665
河南	16	-0.0467	-0.4952	0.3851	-0.0899	-0.4162	0.4078	-0.0778	-0.4108	0.1599

续表

省(市、区)	N	耕地面积变化率 均值	耕地面积变化率 最小值	耕地面积变化率 最大值	农作物总播种面积变化率 均值	农作物总播种面积变化率 最小值	农作物总播种面积变化率 最大值	粮食播种面积变化率 均值	粮食播种面积变化率 最小值	粮食播种面积变化率 最大值
湖北	11	0.0216	-0.2995	1.0673	0.0093	-0.3869	1.5075	-0.2916	-0.5778	0.0509
湖南	6	-0.1095	-0.378	0	-0.3145	-0.5115	-0.0959	-0.2042	-0.4209	0.073
广东	5	-0.2387	-0.7103	0	0.0045	-0.2366	0.3055	-0.1841	-0.7633	0.0222
广西	12	-0.0356	-0.3453	0.4767	0.1037	-0.3636	1.7953	-0.1295	-0.4839	0.4211
海南	2	-0.1107	-0.2984	0.077	-0.2189	-0.557	0.1193	-0.1411	-0.3439	0.0616
四川	7	-0.085	-0.2937	0.0355	-0.1655	-0.5115	0.2852	-0.1556	-0.6292	0.3132
贵州	3	-0.0184	-0.042	0	-0.1868	-0.3074	0.0172	-0.0553	-0.1661	0.0968
云南	4	-0.1666	-0.2995	-0.0053	-0.1204	-0.3607	-0.0211	-0.1925	-0.4786	-0.0302
重庆	1	-0.2908	-0.2908	-0.2908	-0.4532	-0.4532	-0.4532	-0.4636	-0.4636	-0.4636
陕西	21	0.026	-0.5023	0.5093	0.181	-0.6089	4.0526	-0.0969	-0.922	0.36
甘肃	8	-0.0636	-0.2515	0	0.122	-0.1799	1.6224	-0.035	-0.2749	0.4081
青海	4	-0.2615	-0.7165	0.0251	-0.2113	-0.7149	0.0468	-0.307	-0.7707	0.0238
宁夏	4	-0.1607	-0.3696	-0.0779	-0.179	-0.3696	0.006	-0.2943	-0.4762	0.0547
新疆	5	-0.0251	-0.1473	0.2295	0.6784	-0.0543	2.5024	0.3747	-0.206	1.7187
总计	193	-0.0454	-0.8	5.015	-0.0154	-0.8063	4.0526	-0.1127	-0.9705	2.3831

表8-3 耕地可持续利用变量的描述性统计（分省，2005年）

省（市、区）	N	耕地面积变化率 均值	耕地面积变化率 最小值	耕地面积变化率 最大值	农作物总播种面积变化率 均值	农作物总播种面积变化率 最小值	农作物总播种面积变化率 最大值	粮食播种面积变化率 均值	粮食播种面积变化率 最小值	粮食播种面积变化率 最大值
北 京	1	0	0	0	0.0997	0.0997	0.0997	0.021	0.021	0.021
天 津	2	-0.1667	-0.3333	0	-0.1417	-0.2834	0	-0.446	-0.6667	-0.2254
河 北	8	0.1228	-0.032	0.4298	0.0108	-0.3894	0.3365	-0.1291	-0.6969	0.7569
山 西	9	-0.0044	-0.0903	0.0994	-0.031	-0.1504	0.0607	0.0043	-0.1848	0.208
内蒙古	2	-0.0138	-0.0276	0	0.0433	-0.0276	0.1143	0.0606	-0.0267	0.1479
辽 宁	7	0.0655	-0.0111	0.3555	0.0525	-0.0993	0.3555	0.0486	-0.1506	0.4953
吉 林	5	-0.0141	-0.1134	0.1147	-0.0113	-0.1125	0.1105	0.0974	-0.233	0.4696
黑龙江	10	0.0157	-0.0447	0.1825	0.0654	-0.0447	0.521	0.0202	-0.4679	0.5546
上 海	3	-0.0211	-0.1266	0.0621	-0.2149	-0.5327	-0.0032	25.1111	-0.6112	75.9375
江 苏	6	0.0472	-0.065	0.3381	0.1053	-0.1551	0.5251	-0.0414	-0.8653	0.579
浙 江	7	-0.1139	-0.4792	0.0427	-0.2695	-0.5865	0.0423	-0.2349	-0.9873	0
安 徽	13	-0.0839	-0.8824	0.2062	-0.1037	-0.9296	0.1925	-0.0588	-0.8793	0.1846
福 建	6	-0.0206	-0.1228	0.0351	-0.2998	-0.6885	-0.0019	-0.218	-0.4849	0
江 西	8	-0.053	-0.4667	0.0844	-0.2307	-0.617	0.1504	-0.1729	-0.6227	0.177
山 东	12	-0.1209	-0.9638	0.2424	-0.1444	-0.9726	0.1407	-0.1174	-0.977	0.2114

续表

省(市、区)	N	耕地面积变化率 均值	耕地面积变化率 最小值	耕地面积变化率 最大值	农作物总播种面积变化率 均值	农作物总播种面积变化率 最小值	农作物总播种面积变化率 最大值	粮食播种面积变化率 均值	粮食播种面积变化率 最小值	粮食播种面积变化率 最大值
河南	15	-0.0656	-0.364	0.0033	-0.0527	-0.375	0.0417	-0.0146	-0.375	0.3055
湖北	11	-0.0878	-0.5894	0.0352	-0.1082	-0.5279	0.1156	-0.1398	-0.706	0.2811
湖南	6	0.0422	-0.1187	0.3341	-0.0622	-0.2832	0.2021	-0.0055	-0.3238	0.8478
广东	5	-0.0031	-0.021	0.0057	-0.0227	-0.1071	0.0507	-0.0362	-0.125	0.0361
广西	13	-0.0048	-0.1933	0.2972	-0.0731	-0.3567	0.1372	-0.1755	-0.8486	0.0537
海南	2	-0.0384	-0.0947	0.018	-0.0093	-0.2052	0.1866	0.0289	-0.1233	0.1811
四川	8	-0.0812	-0.4074	0.1333	0.0036	-0.3178	0.3945	-0.0547	-0.4073	0.3538
贵州	3	-0.1154	-0.3298	0.0743	-0.1138	-0.2906	0.0009	-0.0339	-0.1084	0.1068
云南	4	0.0058	-0.1459	0.2764	-0.1229	-0.4234	0.124	-0.0544	-0.2286	0.3019
重庆	3	0.0301	-0.2901	0.5475	0.1844	-0.0262	0.4521	0.1647	-0.0608	0.469
陕西	24	-0.066	-0.7757	0.5296	0.0031	-0.5709	0.8421	-0.0691	-0.9697	1.5
甘肃	8	-0.0914	-0.6445	0.0216	0.0215	-0.373	0.523	0.0095	-0.2728	0.1764
青海	4	-0.119	-0.449	-0.0053	-0.1229	-0.5283	0.0534	-0.0928	-0.478	0.0868
宁夏	5	-0.2271	-0.6817	0	-0.2517	-0.8593	0	-0.3376	-0.9304	0
新疆	4	0.0835	-0.0556	0.2237	0.1845	-0.0241	0.5398	0.9688	0	1.9141
总计	214	-0.0414	-0.9638	0.5475	-0.0579	-0.9726	0.8421	0.2974	-0.9873	75.9375

表 8-4 为本分析中用到的主要统计量的描述性统计。

表 8-4 有关变量的描述性统计量

	均值	标准差	最小值	最大值
耕地面积变化率	-0.0433	0.3543	-0.9638	5.015
农作物播种面积变化率	-0.0378	0.4042	-0.9726	4.0526
粮食播种面积变化率	0.1029	3.787	-0.9873	75.9375
高中及以上村干部比例	0.3836	0.2646	0	1
高中及以上劳动力比例	0.1171	0.0833	0	0.5079
纯务农户比例	0.479	0.3194	0	1
宗教信仰人数比例	0.0708	0.1961	0	1
民事纠纷比例	0.0024	0.004	0	0.0248
种植业劳动力比例	0.2678	0.1359	0.0011	0.6756
用电户比例	0.9934	0.0324	0.7256	1.2295
混凝土房户比例	0.3127	0.3245	0	2.308
滩涂面积/耕地面积	0.254	1.0021	0	12.4056
人均企业个数	0.0044	0.0116	0	0.0894
经济发达程度居所在县(市)水平	2.1892	0.9211	0	4
亩均种植业为主的劳动力	0.2757	0.3666	0.0103	6
人均纯收入(对数)	7.7263	0.5988	5.7038	10.4201

注：样本量为407。

表 8-5 为反映耕地可持续利用情况的变量与本分析中用到的主要统计量之间的相关性分析。

从表 8-5 可见，耕地面积变化率与农作物播种面积变化率之间强正相关，而与粮食播种面积变化率之间则基本不相关；换言之，农作物播种面积的变化受耕地面积变化的影响，粮食播种面积的变化则基本不受耕地面积变化的影响。

与耕地面积变化率显著正相关的统计指标包括平原哑变量、贫困村哑变量、人均粮食产量；与耕地面积变化率显著负相关的统计指标包括城市郊区哑变量。

表8-5 反映耕地可持续利用情况的变量与主要统计量之间的相关性分析

	耕地面积变化率	农作物播种面积变化率	粮食播种面积变化率
耕地面积变化率	1		
农作物播种面积变化率	0.2946(<0.0001)	1	
粮食播种面积变化率	0.0127(0.7978)	0.0464(0.3506)	1
平原哑变量	0.0923(0.0627)	0.0649(0.191)	0.0699(0.1596)
山区哑变量	-0.0381(0.4438)	-0.0189(0.7045)	-0.0359(0.4706)
农区哑变量	0.0606(0.2227)	0.0614(0.2166)	0.0253(0.6103)
城市郊区哑变量	-0.0971(0.0503)	-0.0685(0.168)	0.1047(0.0347)
工矿郊区哑变量	-0.0018(0.9711)	0.0792(0.1104)	-0.0032(0.9486)
乡镇政府所在地哑变量	0.0713(0.1512)	-0.0533(0.2835)	0.0992(0.0456)
小康村哑变量	0.0003(0.995)	0.0019(0.9698)	-0.0459(0.356)
贫困村哑变量	0.1259(0.011)	0.072(0.1473)	-0.0074(0.8819)
高中及以上村干部比例	-0.0376(0.4495)	-0.0538(0.2792)	-0.0116(0.8156)
高中及以上劳动力比例	-0.0656(0.1865)	-0.063(0.205)	0.0413(0.4061)
纯务农户比例	0.0134(0.7879)	0.2161(<0.0001)	-0.0621(0.2115)
宗教信仰人数比例	-0.0334(0.5014)	0.0185(0.7104)	-0.0057(0.9091)
民事纠纷比例	-0.0175(0.7254)	-0.0208(0.6756)	-0.0001(0.9986)
种植业劳动力比例	0.0092(0.8526)	0.2015(<0.0001)	-0.0848(0.0876)
用电户比例	0.0028(0.9549)	0.027(0.5868)	0.0098(0.8431)
混凝土房户比例	0.0356(0.4733)	-0.1467(0.003)	-0.0039(0.9381)
滩涂面积/耕地面积	0.0681(0.1705)	0.1233(0.0128)	0.011(0.8249)
人均企业个数	-0.0511(0.3034)	-0.1086(0.0285)	0.0072(0.8853)
经济发达程度居所在县(市)水平	-0.059(0.235)	0.0104(0.8339)	-0.0094(0.8508)
亩均种植业为主的劳动力	-0.0416(0.4032)	0.0755(0.1286)	-0.0442(0.3743)
人均纯收入(对数)	0.0229(0.6452)	-0.124(0.0123)	0.1056(0.0331)

注：样本量为407；单元格中左边的数字为皮尔逊相关系数r，右边括号中的数字为在零假设$H_0:\rho=0$下，$prob>|r|$的概率。

与农作物播种面积变化率显著正相关的统计指标包括纯务农户比例、种植业劳动力比例、滩涂面积/耕地面积；与农作物播种面积变化率显著负相关的统计指标包括混凝土房户比例、人均企业个数、人均纯收入。

与粮食播种面积变化率显著正相关的统计指标包括城市郊区哑变量、乡镇政府所在地哑变量、人均纯收入；与粮食播种面积变化率显著负相关的统计指标包括种植业劳动力比例。

第二节 研究思路

一 研究方法的选择

我们将耕地资源的可持续利用分解为耕地资源数量的可持续和耕地资源利用的可持续。用耕地面积变化率来反映耕地资源数量的变化情况，用农作物播种面积变化率和粮食作物播种面积变化率来反映耕地资源利用的变化情况。为了名副其实地研究可持续性，我们应用当今机器学习（machine learning）领域以及数据挖掘（data mining）领域比较前沿的支持向量机（support vector machine）方法，先对所有的观测进行分类，得到每个观测相对应的可持续性指标（用0表示弱可持续，1表示可持续，即具体的某个村庄在对应的时间段内耕地利用的可持续程度），再用由此得到的可持续性指标作为因变量，分别用logistic模型和probit模型分析影响耕地可持续利用的因素。

二 解释变量的确定

表8-6是对耕地可持续利用有关变量的影响因素分析，所用的估计方法是最小二乘法（OLS）。

表8-6 对耕地可持续利用有关变量的影响因素分析

	被解释变量		
	耕地面积变化率	农作物播种面积变化率	粮食播种面积变化率
平原哑变量	0.0858(0.0504) 1.7014(0.0897)	0.0566(0.0485) 1.1669(0.244)	-0.0749(0.1392) -0.5382(0.5908)
山区哑变量	0.0126(0.0491) 0.256(0.7981)	-0.0409(0.0546) -0.7495(0.454)	-0.2343(0.1597) -1.4666(0.1433)
农区哑变量	0.0803(0.0447) 1.7944(0.0735)	0.0872(0.057) 1.5293(0.127)	-0.0722(0.1477) -0.4886(0.6254)
城市郊区哑变量	-0.089(0.0527) -1.69(0.0918)	-0.0149(0.0501) -0.2971(0.7665)	0.3335(0.5371) 0.6209(0.535)
工矿郊区哑变量	-0.0097(0.0628) -0.1541(0.8776)	0.2574(0.0877) 2.9358(0.0035)	-0.0181(0.2812) -0.0643(0.9488)
乡镇政府所在地哑变量	0.0694(0.0802) 0.8653(0.3874)	-0.0608(0.0395) -1.5392(0.1246)	0.7757(0.5605) 1.3839(0.1672)
小康村哑变量	0.011(0.0272) 0.4031(0.6871)	0.045(0.052) 0.8654(0.3873)	-0.0784(0.1039) -0.7546(0.451)
贫困村哑变量	0.1603(0.0702) 2.2843(0.0229)	0.0913(0.0795) 1.1481(0.2516)	0.0204(0.1251) 0.163(0.8706)
高中及以上村干部比例	-0.0233(0.0546) -0.4271(0.6695)	-0.0114(0.0684) -0.1674(0.8672)	-0.2829(0.3277) -0.8633(0.3885)
高中及以上劳动力比例	-0.3255(0.1998) -1.6288(0.1042)	-0.1359(0.223) -0.6095(0.5426)	1.8853(1.8619) 1.0126(0.3119)
纯务农户比例	0.0142(0.061) 0.2326(0.8162)	0.1915(0.0752) 2.5458(0.0113)	0.2413(0.2657) 0.9082(0.3644)
宗教信仰人数比例	-0.119(0.073) -1.6307(0.1038)	-0.0805(0.1198) -0.6721(0.5019)	-0.1861(0.2825) -0.6586(0.5105)
民事纠纷比例	0.8782(2.5114) 0.3497(0.7268)	0.8418(3.5846) 0.2348(0.8145)	1.9103(11.8353) 0.1614(0.8719)
种植业劳动力比例	-0.0479(0.1579) -0.3035(0.7617)	0.1585(0.1987) 0.7974(0.4257)	-1.1434(1.0395) -1.1(0.272)
用电户比例	0.3179(0.2713) 1.1717(0.2421)	0.9253(0.5752) 1.6086(0.1085)	-0.19(1.3241) -0.1435(0.886)
混凝土房户比例	0.0786(0.0916) 0.8587(0.3911)	-0.1474(0.0603) -2.4458(0.0149)	-1.3127(0.8637) -1.5199(0.1294)
滩涂面积/耕地面积	0.0354(0.0225) 1.5687(0.1175)	0.0919(0.0571) 1.609(0.1084)	0.0992(0.0966) 1.0268(0.3052)
人均企业个数	-1.8646(1.4054) -1.3268(0.1854)	-1.4286(1.0644) -1.3422(0.1803)	1.4241(3.6618) 0.3889(0.6976)

续表

	被解释变量		
	耕地面积变化率	农作物播种面积变化率	粮食播种面积变化率
经济发达程度居所在县(市)水平	-0.0154(0.0207) -0.7426(0.4582)	0.0283(0.0269) 1.0501(0.2943)	-0.0304(0.0555) -0.5472(0.5846)
亩均种植业为主的劳动力	0.0319(0.0382) 0.8369(0.4031)	0.1482(0.1297) 1.1426(0.2539)	0.193(0.1806) 1.0683(0.2861)
人均纯收入(对数)	0.0622(0.0444) 1.4005(0.1622)	-0.0354(0.047) -0.7526(0.4522)	0.288(0.2886) 0.9978(0.319)
北京哑变量	-0.2228(0.3036) -0.7339(0.4635)	-0.6275(0.5919) -1.0602(0.2897)	-1.2419(1.1603) -1.0704(0.2851)
天津哑变量	-0.4323(0.2126) -2.0338(0.0427)	-0.4432(0.2269) -1.9535(0.0515)	-1.2928(0.6812) -1.8976(0.0585)
上海哑变量	-0.0671(0.1002) -0.6692(0.5038)	0.0519(0.1493) 0.3475(0.7284)	25.1177(20.0805) 1.2509(0.2118)
样本量	407	407	407
自由度	381	381	381
$R^2(adj-R^2)$	0.0832(0.023)	0.1448(0.0887)	0.3451(0.3021)

注：回归方程中均包括常数项和一个2000年的时间哑变量。

单元格中左上角的数字为系数估计量，右上角括号中的数字为White-异方差一致标准差，左下角的数字为根据White-异方差一致标准差计算出的t-值，右下角括号中的数字为自由度为381的学生分布随机变量大于t-值的绝对值的概率，即prob($t(381) > |t-值|$)。

由于解释变量均为前定的，不存在内生解释变量问题，因此，没有必要讨论联立方程组是否可识别的问题。

在做这些回归分析时，我们还考察过将其他一些变量，比如年末常住人口（对数）和集体经营收入/人均纯收入等也作为解释变量一起作回归，发现这些变量均不显著，对于R^2的值也没有什么影响。为了不使解释变量数量过多，在下面的分析中，我们没有使用这些变量作解释变量。

为了便于比较不同的计量分析结果，同时为了不让人疑惑计量分析的结论是由于添加或舍弃有关的解释变量造成的，我们在下面的计量分析中，仍采用这些变量作解释变量，即使它们中有些是不显著的。

从表 8-6 可见，这些变量对耕地面积变化率的解释程度是很低的（R^2 仅为 0.0832）。由于我们的村庄数据涵盖村庄的政治、经济、人口、资源、社会、生产、生活几乎所有方面，而且添加其他变量也不能显著增加 R^2，因此，我们有理由相信，影响一个村庄耕地数量变化的主要因素不在村庄的内部，而在于外部大环境。进而，决定一个村庄耕地数量可否持续的因素也不在村庄内部，而是外部更大环境的、村庄自己也无法左右的因素，如更大范围的政策、更大范围的经济社会环境等因素。

农作物总播种面积的变化被这些解释变量解释的比例为 $R^2 = 0.1448$，但调整后的 R^2 仅为 0.0887，不到 10%，因此，影响一个村庄耕地利用变化的主要因素也不在村庄的内部，而在于外部大环境。进而，决定一个村庄耕地利用可否持续的因素也不在村庄的内部，而是外部更大环境的、村庄自己也无法左右的诸如更大范围的政策和经济社会环境等因素。

粮食作物播种面积的变化被这些解释变量解释的比例为 $R^2 = 0.3451$，调整后的 R^2 为 0.3021，因此，一个村庄粮食播种面积的变化可以在较大的程度上由村庄自身的因素决定。

从表 8-6 中，我们挑选出 6 个对耕地资源可持续利用有较显著影响的因素：平原哑变量、农区哑变量、城市郊区哑变量、属当地民政承认的贫困村哑变量、高中及以上劳动力比例、滩涂面积/耕地面积。我们将用这 6 个统计指标作为支持向量机的特征变量（the features）。下面以耕地数量可持续分析为例，说明我们的操作思路。

三 分析方法的说明

首先，将我们的面板数据按耕地面积变化率由小到大的顺序排列，取耕地面积变化率最小的 50 个观测，将它们的可持续性指标定义为弱可持续（取值为0）；取耕地面积变化率最大的50个观测，将它们的可持续性指标定义为可持续（取值为1）。然后，以这样定义的可持续性指标作为分类标签（the class labels），以前面选择的对耕地资源可持续利用有较显著影响的6个解释变量作为特征变量，用我国台湾地区林智仁教授等①开发的支持向量机软件 LIBSVM 训练我们所得到的训练数据集（the training data，如前所述，该训练数据集包含100个观测，每个观测由一个分类标签变量和6个特征变量组成），选择径向基函数（the Radial Basis Function，RBF）作为核变换函数（the kernel function）。通过训练，得到核函数的参数 γ 和错误惩罚参数 C（$C>0$）；再用6个特征变量的其他所有观测（共407 - 100 = 307个观测）作为测试数据集（the test data），利用前面所得到的分类参数预测这些观测属于分类标签0或1的概率（我们在这一步用的是软件 LIBSVM 附带提供的 MATLAB 接口程序）。若观测属于标签1的概率大于或等于0.5，我们就将相应的观测归类为可持续，相应的可持续性指标取值为1；否则，我们就将相应的观测归类为弱可持续，相应的可持续性指标取值为0。得到所有观测的可持续性分类指标后，我们就可以利用 logistic 模型及 probit 模型分析影响耕地资源数量可持续性的因素了，这正是我们在下文中所做的工作。

我们之所以仅利用前面所述的6个变量作为支持向量机训练和预测的特征变量，而不是利用表8 - 6中全部的解释变量作为特征变量，目的是避免过度拟合（overfitting）。简单来说，过度拟合就是分类模型把训练数据集中随机性的因素而不是系统性的特征性的因素当成分类规则了，这样，训练时得到的分类拟合度虽然很高，但预测的精确度却很低。当训练数据集中的特征变量个数相对于观测数目过多时，

---

① Chang, Chih-Chung and Chih-Jen Lin, "LIBSVM: A Library for Support Vector Machines", *ACM Transactions on Intelligent Systems and Technology*, 2011.

就会发生过度拟合。由于我们的总观测只有407个,用于训练的观测又只是其中的一小部分,为了避免过度拟合,必须减少特征变量的个数。

训练数据集中观测的个数至少应该是特征变量个数的10~15倍,我们的特征变量个数是6,其15倍为90,我们选择的观测的个数是100,大于这个值,因此是合适的。①

同理,我们用相同的方法,利用农作物总播种面积的变化率得到耕地利用可持续性的概率及可持续性指标,利用粮食作物播种面积的变化率得到粮食生产可持续性的概率及可持续性指标。

第三节 耕地数量可持续性的影响因素分析

耕地数量可持续性的概率及可持续性指标与有关变量之间的相关性分析如表8-7所示。

表8-7 耕地数量可持续性指标与有关变量之间的相关性分析

	耕地数量可持续性指标 (0代表弱可持续,1代表可持续)	耕地数量 可持续概率
平原哑变量	0.47117(<0.0001)	0.56798(<0.0001)
山区哑变量	-0.24882(<0.0001)	-0.25063(<0.0001)
农区哑变量	0.20487(<0.0001)	0.25198(<0.0001)
城市郊区哑变量	-0.09829(0.0475)	-0.14477(0.0034)
工矿郊区哑变量	-0.03864(0.4369)	-0.09981(0.0442)
乡镇政府所在地哑变量	0.06304(0.2044)	-0.00229(0.9632)
小康村哑变量	-0.02373(0.6332)	-0.03812(0.4432)
贫困村哑变量	0.23921(<0.0001)	0.23707(<0.0001)

---

① Ye, Fei. and A. Zhao, "What You See May Not be What You Get-A Brief Introduction to Overfitting", 2010.

续表

	耕地数量可持续性指标 (0 代表弱可持续,1 代表可持续)	耕地数量 可持续概率
高中及以上村干部比例	-0.04762(0.3379)	-0.07194(0.1474)
高中及以上劳动力比例	0.02837(0.5681)	-0.02369(0.6337)
纯务农户比例	0.00833(0.867)	0.02002(0.6872)
宗教信仰人数比例	-0.01875(0.706)	-0.01184(0.8118)
民事纠纷比例	-0.10787(0.0296)	-0.10459(0.0349)
种植业劳动力比例	0.08616(0.0826)	0.10521(0.0338)
用电户比例	-0.01302(0.7935)	-0.00107(0.9828)
混凝土房户比例	-0.02914(0.5577)	-0.08356(0.0923)
滩涂面积/耕地面积	0.10365(0.0366)	0.03596(0.4694)
人均企业个数	-0.05738(0.2481)	-0.06862(0.167)
经济发达程度居所在县(市)水平	-0.02887(0.5613)	-0.00723(0.8843)
亩均种植业为主的劳动力	-0.06725(0.1757)	-0.06191(0.2126)
人均纯收入(对数)	0.02317(0.6412)	-0.01738(0.7266)

注：样本量为407；单元格中左边的数字为皮尔逊相关系数 r；右边括号中的数字为在零假设 $H_0: \rho = 0$ 下，$prob > |r|$ 的概率。

与耕地数量可持续性指标显著正相关的变量包括平原哑变量、农区哑变量、贫困村哑变量、种植业劳动力比例、滩涂面积/耕地面积；与耕地数量可持续性指标显著负相关的变量包括山区哑变量、城市郊区哑变量、民事纠纷比例。

由表 8-8 可见，logistic 模型和 probit 模型得到的估计结果是一致的；以耕地数量可持续概率为因变量，用 OLS 方法估计出的结果，在系数的显著性方面与 logistic 模型及 probit 模型得到的结论存在几处不一致。这些不一致有可能是由于 OLS 估计采用了异方差一致的 t - 统计量，而 logistic 和 probit 估计的 Wald - χ^2 值未作异方差一致调整引起的。基于这一考虑，三种估计方法下都显著的系数，我们才认为显著。

第八章 耕地资源可持续利用的研究

表 8-8 关于耕地数量可持续指标的回归分析

	被解释变量		
	耕地数量可持续指标		耕地数量可持续概率
	估计方法:logistic	估计方法:probit	估计方法:OLS
平原哑变量	2.6475(0.3399) 60.6711(<0.0001)	1.548(0.1917) 65.1841(<0.0001)	0.2447(0.0189) 12.9293(0)
山区哑变量	-0.5209(0.4176) 1.5563(0.2122)	-0.2458(0.2316) 1.1266(0.2885)	0.0073(0.0239) 0.3033(0.7618)
农区哑变量	1.9413(0.5818) 11.1332(0.0008)	0.9946(0.3076) 10.4559(0.0012)	0.1167(0.0227) 5.1318(0)
城市郊区哑变量	-0.8371(0.3906) 4.5931(0.0321)	-0.4078(0.2226) 3.358(0.0669)	-0.0775(0.0349) -2.2216(0.0269)
工矿郊区哑变量	0.0583(0.698) 0.007(0.9335)	-0.0223(0.4026) 0.0031(0.9558)	-0.0491(0.0372) -1.3194(0.1878)
乡镇政府所在地哑变量	0.3914(0.36) 1.182(0.277)	0.2617(0.2033) 1.6568(0.198)	0.0113(0.0191) 0.5923(0.554)
小康村哑变量	-0.1558(0.3102) 0.2524(0.6154)	-0.0773(0.1755) 0.1938(0.6598)	-0.0089(0.0168) -0.5341(0.5936)
贫困村哑变量	3.6688(0.6199) 35.028(<0.0001)	2.0044(0.3264) 37.7033(<0.0001)	0.2099(0.0248) 8.4658(0)
高中及以上村干部比例	-0.3024(0.5286) 0.3274(0.5672)	-0.1553(0.2998) 0.2685(0.6044)	-0.0024(0.0278) -0.0844(0.9328)
高中及以上劳动力比例	1.4486(1.7934) 0.6524(0.4192)	0.5578(1.008) 0.3062(0.58)	-0.0411(0.1357) -0.3031(0.762)
纯务农户比例	-0.2922(0.5348) 0.2986(0.5847)	-0.1327(0.3011) 0.1943(0.6594)	-0.0188(0.0282) -0.6663(0.5056)
宗教信仰人数比例	-1.7101(0.739) 5.3547(0.0207)	-0.9982(0.4203) 5.6398(0.0176)	-0.0755(0.0408) -1.8515(0.0649)
民事纠纷比例	-7.1661(34.2075) 0.0439(0.8341)	-2.3457(19.1534) 0.015(0.9025)	0.0312(2.259) 0.0138(0.989)
种植业劳动力比例	1.2781(1.376) 0.8627(0.353)	0.8422(0.7728) 1.1876(0.2758)	0.0527(0.0676) 0.7789(0.4365)
用电户比例	0.9345(4.4366) 0.0444(0.8332)	0.3883(2.4561) 0.025(0.8744)	0.158(0.1967) 0.803(0.4225)
混凝土房户比例	0.4279(0.4903) 0.7617(0.3828)	0.2796(0.2811) 0.9894(0.3199)	0.0252(0.0277) 0.9101(0.3633)
滩涂面积/耕地面积	0.8985(0.316) 8.0847(0.0045)	0.4751(0.1754) 7.3407(0.0067)	0.0081(0.0086) 0.9431(0.3462)

续表

	被解释变量		
	耕地数量可持续指标		耕地数量可持续概率
	估计方法:logistic	估计方法:probit	估计方法:OLS
人均企业个数	−14.1392(12.1092) 1.3634(0.243)	−9.5392(6.9644) 1.8761(0.1708)	−0.947(0.6243) −1.517(0.1301)
经济发达程度居所在县(市)水平	−0.0186(0.1715) 0.0118(0.9135)	0.00091(0.0966) 0.0001(0.9925)	0.0159(0.0089) 1.7925(0.0738)
亩均种植业为主的劳动力	0.3185(0.7067) 0.2031(0.6523)	0.1522(0.3933) 0.1496(0.6989)	0.0366(0.0155) 2.3652(0.0185)
人均纯收入(对数)	0.2663(0.3535) 0.5674(0.4513)	0.2046(0.1986) 1.0611(0.303)	0.0066(0.0155) 0.4271(0.6696)
样本量	407	407	407
自由度			381
R^2(adj−R^2)			0.4971(0.4641)
R^2(Max−rescaled−R^2)	0.3869(0.5159)	0.3808(0.5078)	

注：回归方程中均包括常数项和一个2000年的时间哑变量以及北京、天津、上海哑变量。

前两个数据列的单元格中左上角的数字为系数估计量，右上角括号中的数字为标准差，左下角的数字为Wald−χ^2值，右下角括号中的数字为自由度为25的χ^2分布随机变量大于χ^2−值的概率。

第三个数据列的单元格中左上角的数字为系数估计量，右上角括号中的数字为White−异方差一致标准差，左下角的数字为根据White−异方差一致标准差计算出的t−值，右下角括号中的数字为自由度为381的学生分布随机变量大于t−值的绝对值的概率，即prob(t(381) > |t−值|)。

对耕地数量可持续性有显著促进作用的变量包括平原哑变量、农区哑变量、贫困村哑变量；不利于耕地数量可持续的影响因素包括城市郊区哑变量、宗教信仰人数比例。

第四节 耕地利用可持续性的影响因素分析

耕地利用可持续性的概率及可持续性指标与有关变量之间的相关性分析如表8−9所示。

第八章 耕地资源可持续利用的研究

表 8-9 耕地利用可持续性指标与有关变量之间的相关性分析

	耕地利用可持续性指标 (0代表弱可持续,1代表可持续)	耕地利用 可持续概率
平原哑变量	-0.08933(0.0718)	-0.21305(<0.0001)
山区哑变量	0.04913(0.3228)	0.05967(0.2297)
农区哑变量	0.13833(0.0052)	0.01268(0.7987)
城市郊区哑变量	-0.16141(0.0011)	-0.07946(0.1095)
工矿郊区哑变量	0.0599(0.2279)	-0.06773(0.1726)
乡镇政府所在地哑变量	0.03028(0.5425)	0.06614(0.1829)
小康村哑变量	-0.09956(0.0447)	-0.06573(0.1857)
贫困村哑变量	-0.00575(0.908)	-0.06773(0.1726)
高中及以上村干部比例	0.01958(0.6937)	0.004(0.9359)
高中及以上劳动力比例	-0.14025(0.0046)	-0.22934(<0.0001)
纯务农户比例	0.09061(0.0678)	-0.11843(0.0168)
宗教信仰人数比例	-0.00081(0.987)	0.12121(0.0144)
民事纠纷比例	0.09142(0.0654)	0.16185(0.0011)
种植业劳动力比例	0.07059(0.1552)	-0.13456(0.0066)
用电户比例	-0.04554(0.3595)	-0.04793(0.3347)
混凝土房户比例	-0.09307(0.0607)	0.0028(0.9551)
滩涂面积/耕地面积	-0.0023(0.9631)	0.02594(0.6018)
人均企业个数	-0.07897(0.1117)	0.05789(0.2439)
经济发达程度居所在县(市)水平	-0.06952(0.1615)	-0.061(0.2194)
亩均种植业为主的劳动力	-0.10913(0.0277)	-0.0744(0.134)
人均纯收入(对数)	-0.13357(0.007)	-0.05298(0.2863)

注:样本量为407;单元格中左边的数字为皮尔逊相关系数 r;右边括号中的数字为在零假设 $H_0: \rho = 0$ 下,prob > |r| 的概率。

与耕地利用可持续性指标显著正相关的变量包括农区哑变量、纯务农户比例、民事纠纷比例;与耕地利用可持续性指标显著负相关的变量包括平原哑变量、城市郊区哑变量、小康村哑变量、高中及以上劳动力比例、混凝土房户比例、种植业劳动力比例、人均纯收入。

由表 8-10 可见,logistic 模型和 probit 模型得到的估计结果基本一致;以耕地利用可持续概率为因变量,用 OLS 方法估计出的结果,在系数的显著性方面与 logistic 模型及 probit 模型得到的结论存在较多的不一致。

表 8-10 关于耕地利用可持续指标的回归分析

	被解释变量		
	耕地利用可持续指标		耕地利用可持续概率
	估计方法:logistic	估计方法:probit	估计方法:OLS
平原哑变量	-0.4508(0.2773) 2.6429(0.104)	-0.2833(0.1685) 2.8266(0.0927)	-0.0154(0.0032) -4.8386(0)
山区哑变量	-0.1142(0.3426) 0.1112(0.7388)	-0.0617(0.207) 0.089(0.7655)	-0.0056(0.0038) -1.4954(0.1357)
农区哑变量	1.0176(0.3827) 7.0688(0.0078)	0.6369(0.2333) 7.4526(0.0063)	0.0052(0.0047) 1.1162(0.265)
城市郊区哑变量	-0.8234(0.3248) 6.4289(0.0112)	-0.5062(0.198) 6.5369(0.0106)	-0.0089(0.0047) -1.8926(0.0592)
工矿郊区哑变量	0.9549(0.6561) 2.1181(0.1456)	0.5945(0.3897) 2.3274(0.1271)	-0.0154(0.006) -2.5734(0.0104)
乡镇政府所在地哑变量	0.2721(0.3031) 0.8057(0.3694)	0.1659(0.1822) 0.8289(0.3626)	0.0071(0.0036) 1.9949(0.0468)
小康村哑变量	-0.1729(0.2509) 0.4751(0.4906)	-0.1062(0.1536) 0.4775(0.4896)	-0.0006(0.0029) -0.2203(0.8258)
贫困村哑变量	-0.5462(0.3863) 1.9987(0.1574)	-0.3328(0.2351) 2.0041(0.1569)	-0.0144(0.0042) -3.3817(0.0008)
高中及以上村干部比例	0.6992(0.4462) 2.4557(0.1171)	0.4302(0.2701) 2.5366(0.1112)	0.0072(0.0051) 1.4022(0.1617)
高中及以上劳动力比例	-3.2233(1.4555) 4.9045(0.0268)	-1.9782(0.8833) 5.0159(0.0251)	-0.0856(0.0242) -3.5392(0.0005)
纯务农户比例	-0.0384(0.4273) 0.0081(0.9284)	-0.0197(0.2605) 0.0057(0.9396)	-0.0115(0.0049) -2.3518(0.0192)
宗教信仰人数比例	0.2737(0.6317) 0.1877(0.6648)	0.1608(0.3772) 0.1818(0.6698)	0.0172(0.0073) 2.3668(0.0184)
民事纠纷比例	47.3446(29.7756) 2.5283(0.1118)	27.9339(17.7178) 2.4857(0.1149)	0.7736(0.3546) 2.1815(0.0298)
种植业劳动力比例	0.8964(1.1257) 0.6341(0.4258)	0.5285(0.6837) 0.5976(0.4395)	-0.0259(0.0121) -2.1423(0.0328)
用电户比例	1.4919(3.7324) 0.1598(0.6894)	0.9582(2.219) 0.1865(0.6659)	-0.0214(0.0472) -0.4526(0.6511)
混凝土房户比例	-0.0655(0.404) 0.0262(0.8713)	-0.0492(0.2477) 0.0394(0.8426)	-0.0023(0.0045) -0.5091(0.611)

续表

	被解释变量		
	耕地利用可持续指标		耕地利用可持续概率
	估计方法:logistic	估计方法:probit	估计方法:OLS
滩涂面积/耕地面积	0.1574(0.1654) 0.9053(0.3414)	0.0949(0.0985) 0.9276(0.3355)	0.0034(0.0025) 1.358(0.1753)
人均企业个数	-3.8156(10.0816) 0.1432(0.7051)	-2.4797(6.1568) 0.1622(0.6871)	0.1478(0.1243) 1.1894(0.235)
经济发达程度居所在县（市）水平	-0.0418(0.1348) 0.096(0.7567)	-0.0251(0.0823) 0.0933(0.7601)	-0.0029(0.0016) -1.886(0.0601)
亩均种植业为主的劳动力	-1.244(0.5941) 4.3853(0.0363)	-0.7779(0.3565) 4.7619(0.0291)	-0.006(0.0029) -2.0848(0.0378)
人均纯收入（对数）	-0.3146(0.268) 1.3785(0.2404)	-0.1951(0.1633) 1.4282(0.2321)	-0.0043(0.0032) -1.3669(0.1725)
样本量	407	407	407
自由度			381
R^2(adj-R^2)			0.2371(0.187)
R^2(Max-rescaled-R^2)	0.1185(0.1595)	0.1195(0.1609)	

注：回归方程中均包括常数项和一个2000年的时间哑变量以及北京、天津、上海哑变量。

前两个数据列的单元格中左上角的数字为系数估计量，右上角括号中的数字为标准差，左下角的数字为Wald-χ^2值，右下角括号中的数字为自由度为27的χ^2分布随机变量大于χ^2-值的概率。

第三个数据列的单元格中左上角的数字为系数估计量，右上角括号中的数字为White-异方差一致标准差，左下角的数字为根据White-异方差一致标准差计算出的t-值，右下角括号中的数字为自由度为381的学生分布随机变量大于t-值的绝对值的概率，即prob（t（381）>｜t-值｜）。

城市郊区哑变量、高中及以上劳动力比例、亩均种植业为主的劳动力不利于耕地的可持续利用。

第五节 粮食生产可持续性的影响因素分析

粮食生产可持续性的概率及可持续性指标与有关变量之间的相关性分析如表8-11所示。

表8-11　粮食生产可持续性指标与有关变量之间的相关性分析

	粮食生产可持续性指标 （0代表弱可持续,1代表可持续）	粮食生产 可持续概率
平原哑变量	0.32145(＜0.0001)	0.40968(＜0.0001)
山区哑变量	-0.05288(0.2872)	-0.06397(0.1978)
农区哑变量	-0.03251(0.5132)	-0.10379(0.0363)
城市郊区哑变量	-0.07179(0.1483)	-0.13443(0.0066)
工矿郊区哑变量	0.01352(0.7857)	-0.04982(0.316)
乡镇政府所在地哑变量	-0.04825(0.3316)	-0.06186(0.213)
小康村哑变量	-0.06465(0.1931)	-0.06429(0.1956)
贫困村哑变量	0.20846(＜0.0001)	0.24301(＜0.0001)
高中及以上村干部比例	-0.09043(0.0684)	-0.1088(0.0282)
高中及以上劳动力比例	-0.17855(0.0003)	-0.22263(＜0.0001)
纯务农户比例	0.12085(0.0147)	0.07769(0.1176)
宗教信仰人数比例	-0.01258(0.8002)	-0.06188(0.2129)
民事纠纷比例	-0.06573(0.1857)	-0.07955(0.1091)
种植业劳动力比例	0.10244(0.0388)	0.11064(0.0256)
用电户比例	-0.02651(0.5939)	-0.01229(0.8047)
混凝土房户比例	-0.08369(0.0918)	-0.0611(0.2187)
滩涂面积/耕地面积	0.03863(0.437)	0.03848(0.4388)
人均企业个数	-0.09407(0.0579)	-0.08946(0.0714)
经济发达程度居所在县(市)水平	-0.00217(0.9653)	-0.04243(0.3933)
亩均种植业为主的劳动力	-0.06446(0.1943)	0.02017(0.685)
人均纯收入（对数）	-0.03111(0.5314)	-0.03107(0.532)

注：样本量为407；单元格中左边的数字为皮尔逊相关系数r；右边括号中的数字为在零假设$H_0:\rho=0$下，$prob>|r|$的概率。

与粮食生产可持续性指标显著正相关的变量包括平原哑变量、贫困村哑变量、纯务农户比例、种植业劳动力比例；与粮食生产可持续性指标显著负相关的变量包括高中及以上村干部比例、高中及以上劳动力比例、混凝土房户比例、人均企业个数。

由表8-12可见，logistic模型和probit模型得到的估计结果基本一致；以粮食生产可持续概率为因变量，用OLS方法估计出的结果，在系数的显著性方面与logistic模型及probit模型得到的结论存在较多的不一致。

表 8-12 关于粮食生产可持续指标的回归分析

	被解释变量		
	粮食生产可持续指标		粮食生产可持续概率
	估计方法：logistic	估计方法：probit	估计方法：OLS
平原哑变量	2.1479(0.3135) 46.9381(<0.0001)	1.2785(0.1812) 49.8077(<0.0001)	0.0847(0.0069) 12.2975(0)
山区哑变量	0.3903(0.3567) 1.1972(0.2739)	0.2303(0.2116) 1.1841(0.2765)	0.0172(0.0083) 2.0735(0.0388)
农区哑变量	-0.6701(0.395) 2.8777(0.0898)	-0.3487(0.2374) 2.1588(0.1418)	-0.0337(0.015) -2.2416(0.0256)
城市郊区哑变量	0.0215(0.3536) 0.0037(0.9515)	0.018(0.2097) 0.0074(0.9315)	-0.0139(0.0127) -1.0922(0.2754)
工矿郊区哑变量	0.8586(0.6213) 1.9094(0.167)	0.5118(0.3719) 1.8941(0.1687)	0.0039(0.016) 0.245(0.8066)
乡镇政府所在地哑变量	-0.3469(0.3186) 1.1855(0.2762)	-0.203(0.1876) 1.1712(0.2792)	-0.0049(0.0075) -0.6513(0.5152)
小康村哑变量	-0.1373(0.2777) 0.2446(0.6209)	-0.1079(0.1636) 0.4349(0.5096)	-0.0027(0.0065) -0.4107(0.6815)
贫困村哑变量	1.8227(0.4605) 15.6686(<0.0001)	1.0541(0.264) 15.9394(<0.0001)	0.0603(0.0108) 5.5969(0)
高中及以上村干部比例	-0.4969(0.477) 1.0853(0.2975)	-0.2994(0.2808) 1.1371(0.2863)	-0.0122(0.0118) -1.0277(0.3047)
高中及以上劳动力比例	-5.175(1.6141) 10.2793(0.0013)	-2.8821(0.9426) 9.3481(0.0022)	-0.1792(0.0415) -4.3138(0)
纯务农户比例	0.5199(0.4676) 1.2361(0.2662)	0.2926(0.2753) 1.1299(0.2878)	0.0063(0.0117) 0.5348(0.5931)
宗教信仰人数比例	-1.0644(0.6347) 2.8124(0.0935)	-0.6293(0.3793) 2.7524(0.0971)	-0.0503(0.0182) -2.765(0.006)
民事纠纷比例	-10.4958(29.871) 0.1235(0.7253)	-5.3475(17.6637) 0.0917(0.7621)	-0.1556(0.9354) -0.1663(0.868)
种植业劳动力比例	0.7634(1.185) 0.4151(0.5194)	0.4146(0.7032) 0.3475(0.5555)	0.0089(0.0295) 0.3008(0.7638)
用电户比例	1.3892(3.8652) 0.1292(0.7193)	0.7474(2.27) 0.1084(0.7419)	0.0386(0.0858) 0.4497(0.6532)
混凝土房户比例	0.2901(0.4619) 0.3944(0.53)	0.1681(0.2689) 0.3906(0.532)	0.018(0.0101) 1.7783(0.0762)

续表

	被解释变量		
	粮食生产可持续指标		粮食生产可持续概率
	估计方法:logistic	估计方法:probit	估计方法:OLS
滩涂面积/耕地面积	-0.042(0.1817) 0.0534(0.8172)	-0.029(0.1068) 0.0735(0.7864)	0.0023(0.004) 0.5669(0.5711)
人均企业个数	-16.9539(11.2762) 2.2606(0.1327)	-10.2669(6.7392) 2.321(0.1276)	-0.4412(0.2584) -1.7077(0.0885)
经济发达程度居所在县（市）水平	0.2662(0.1501) 3.1442(0.0762)	0.1502(0.0882) 2.9013(0.0885)	0.0024(0.0038) 0.6397(0.5228)
亩均种植业为主的劳动力	0.0775(0.6317) 0.015(0.9024)	0.0593(0.3681) 0.0259(0.872)	0.0179(0.0069) 2.5976(0.0098)
人均纯收入（对数）	0.0778(0.2907) 0.0716(0.789)	0.061(0.1717) 0.1261(0.7225)	0.0068(0.0068) 0.9915(0.3221)
样本量	407	407	407
自由度			381
R^2(adj-R^2)			0.3875(0.3473)
R^2(Max-rescaled-R^2)	0.2559(0.3412)	0.253(0.3374)	

注：回归方程中均包括常数项和一个2000年的时间哑变量以及北京、天津、上海哑变量。

前两个数据列的单元格中左上角的数字为系数估计量，右上角括号中的数字为标准差，左下角的数字为 Wald-χ^2 值，右下角括号中的数字为自由度为27的 χ^2 分布随机变量大于 χ^2-值的概率。

第三个数据列的单元格中左上角的数字为系数估计量，右上角括号中的数字为 White-异方差一致标准差，左下角的数字为根据 White-异方差一致标准差计算出的 t-值，右下角括号中的数字为自由度为381的学生分布随机变量大于 t-值的绝对值的概率，即 prob(t(381)>|t-值|)。

对粮食生产可持续性指标有显著促进作用的变量包括平原哑变量、贫困村哑变量；不利于粮食生产可持续性指标的影响因素包括高中及以上劳动力比例、宗教信仰人数比例。

第六节 结论与政策建议

研究耕地资源的可持续利用问题，一个根本的缺陷在于：我们有许多其他的变量（配角），唯独缺少是否可持续或可持续程度强弱这一核心变量（主角），让人颇有一种"万事俱备，只欠东风"的无奈。在本章研究中，我们先选择一些在可持续性方面相对没有什么争议的观测，人为地赋予它们的可持续性类别，再利用这些附有分类标签的观测作为训练数据集，用支持向量机方法找出其中蕴含的分类规则。然后，利用所得到的分类规则对全体观测进行分类，由此得到每个观测所对应的可持续性指标。有了可持续性指标变量和其他的解释变量，我们就可以利用计量经济学中的 logistic 模型和 probit 模型，分析影响可持续性的因素了。

这样做的好处在于：既得到了可持续性指标，又尽可能地减少了主观臆断。

在本章的第二部分，研究了影响耕地资源数量和利用的变化情况的因素，我们发现，影响耕地资源数量和利用的变化的主要因素不在村庄这个行政级别上，而在于更大范围、更大尺度上的因素。我们猜测，这些变化很可能是更高一级或几级的政府部门追求政绩或经济利益的结果。由于数据所限，我们无法证实也无法证伪这一猜测。

在本章的第三至第五部分，我们用计量方法分析了耕地资源数量可持续及利用可持续的影响因素。我们发现，平原地区和农区的耕地可持续利用情况较好，城市郊区则不利于耕地的可持续利用。

附录 支持向量机（Support Vector Machines）原理简介

支持向量机最早由 Cortes 和 Vapnik（1995）提出，根据一定的规则对未知类别的新观测样本进行分类（classification）。支持向量机是目前机器学习（Machine Learning）领域的研究热门之一，其分类原理与计量经济学中的 logistic、probit 等模型类似，都是利用高维空间中的超平面区分观测样本。分类所依据的超平面是根据已知类别的观测样本计算出来的，这一步骤在机器学习领域中被称为训练（train），用来训练的样本被称为训练数据（training data）。与 logistic、probit 等计量分类方法类似，支持向量机也是先对已知类别的观测样本进行训练，得到分类所依据的超平面，然后再根据该超平面，对未知类别的新观测进行分类。它们的主要不同之处在于得到超平面所用的方法——logistic、probit 等计量模型利用最大似然方法估计超平面（估计出的超平面为 $\hat{\beta}\cdot x+\hat{c}=0$，其中 $\hat{\beta}$ 为系数估计量，$\hat{c}$ 为常数项估计量。以 logistic 模型为例，对于一个具体的观测 x_i，其属于第一类的概率为 $\frac{\exp(\hat{\beta}\cdot x_i+\hat{c})}{[1+\exp(\hat{\beta}\cdot x_i+\hat{c})]}$。若 $\hat{\beta}\cdot x_i+\hat{c}\geq 0$，则观测 x_i 属于第一类的概率不小于 0.5，因此将其归入第一类；否则，将其归入第二类），而支持向量机则利用几何原理计算超平面。由于最大似然估计是一致性估计量，属于大样本性质，需要比较多的训练数据才能使估计出的超平面比较精确，这在一定程度上限制了 logistic、probit 等计量分类方法的应用。虽然从理论上来讲，支持向量机所利用的训练数据也是多多益善，但在这方面并没有很明确的要求，这是由其利用几何原理的性质决定的。我们的村庄数据样本量不大，能够拿来训练的样本量就更小了，因此，在本章中利用支持向量机方法对样本进行分类。

如图 8-1 所示，训练数据集为：(x_i,y_i)，$i=1,\cdots,l$。$y_i=1$ 或 $y_i=-1$ 为分类标签。超平面 $w\cdot x+b=0$ 将两类不同的点完全分开（第一类样本点在超平面的一侧，第二类样本点在超平面的另一侧），$\frac{-b}{\|w\|}$ 为原点至该分类超平面的距离。第一类样本点（$y_i=1$）满足 $w\cdot x_i+b\geq 1$，原点至超平面 $H_1:w\cdot x+b=1$ 的距离为 $\frac{(-b+1)}{\|w\|}$；第二类样本点（$y_i=-1$）满足 $w\cdot x_i+b\leq -1$，原点至超平面：$w\cdot$

$x+b=-1$ 的距离为 $\frac{(-b-1)}{\|w\|}$。其中，$\|w\|$ 为向量 w 的欧氏范数。两个超平面 H_1 和 H_2 之间的距离为：$\frac{2}{\|w\|}$，而且此时所有的样本点均满足：

$$y_i(w \cdot x_i + b) - 1 \geq 0, \quad i = 1, \cdots, l \tag{1}$$

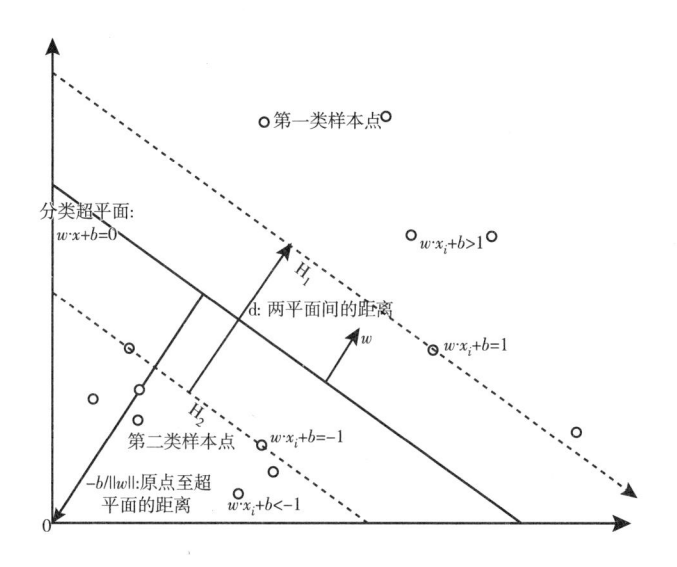

图 8-1　支持向量机分类原理（两类样本点之间可以完全分开的情形）

支持向量机对这两类样本点分类的基本思路就是寻找参数 w 和 b，使超平面 H_1 和 H_2 之间的距离 $\frac{2}{\|w\|}$ 最大化，而且所有的样本点还要满足条件（1）；或者等价地，在条件（1）下最小化 $\frac{1}{2}\|w\|^2$，即：

$$\min \quad \frac{1}{2}\|w\|^2 \quad \text{s.t. 约束条件（1）}$$

上述最优化问题可以通过其对偶问题很方便地求解。

当两类样本点之间不能完全分开时,支持向量机在上述最优化问题的目标函数中加入一个惩罚项来降低错误分类的数目。①

在实际应用中,为了得到更好的分类效果,需要先对训练数据 x_i 标准化,再通过一个核函数(kernel function)将其映射到一个更高维数甚至是无穷维的空间,x_i 与 x_j 之间的内积通过核函数与它们的映像在更高维数空间中的内积一一对应。在实际问题中最常用的核变换函数为径向基函数(即正态分布的密度函数)。② 参考文献 [1] 和 [3] 中有更详细一些的介绍。

参考文献

[1] Chang, Chih-Chung and Chih-Jen Lin, "LIBSVM: A Library for Support Vector Machines", *ACM Transactions on Intelligent Systems and Technology*, 2011.

[2] Cortes, C. and V. Vapnik, *Machine Learning*, 1995.

[3] Hsu, Chih-Wei, Chih-Chung Chang and Chih-Jen Lin, "A Practical Guide to Support Vector Classification", 2010.

[4] Fletcher, Tristan, "Support Vector Machines Explained", 2009.

[5] Ye, Fei. and A. Zhao, "What You See May Not be What You Get-A Brief Introduction to Overfitting", 2010.

---

① Fletcher, "Tristan, Support Vector Machines Explained", 2009.

② Chang, Chih-Chung and Chih-Jen Lin, "LIBSVM: A Library for Support Vector Machines", *ACM Transactions on Intelligent Systems and Technology*, 2011.
Hsu, Chih-Wei, Chih-Chung Chang and Chih-Jen Lin, "A Practical Guide to Support Vector Classification", 2010.

第九章 工业化进程中耕地资源的可持续利用

——山东鄄城的调查

本章在2010年课题组一行6人对鄄城县进行为期一周的实地调查和收集资料基础上完成,包括经济发展、土地利用、工业化与耕地保护和启示四部分内容。

第一节 经济发展

一 经济发展水平

鄄城县位于山东省西南部,与河南濮阳接壤;全县面积达1098平方公里,为平原地形。其中,沿黄河长度达105华里。全县辖10镇、6乡,人口83万人,其中农业人口66万人。

2000~2009年,鄄城县的人均GDP由1957元增长到9148元,仍低于山东省平均水平;同期,农业占GDP的比重由62%下降到28%,工业由15%增加43%,服务业由21%增加到29%(见图9-1和图9-2)。2009年全县财政收入32015万元。

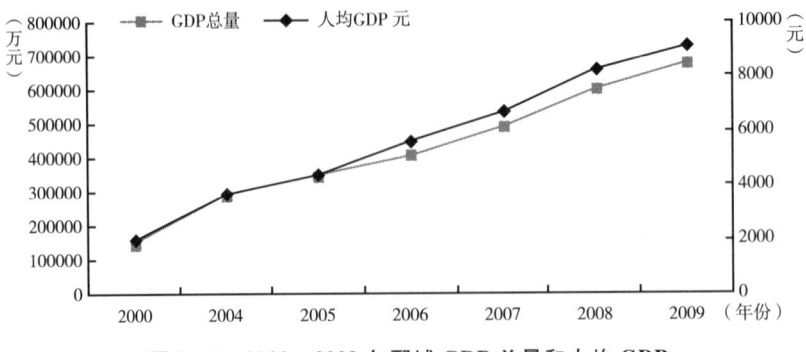

图 9-1 2000~2009 年鄄城 GDP 总量和人均 GDP

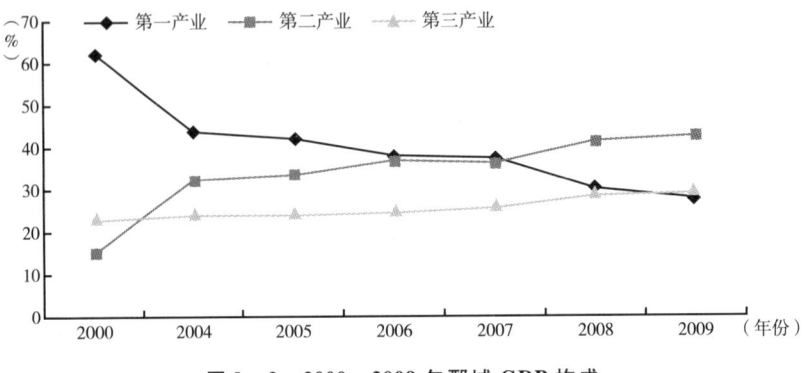

图 9-2 2000~2009 年鄄城 GDP 构成

二 农业发展

全县耕地 98 万亩。其中，灌溉面积占 80% 以上；森林覆盖率为 37%；2009 年农民人均纯收入 5347 元。鄄城是农业生产大县，也是全国粮食生产基地县。农业是该县的主导产业，以种植小麦和玉米为主，2009 年农作物播种面积达到 193.52 万亩，粮食总产量达到 4.87 亿公斤。

全县农业劳动力 35 万人，农业机械化程度高；外出务工人员 20 万人，外出务工收入约占农民人均纯收入的 30%。到 2010 年，该县设施农业刚刚开始，仍没有高标准的大棚种植业；养殖业仍为传统散养为主，只有为数不多的规模化养殖场，最大规模化养猪户为存栏1000头。2001年开始推广秸秆还田，2005年起基本在全县推开，有效地解决了土壤缺少钾肥和磷肥的问题。测土配方施肥占种植面积的30%。土地流转面积占耕地总面积的4%，最大经营规模为1000亩，2010年刚刚开始准备育种，以合作社方式经营。

三 粮食生产

（一）播种面积

2000年以来，农作物播种面积总体呈现增加的趋势，2000年为166.4万亩，2009年为193.5万亩①。粮食作物播种面积及其占农作物总播种面积的百分比均呈现稳定增加趋势，从2000年到2009年，粮食作物播种面积从110万亩增加到137万亩，同期粮食作物播种面积占农作物播种面积的比重从66%增加到71%。小麦和玉米的播种面积占粮食作物的播种面积，除了2000年为84%外，2004年以来一直稳定在94%~95%，其中小麦占68%~72%（见图9-3和图9-4）。

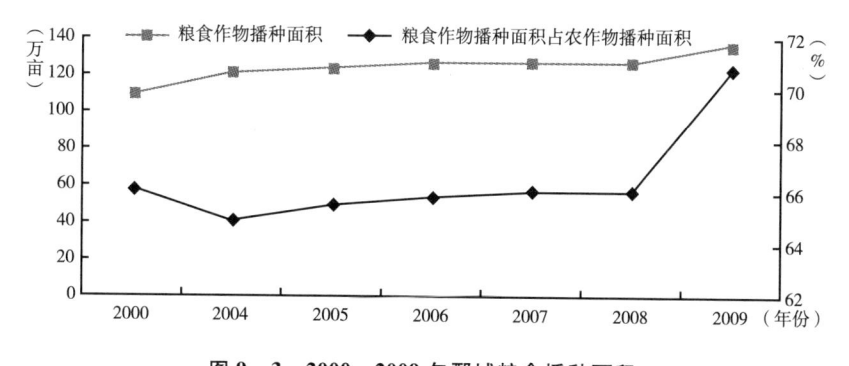

图9-3 2000~2009年鄄城粮食播种面积

---

① 来自《鄄城县统计年鉴》的数据，农业生产部分2008年与2007年数据完全相同。

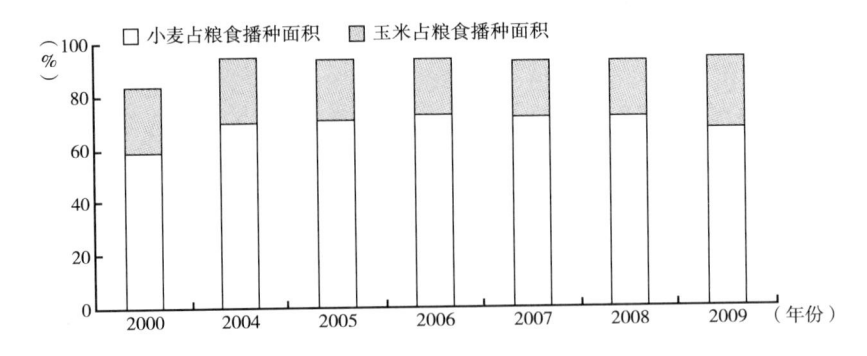

图 9-4 2000~2009 年鄄城小麦和玉米播种面积

（二）粮食产量

自 2000 年以来，鄄城县的农作物播种面积、复种指数、粮食作物播种面积、小麦播种面积、玉米播种面积均呈上升趋势，粮食单产和小麦单产呈波动增加，玉米单产呈下降趋势（见表 9-1）。

表 9-1 农作物播种面积和粮食单产

单位：公顷，公斤/亩

年份	年末耕地面积	农作物总播种面积	粮食作物播种面积	粮食作物单产	小麦播种面积	小麦单产	玉米播种面积	玉米单产	复种指数
2000	64486	110963	73492	342	43349	340	18708	409	1.72
2005	64861	126501	83011	324	59079	310	19284	397	1.95
2009	65187	129014	91248	356	61728	363	24569	368	1.98

（三）化肥使用

根据《鄄城县统计年鉴》的数据，2004~2009 年耕地化肥施用量一直处于很高水平，2009 年单位耕地和单位播种面积的化肥施用量分别为 600 公斤/公顷和 303 公斤/公顷，单位耕地和单位播种面积的氮肥施用量[①]分别为 342 公斤/公顷和 173 公斤/公顷（见表 9-2）。

---

① 氮肥用量同第三章的定义。

表9-2　2004~2009年鄄城县耕地和化肥施用量

单位：公斤/公顷

年份	化肥总量（折纯量）		氮肥总量（折纯量）	
	单位耕地	单位播面	单位耕地	单位播面
2004	510	265	301	156
2005	581	298	319	163
2006	569	290	320	163
2007	569	288	318	161
2008	570	287	277	139
2009	600	303	342	173

村庄中农户调查的情况是，有灌溉条件的基本农田，一年种植两季（小麦和玉米）。种植小麦的化肥用量为：每亩播种面积施用100公斤复合肥均为底肥和160斤尿素为追肥（两次）；种植玉米的化肥用量为：每亩播种面积施用复合肥80斤。

由于测土配方施肥有补贴，一般比从市场上购买化肥施肥可以节约成本10%。在调查的箕山镇孙海村，配方施肥占耕种面积的1/3。为了培肥地力，有劳动力的农户会施用一定的鸡粪作为底肥（当地一车鸡粪约2立方米，价格200元，可以用于1亩地的底肥）。农户认为，在同样的气候条件下，用鸡粪的耕地可以保证产量稳定，且接下来的第二年在地力上仍有作用，不需要再用农家肥。由于施用农家肥较费工，缺乏劳动力的农户仍不愿意使用。

第二节　土地利用

一　土地利用结构

2005年启动、2007年完成的鄄城县1∶10000土地利用现状更新调查项目的数据显示：全县农业地1244844亩，占79.39%；建设用地 231914.9 亩，占 14.79%；未利用地 91340.7 亩，占 5.82%。在农用地中，耕地面积 1004138 亩，占农用地面积的 80.66%；园地面积 13902 亩，占农用地面积的 1.12%；林地面积 114546 亩，占农用地的 9.2%；其他农用地面积 112258 亩，占农用地的 9.02%（见图 9-5 和图 9-6）。

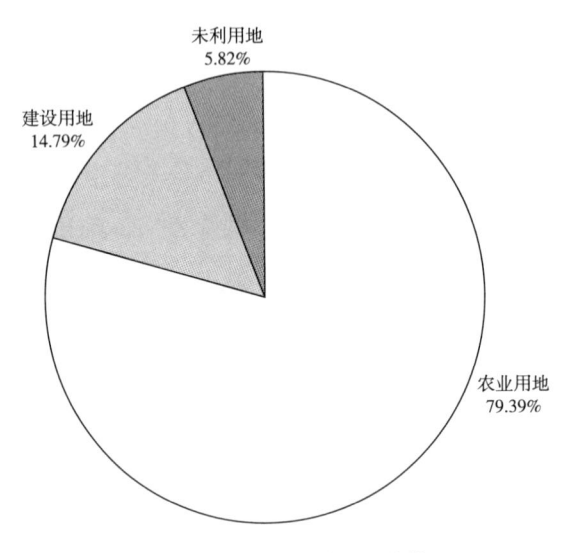

图 9-5 鄄城土地利用结构

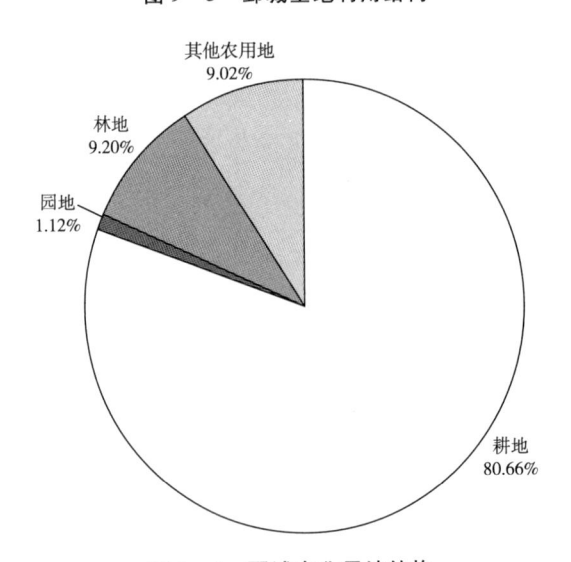

图 9-6 鄄城农业用地结构

全县农业用地、建设用地、其他用地之间的比例为 22∶4∶1。农用地中以耕地为主，占 80.18%；建设用地中，城镇工矿用地面积占 16.46%，其中农村居民点用地面积占 83.54%；农村居民点用地中通过整理可以节约 1/4 的土地。

二　耕地面积

（一）全县的数据

关于鄄城县的耕地面积，来自国土部门和农业部门部门的数据存在差异。

根据国土局的数据，耕地面积从 2005 年底的 1000215 亩，增加到 2009 年底的 1009909 万亩，增加 9694 亩（见图 9－7）；来自农业部门（统计年鉴）的数据，2005 年耕地面积 972915 亩，增加到 2009 年的 987805 亩，增加 14890 亩，农业部门的耕地面积总量和增加量的数据均小于国土部门的数据（见图 9－8）。根据国土部门的数据，2010 年耕地面积又采用了与 2005 年相同的数据。

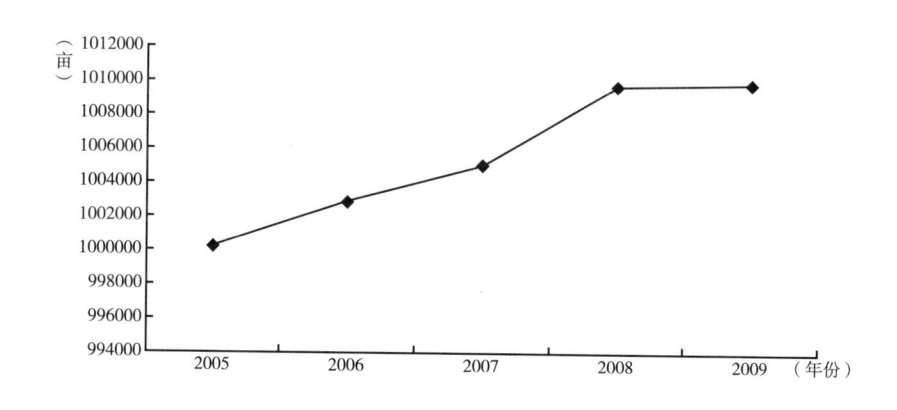

图 9－7　2005～2009 年山东鄄城耕地面积

（二）分乡镇的情况

作为粮食为主导产业的农业大县，鄄城县各乡镇耕地面积占土地

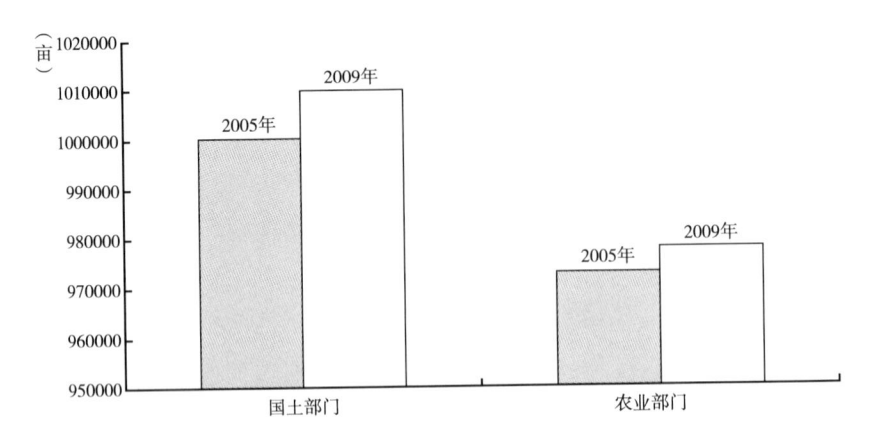

图 9-8 国土部门和农业部门耕地面积数据

总面积的比重很大，为 57.67% ~ 73.16%；全县平均人均耕地面积平均值为 1.46 亩，各乡镇的平均值为 1.26 ~ 1.78 亩（见表 9-3）。

表 9-3 各乡镇耕地面积分布情况

	耕地面积（亩）	土地总面积（亩）	耕地占总面积的比重(%)	人均占有耕地(亩/人)
全县合计	1004137.8	1568099.3	64.04	1.46
鄄城镇	58348.9	101177	57.67	1.26
红船镇	57923.9	81462.8	71.10	1.78
什集镇	79300	119111.7	66.58	1.49
旧城镇	89339.3	149366.3	59.81	1.51
李进士堂镇	42392.1	70065.7	60.50	1.60
箕山镇	71926.8	109724.1	65.55	1.48
董口镇	90084.4	145017.5	62.12	1.61
临濮镇	52940.9	87525.6	60.49	1.53
彭楼镇	71029.8	109021.2	65.15	1.33
阎什镇	64986.5	102049.6	63.68	1.29
左营乡	70824.3	116110.1	61.00	1.67
大埝乡	43961.6	65462.2	67.16	1.43
凤凰乡	48816.2	74425.5	65.59	1.33
富春乡	46171.6	68365.9	67.54	1.41
郑营乡	67208.1	102400.5	65.63	1.35
引马乡	48883.4	66813.6	73.16	1.65

第三节　乡镇工业化进程和耕地保护

一　工业园区

鄄城县地处山东省西南边缘地区，地理位置闭塞，也没有自然资源优势，其在经济增长中的特征是：城市化水平低，工业化起步晚。为了推动地方工业化进程，2000年以来，地方政府采用了建立工业园区，以无偿提供土地、实行减免及税收优惠政策的做法，要求全县直属机关部门和乡镇招商引资，以推动地方工业化进程。

2006年以前，鄄城县采用的是在各个乡镇建立小型工业区，完成各乡镇的招商引资任务。在这样的地方政策推动下，各个乡镇面临着巨大的双重压力。一方面，国土部门要求占用耕地需要补充，这需要财政资金的投入，而鄄城地方财政十分困难；另一方面，由于没有资源和技术优势，即使无偿提供土地，招商引资也十分困难。

自2006年，鄄城政府为了提高土地利用效率，采用了县城附近统一划定工业园区的方式，各乡镇的招商项目统一进入园区。这样的做法，减少了乡镇违规占用耕地的风险，受到乡镇干部的欢迎。

工业园区占地20平方公里，在县城的东部，涉及城关镇、凤凰乡和郑营乡三个乡镇。其中，城关镇涉及占地的自然村9个，占工业园区面积的50%；凤凰乡涉及占地的自然村10个，占工业园区面积的30%；郑营乡涉及占地的自然村9个，占工业园区面积的20%。

根据县的规定，投资密度达到每亩土地100万元，可以进入园区。对进入工业园区的企业，实行减免政策和税收优惠，作为全县直属机关部门和乡镇招商引资的砝码，全县每个季度对各单位招商引资的业绩进行排名。

工业化刚刚起步的鄄城县，需要一定的建设用地指标支撑。国土部门每年给鄄城县下达的指标是500亩，当地政府认为不能满足当地的需求。

二 耕地占用与耕地补充——富春乡的调查

鄄城县乡镇的工业区，一般而言就是在乡镇所在地的村庄中划出一片耕地，无偿提供给进入本乡镇的企业；同时，本乡镇负责找到可以补充的耕地。作为黄河下游的沿黄平原县，鄄城土地后备资源相对丰富，土地整理工作一直在努力地开展，目的是补充耕地，增加粮食产量和农业产值，被调查的富春乡就是如此。

（一）富春乡基本情况

全乡3.6万人口，面积为6.9万亩，耕地面积4.4万亩，全部能够灌溉。种植的主要作物是小麦、玉米、花生，一年两季。根据1996年土地利用规划时核定，耕地中80%为基本农田。目前，已经完成第二次土地利用规划，对基本农田按图斑进行划定，待批准后，将与农户签订协议。

2010年全乡产值10亿元，其构成为：①农业产值4亿元；②人发产业产值4亿元；③氢尿酸产值1.5亿元；④纺织（棉纱）产值5000万元。全乡外出就业劳动力8000人，其中5000人在外从事收购人发。

（二）富春乡耕地减少与补充

2000年以来，富春乡耕地减少共500亩，分别为：人发工厂占地200亩；九州农药占地110亩（尚未投产）；化工90亩（氢尿酸）；小型人发企业园区100亩（没有投产）。

乡政府占农户耕地采用租用的方式，按每亩800斤小麦的当年价格补偿，由乡政府首先承担两年的租金，如果两年后工厂仍不开工，乡政府不再承担租金。富春乡耕地全部为无偿出让给企业，目的是招商引资。在富春乡截至2020年的土地利用规划中，预留出600亩土地作为非农产业和公共事业用地。目前，按照县的规定，各乡企业全部进入县工业园区，各乡镇不允许建工业园区，这对乡土地管理所是件好事，减轻了乡土地所的工作难度。

为了全县的占补平衡，1998年富春乡复垦盐碱地80亩，成为村集体土地，直接承包给个人种植；2003年复垦盐碱地60亩。复垦盐碱地的土地整理，由市财政每亩补贴2000元。

2007年富春乡执行市级土地整理项目，投入30万元，为1000亩耕地改善灌溉条件，由乡政府组织招标实施。2010年开始实施省级农业综合开发项目，投入900万元，为1万亩耕地改善生产条件。其中，5000亩耕地在本乡，由县乡两级政府组织实施，村干部负责清理障碍和协调工作。

三 乡镇工业化中的土地管理——箕山镇的调查

（一）箕山镇的招商引资

箕山镇辖27个行政村、73个自然村，人口5.4万人，耕地面积6.2万亩，为鄄城县工业基础较好的乡镇。过去的重点项目是地毯加工，但近年来已经衰落。

在全县工业化进程中，由于招商引资是县级对乡镇干部的考核指标，所以乡镇干部具有利用本乡镇土地无偿出让作为本地吸引资金的强烈的冲动，同时这也是无奈之举。

箕山镇作为工业化刚刚起步的乡镇，2005~2010年对工业用地有相当的需求，相对大规模的工业企业要进入县工业园区中，而达不到规模要求的企业仍然留在本镇，箕山镇是全县完成招商引资任务较好的乡镇之一（见表9-4）。

表 9-4 箕山镇完成的招商引资任务

项目编号	开工年份	占地面积（亩）	小麦包产（斤/亩）	应缴租金（元）	完成税收（元）	所在地
项目 1	2005	32.61	1600	52176	1175298	乡镇所在村
项目 2	2005	19.95	1600	31920	75485	乡镇所在村
项目 3	2006	27.02	1500	40530		县园区
项目 4	2006	10.15	1600	16240		乡镇所在村
项目 5	2007	23.34	1500	35010	1032093	县园区
项目 6	2007	36.45	1500	54675	22341	县园区
项目 7	2007	6.13	1500	9195		县园区
项目 8	2007	19.67	1600	31472	129590	乡镇所在村
项目 9	2008	5.49	1600	8784	26588	乡镇所在村
项目 10	2009	81.32	1500	121980	2472	县园区
项目 11	2009	32.23	1600	51568	11920	乡镇所在村
项目 12	2009	4.02	1600	6432	219061	乡镇所在村
项目 13	2009	61.77	1000	61770	678860	乡镇其他村
项目 14	2010	41.41	1500	62115	2064399	县园区
项目 15	2010	60	1500	90000		县园区
项目 16	2010	136	1500	204000		县园区
项目 17	2010	21.48	1600	34368	100308	乡镇所在村
项目 18	2010	22.33	1600	35728		乡镇所在村
合 计		641.37		947963	5538415	

本乡镇的引资项目占用的土地需要由本乡镇承担补偿职责。目前，本乡镇工业用地全部采用租入的方式，与村庄中的每个农户签订30年的租入协议。根据耕地的质量和位置，确定补偿标准。补偿由乡政府实施，具体而言，是乡镇政府与每个村民签订协议，乡政府将资金给村支书（村长），再发到农户手中。资金来源于本企业的税收，如果一个企业的税收不能弥补其占地补偿成本，则需要以交纳费用的方式补上。

（二）乡镇土地管理所的工作

乡镇土地管理所的重要工作职责，就是经常性地巡查，杜绝占用基本农田的现象，做到及时发现和上报在本乡镇土地上发生的任何改变土地用途特别是农用地用途的行为。

在箕山镇，农用地用途改变存在两种情况，乡镇土地管理所采取不同的方式进行处理。第一，对于乡镇主导的引资占地，全部上报给县国土局。第二，对于农户占地盖房（主要是在临街的地方盖房）的行为，及时发现并制止。在房屋没有完全封顶之前，属于土地部门可以管理的范围，土地站可以阻止建房的行为，或者报告给县土地稽查大队强制拆除。如果房屋已封顶，则需要按照法律程序移交法院强制执行。

在对本乡镇约 10 公里道路两侧 200 米的范围内，没有划定为基本农田，目的是为今后 10 年的发展留出可以利用的土地，也使得本乡镇国土所基本农田保护的工作管理相对轻松些。

近些年，箕山镇完成了两个土地整理项目，增加耕地 1100 亩，作为占用耕地的补充。其一，2004 年完成盐碱低洼地复垦 1000 亩；其二，2010 年启动了一个市级土地整理项目，结合新农村建设搬迁一个自然村，得到 100 亩耕地。

四 新农村建设与耕地利用

全县 498 个行政村、1099 个自然村，平均每平方公里 1.06 个自然村，全县户均宅基地 0.4 亩，存在村庄分散、农村居民点内人口密度小、空闲地多和利用率低的现象。按照县城建局的规划，计划将 1099 个自然村合并为 65 个中心村。

2009 年全县开展试点，每个乡镇设两个试点村，全县 133 个自然村合并为 33 个居民点，到 2010 年 12 月已启动了 29 个居民点的建设。根据县的估计：80% 的村庄为"空心村"[①]，试点的 133 个自然村集中为 33 个居民点后，可能腾出土地 4000 亩。

在组织机构方面，县成立了新农村建设指挥部，作为临时办事机构。在资金保证方面，该县出台了土地置换政策，计划每亩土地 5 万元补助。

---

① 当地"空心村"的含义是，村民在村庄中心的老房子被空置，而到村边或路边盖新房子居住。

其中，2万元用于基础设施，3万元用于补偿老百姓拆迁。现实的情况是，县财政资金难以到位；农民盖房的资金部分为自筹备，部分来自农村信用社贷款（月利率6.3厘，一般贷款3万~4万元）。从开发方式看，允许多种形式，主要包括开发商建房、村庄集体建房、村民自己建房。

据介绍，进展总体顺利，有两方面的原因：一方面，农村不再划新的宅基地，年轻人需要新房；另一方面，农村村民自己盖新房需要7万~8万元，这样的方式可以满足村民对房屋的增量需求部分。

目前这种所谓新农村建设的做法，将诱发农村居住方式的重大变革，当地长期自然形成的村落面临消亡，政府的意图是通过村庄居住方式改变，将居民点集中，达到土地用途改变的目的，但在工业刚刚起步和城市化水平较低的鄄城县面临着众多的挑战。

第四节　启示

一　以土地无偿出让启动工业化步履艰难

在缺乏自然资源和区位优势的鄄城县，一直以农业为主导产业。最近十年，在我国沿海地区以土地推动经济增长的宏观背景下，鄄城县终于看到了机遇，试图利用其丰富的土地资源开启工业化的进程。但是，缺乏产业基础和资金投入成为当地工业化最大的制约瓶颈。为此，当地政府采取两项举措来化解难题。第一，以土地无偿出让方式和税收优惠政策吸引企业。第二，政府各部门和各乡镇都要承担招商引资的任务，并且纳入干部考核指标中。同时，由于土地出让没有完整的手续，这使乡镇干部面临着巨大的压力，该县最新出台的关于"乡镇一律不允许建立任何工业园区和出让土地"的政策，受到乡镇干部的欢迎。

从实践效果看，这样的政策和考核效果有限，为了完成招商任务，出现的情况是：一些企业在无偿得到的土地上盖好了厂房，却没有投入生产。这样的举动，既没有为当地经济作出贡献，又造成了土地资源的浪费，并且会造成政府需要承担为被占用耕地的农户给予补偿的压力。

在鄄城，占用农户耕地的补偿由各乡镇政府负责，而资金来自乡镇政府从本乡镇企业得到的增值税收入；如果企业没有投入生产，则不能创造利润和税收，一般情况下乡镇政府要求这样的企业承担占用耕地给农户补偿的费用，但实践中个别企业也难以做到，这时乡镇政府就面临着无法推卸的责任。与政府步履艰难推进工业化形成鲜明对照的是，调查中6个村庄的受访户普遍反映，在目前每亩耕地能够获得800～1500斤小麦补偿标准的标准下，农户普遍希望耕地被占用。

近十年来，鄄城县第二产业GDP所占比重有所增加，但本地非农就业机会非常有限，粮食收入和外出打工收入仍是当地农户的主要收入来源，以土地无偿出让作为动力来启动工业化，通过发展劳动密集型产业为当地农民寻找非农就业机会的战略尚未实现。

二 种植粮食具有比较优势

鄄城县由于尚有土地后备资源，加之近年实施惠农政策，粮食价格稳步提高，农业机械化贡献大，耕地面积总量呈现增加的趋势，即在工业化占用耕地的同时，农作物总播种面积、粮食播种面积和粮食产量都在增加，这说明影响村庄耕地减少的因素与影响粮食生产的因素是不同的。

一个重要的原因是，当地工业化和城镇化刚刚真正起步，农业仍是当地的主导产业，农业生产仍是当地老百姓重要的就业出路。在农业生产中，种植粮食具有比较优势，在目前的惠农政策和价格体系中，每亩耕地每年种植粮食纯收入约为1000元，鄄城县大多数农户有4亩左右耕地，每年耕种4亩地只需要一个劳动力投入1个月工时，其他的劳动力全部转移到耕地以外就业，而且机械化程度很高，劳动强度不大，对于在家的中老年劳动力很有吸引力。所以，农户会千方百计扩大种植面积，而且部分农户还会主动用些有机肥料来增强土壤的肥力。

同时，工业化和城镇化进展缓慢，土地被占用并不一定意味着能够带来丰厚的回报（一定能够高于种植粮食），所以经历了短暂的盲目圈地后，出现了大量土地闲置的现象。尽管每个干部（县城和乡镇）都有招商引资任务，土地可以无偿划拨或廉价出让而且以硬性指标对干部进行考核，但是，没有比较优势和经济效益，企业家并不会盲目来占地。所以，无偿出让土地的优惠政策并未在当地奏效。已经集中建立起来的20万亩左右的开发区，除了在县城周边修路外、扩建城区和有少量厂房外，其余不少土地仍处于空闲状态，有些土地又重新用于种植粮食作物。

第十章 城乡统筹中耕地资源的可持续利用

——四川成都的调查

在最近十年成都耕地资源的保护与利用中，最大的影响因素是土地产权制度改革，以及在此基础上推进的城乡统筹、现代农业发展和耕地经营制度的重大变化。在这样的背景下，为了理解成都耕地可持续利用的机制和进程，本章以农村土地制度改革为切入点，来探讨这一进程中的耕地可持续利用。

由于改革过程中，创新与超越规范相伴生，经营方式的变化导致耕地面积数据的剧烈变化，使本调查中获得耕地面积变化的数据遇到困难。本章将绕开这一难点，围绕制度与政策的变化进行梳理，以成都整体的做法和直接到村庄社区的调查资料为依据。

第一节 农村土地制度改革

一 成都城乡统筹的进程

2002年，成都市双流县提出"三个集中"：工业向集中发展区集中，农民向城镇集中，土地向规模经营集中。2003年成都市开始统筹城乡综合配套改革试验，成立了"统筹城乡发展办公室"（推进办），2006年改为"城乡统筹办公室"，2008年国家发展和改革委员会批准"成都城乡统筹试验区"。

2003年以来，成都市探索的是一条以"三个集中""三次产业互动"为核心，城乡一体、协调发展的新型城镇化道路。

一是推动工业向集中发展区集中。按照产业集群发展的规律，成都统筹城乡产业布局，将全市116个开发区整合为21个工业集中发展区，在此基础上，进一步建立13个市级战略功能区和一批区（市）县产业功能区，在优化空间发展格局、促进资源节约集约利用的同时，为城市和县域经济快速发展提供了有力支撑，形成了对城镇发展和农村人口转移强大的辐射带动能力。

二是引导农民向城镇和农村新型社区集中。2003年以来，上百万农民进入城镇、农村新型社区以及第二、第三产业，实现了生产和生活方式的根本性转变，同时为土地规模经营创造了条件。

三是推进土地向适度规模经营集中。通过在依法、自愿、有偿前提下流转土地承包经营权，全市1/3的耕地已实现规模化经营，这成为发展现代农业的制度基础。

在实施城乡统筹过程中，成都于2008年启动了农村土地产权制度改革，对农民土地、房屋等权利的确认、登记和颁证工作真正展开。

二 农村土地产权改革的政策和行动

（一）农村土地产权改革的政策

农村土地产权制度改革是农村产权改革的基础环节，是城乡统筹的重要内容，它与村级公共服务和社会管理改革、土地综合整治密切关联。在成都农村工作中，将农村产权制度改革、新型基层治理机制建设、村级公共服务和社会管理改革、土地综合整治并称农村工作"四大基础工程"。在成都的农村改革与发展中,加强耕地保护和完善农村土地制度,是其农村产权制度改革的中心环节。

2008年1月1日,中共成都市委、成都市人民政府发布了《关于加强耕地保护 进一步改革完善农村土地和房屋产权制度的意见(试行)》。该文件提出"深化农村土地和房屋产权制度改革,建立健全归属明晰、权责明确、保护严格、流转顺畅的农村产权制度,切实推动农村资产资本化,促进农民生产生活方式转变,为统筹城乡科学发展创造条件",正式启动了农村产权制度改革。

农村土地产权改革的宗旨是,实现农村集体土地与城市国有土地的"同价和同权",还原本属于农民的财产权利,使农民与其他利益体共同分享城市化土地增值的成果。

农村土地产权改革对农地保护和农业发展的含义是,土地可以转包、出租、互换、转让、股份合作,扩大生产规模、进行专业化生产、集约化经营,使不同土地-劳动禀赋比率的农户的土地边际生产率均等化,借增加新的生产要素或者原有生产要素素质的上升而提高配置效率和农业生产率。

(二) 农村土地产权改革的行动

2008年以来,成都严格要求确权以实测面积为基础,切实做到实测与台账、权证、耕地保护合同记载及耕保基金发放面积"五个一致",系统厘清土地、房屋财产关系。到2010年底,全市2661个村、35857个组集体经济组织、212万户农户、485万宗农民承包地、宅基地、房屋等农村产权的确权、登记、颁证工作已基本完成。

与开展确权颁证同步,成都建立了市、县、乡三级农村产权交易平台,制定完善了相应的交易规则和办法,为推动农村产权规范有序流转创造了必要条件。

成都市农村土地制度改革行动的脉络是：土地确权-土地流转-建立产权交易平台，实现土地集中和适度规模化经营。2008年成都出台"一号文件"指出：组建新型集体经济组织，通过招、拍、挂的方式出让集体建设用地，逐步建立城乡统一的建设用地市场、以公开规范的方式转让土地使用权，实现城乡土地"同权同价"。农村集体土地产权主体权益实现最重要的两个环节是确权和流转。

成都土地产权改革之前一个政策行动是，从土地向规模集中到土地向适度规模经营集中，这已融合在成都作为全国统筹城乡综合配套改革试验区的政策行动中。

在本轮改革之前，成都平原农村土地产权制度是基于20世纪70年代末的改革形成的，具有我国农村土地产权制度的共性特征，即农村实行家庭联产承包责任制，农村土地实行集体所有，分户包干使用，农民享有土地的占有权、经营权和收益权。农村集体土地产权是二元主体，一是村民委员会和村民小组代表所有权，村民享有土地使用权，即承包土地经营权和宅基地使用权；二是农地使用权由村民承包经营，不得随意改变土地用途。集体成员承包的土地只可转包、互换、转让等方式流转，禁止对外入股和抵押。在使用权上，集体土地只能用于农业生产或农民宅基地建设使用，在收益权上，当国家需要征收集体土地的时候，给农民相应的补偿，但是补偿的标准远远低于土地市场价格。在处分权上，我国法律严格禁止农村集体土地所有权的转让。如果要开发某块农民集体所有的土地，只有先被国家或地方政府征收，然后再由国家或地方政府出让土地使用权。[1]

---

[1] 《成都平原农村土地产权制度改革研究》，四川省土地勘察规划院课题报告，2011年。

三 耕地保护及社会改革政策

（一）耕地保护基金政策

农村土地产权改革前，主要通过土地规划的管控来实现耕地保护。2009年以来，成都市出台耕地保护基金的政策，成为对耕地保护方法的有力补充，通过给履行了耕地保护责任的农民发放个人养老保险补贴和给村集体经济组织提供财政资金补贴，推动农民和村集体组织共同承担耕地保护责任，实现政府保护耕地和农民增收双赢。一方面，增强了农民保护耕地的责任感，改善了农民生活条件；另一方面，也实现了成都平原耕地的可持续利用和保护。

耕地保护基金政策的具体内容是，对成都市的600多万亩耕地按照严格的规划和土地用途管制进行保护。成都建立耕地保护基金，以市县两级的土地增值收益为主要来源，每年筹资28亿元，按每亩300~400元的标准为承担耕地保护责任的农民购买社保提供补贴，惠及全市170多万农户。

（二）村级公共服务补贴

村集体经济组织财政资金补贴的具体内容是，2009年成都市委、市政府决定，在全市范围内实施村级公共服务和社会管理改革，由市县两级财政每年安排7.12亿元，为全市每一村（涉农社区）每年安排20万~30万元的专项资金，由村（涉农社区）居民自主安排用于本村（涉农社区）的公共服务和社会管理支出。

村庄实现集中居住后，村庄公共事务管理的问题凸显出来，包括生活垃圾、村容村貌、基础设施管护等，村庄的物业化是必然之路，这需要资金的保证，成都市以雄厚的财政资金为此提供了保障。

(三) 城乡一体化的社会保障体系

2008年，成都颁布实施《城乡居民基本医疗保险暂行办法》，实现全市城乡居民基本医疗保险政策统一、待遇一致。2010年，颁布实施《成都市城乡居民养老保险试行办法》，建立城乡一体的居民养老保险制度，实现了城乡社会保障制度全面并轨。同时，成都将农村劳动者按常住地纳入城乡一体的就业服务体系，并建立起覆盖城乡困难群体的就业援助体系，实现了城乡劳动力市场的统一。

(四) 户籍改革

2010年底，成都出台户籍改革意见：全域成都统一户籍，到2012年底，城乡居民将全面实现自由迁徙，并享有平等的基本公共服务和社会福利。农民进城不以放弃农村宅基地使用权、土地（林地）承包经营权等原有利益为代价，农民的各项权益不因居住地、职业的改变而受到侵害。

剥离了附着在户籍之上城乡公共服务和福利的差别，使农民还原为一种职业而不再是一种身份，为保护和发展好农民的合法权益奠定了基础，加速了社会公平化的进程。

(五) 农村土地综合整治

从2010年起，成都在全市范围内统筹推进农村土地综合整治，计划用6年左右的时间（到2015年底）彻底改变农村地区的面貌，并新增30万亩耕地。

(六) 土地整理与城乡建设用地增减挂钩政策

"土地整理"在成都平原的村庄成为很"时尚"的词汇和行动，为什么会出现这种现象呢？为了调动社会力量参与到土地整理中，成都市采用了土地整理后新增指标可以兑换建设用地指标的方式，即充分利用城乡建设用地增减挂钩政策，初衷是在城乡资源之间搭建市场化的互惠共享机制，合理分配土地增值收益。

这样，为了拿到建设用地指标，金融市场资金参与到村庄的土地整理中成为一种必然的选择。土地整理的出指标率一般为10%左右，主要来自宅基地退耕后增加的耕地，以及过去由于耕地面积上报数量小于实际数量的差额。因为土地整理后的村庄均采用农民住房集中连片的方式，一般情况下，整理1亩土地的投入至少为20万元，这意味着开发商拿到1亩建设用地指标的投入要达到200万元。

第二节　成都市土地规模经营模式

2003年成都市开始统筹城乡综合配套改革试验区的试点，2008年开始农村土地产权制度改革，土地规模经营奠定了土地产权制度的基础。目前，成都市土地规模经营模式分为七种：土地股份合作社经营模式；土地股份公司经营模式；家庭适度规模经营模式；"土地银行"经营模式；业主租赁经营模式；"大园区+小业主"经营模式；"两股一改"经营模式。[①] 其目标都是土地规模经营和增加收入。

各种经营模式的组织形式、运行机制和分配方式有一定差异（见表10-1）。前六种经营模式的共同点是，土地承包经营权从农户方转移出去，其差异有两点：①转移出的土地承包经营权管理的方式；②农户出让土地承包经营权获得回报的方式。"两股一改"模式则是以农村产权确权颁证完成为前提，已经超越了土地承包经营权的范畴。

---

① 中共成都市委组织部、成都市农业委员会编印《成都市农村土地规模经营典型案例》，2010年10月。

表 10-1　不同经营模式的特征

经营模式	组织形式	运行机制	分配方式
土地股份合作社	若干农户以土地承包经营权入股	由合作社理事会决策	实行按股分红,按土地股份分配到成员
土地股份公司	农户以土地承包经营权量化入股,组建土地股份制公司或农业股份公司	由公司董事会决策	实行按股分红,按入股股份分配到股东
家庭适度规模经营	土地流转给种植大户	种植大户自主决策	种植大户获得经营收入,土地流出户享受惠农政策
"土地银行"	以村组集体经济组织名义注册成立农业资源经营合作社("土地银行")	合作社("土地银行")参照银行的经营发生,对土地承包经营权进行集中"存贷"经营管理	农民以存入的土地承包经营权定期获得存地"利息"收入
业主租赁经营	农户将土地承包权直接流转给业主(龙头企业、专合组织等)	业主集中成片开展规模经营	农民按流转合同约定定期获得土地租赁收入
"大园区+小业主"	由地方政府统一规划,建立现代农业产业园区	成立管委会,按照主导产业、统一生产规范和产品质量标准、统一创建品牌管理,农户可直接成为园区业主	农户从生产经营中获得收益,或者通过流转土地和进入园区务工获得土地租金和务工收入
"两股一改"	以村(社区)为单位组建股份经济合作社,对量化股权后的集体建设用地、农用地和经营性净资产实行统一经营管理	通过土地整理将集体建设用地指标置换出来,留一部分建设农民集中居住区,其余建设用地指标统一流转出去	股份经济合作社每年纯收益在提取一定比例公积金、风险金后,按量化股份分配给社员

注:"两股一改":在完成农村产权确权颁证的基础上,实行集体土地股权化、集体资产股份化、集体经济股份制改造。以社为单位,将集体所有的经营性资产和集体建设用地(含农户宅基地)使用权、土地承包经营权折股量化到人,"确权不见田",股份股权长久固化,不设集体股。

第三节　通过土地整理而集中出租耕地
——袁山社区的调查

成都市新津县普兴镇袁山村,距离县城 14 公里,于 2007 年改为袁山社区。该村2006年以前是成都市级贫困村。

2006年开始申请县的新农村建设项目。2007年开始实施四川省国土部门出资的土地整理一期项目，2007年底完成，全村40%的农户参与到一期项目中，实现集中居住。住房由政府统一规划和设计，按每人建筑面积35平方米标准自己建造，这样三口之家的建筑面积为105平方米。每人得到建房补助6000元（当时房屋每平方米造价400~500元）。

2009年启动第二期项目，2010年底完成。第二期每人补助15000元（这时房屋造价每平方米700~800元）。

2010年，社区辖6个居民小组，371户，1008人，居民集中居住户341户。全村面积达4426亩，土地整理前该村上报耕地面积1700亩，宅基地面积500亩左右；土地整理后，耕地面积确认为2426亩，并由成都国土部门批准增减挂钩项目，挂钩周转指标为236.45亩。

全社区村民通过抓阄方式，以村民小组为单位，重新得到各户承包经营的耕地。全村900亩水田，仍由各户种植水稻，满足各户自己的需求。之所以自己种植水田，农户的解释是，市场支付不起水田出租的价格；农户认为每亩水田需要获得至少2000元或者1500斤稻谷的补偿，如果有老板能够支付，当然可以出租水田。

全村农户规模流转耕地1500亩，租给一个老板种植青花椒，出租期限30年，每亩租金600斤稻子。由于花椒价格波动，承包老板并未获得很好的回报，拖欠农户租金现象时有发生。

袁山社区2008年3月启动农村产权制度改革，2010年6月全面完成确权颁证、耕保基金发放等工作，并颁发集体土地所有权证7本、土地承包经营权证371本、农村集体建设用地（宅基地）使用权证368本、房屋所有权证363本、林权证262本，发放耕保基金59.79万元。

第四节 "大园区+小业主"的耕地经营模式
——柳江村的调查

成都市新津县普兴镇柳江村面积为 4600 亩，其中水田 1300 亩（丘地）、旱地 1700 亩（坝地）；分为 13 个村民小组，共 800 户、2200 人。该村自 1982 年从 1 户种植蔬菜开始，蔬菜种植以市场方式逐步扩大，2010 年已经发展到当地 3 镇 5 村的 2 万亩，已经形成品牌和市场规模效益。

这里蔬菜基地采取"大园区+小业主"的模式，全村共有 500 多农户，自己经营菜地。其中，绝大多数种植劳动者为 50 岁以上的人员，一般种植规模为 2~3 亩。中间商贩直接在菜地边与农户协商订购并将蔬菜拉走。采用非常简单的季节性竹竿塑料大棚种植（每个棚 4~5 分地）或陆地种植，为的是保证在种菜的间歇，每年还可以种植一季水稻。这种经营模式最大的优势是，由于风险分散而具有较强的承担市场风险能力；而"大园区+大业主"经营模式，可能因为一两年的失败而难以恢复。

目前，"大园区+小业主"的农业经营模式在成都平原具有一定的生命力，关键点就是以家庭为基本生产经营单位的业主分散了市场风险；同时，政府提供基础设施和市场体系建设，通过品牌实现了小业主与大市场的连接和获得可持续的回报率。由此得到的启示是，农业经营获得平均回报的关键是与现代要素的连接，在于产品价值的实现途径，而不一定依赖于土地的规模化经营。

2011 年，村庄已经被规划将通过土地整理后实现集中居住，土地整理后不允许在原地盖房。目前一般农户宅基地为 1~1.5 亩（666~999 平方米），集中居住后每人占地面积为 35 平方米，每户平均可以腾出1亩，即宅基地还耕的面积就是增加的建设用地指标。按2011年标准每人获得建房补助1.5万元，绝大多数老百姓对集中居住可以接受，只是认为种植蔬菜所用农具较多，需要有专门的生产用房。另外，老百姓也在担忧，曾经在本村完成的一个土地整理项目存在质量差、后续管护和保修难的问题。

在柳江村已经执行耕地保护补偿制度，基本农田每年每亩补偿400元、一般农田每年每亩补偿300元。自2010年，该村得到28万元的公共服务经费，但提出的条件是，村干部要让全村各家各户都知晓，并且完成全村每户的征求意愿表，让各家各户对此笔资金用到什么地方发表意见和进行监督，这项工作使得村干部很头疼。该村干部目前还面临另外一个难题：成都第二绕城高速经过柳江村，占地300亩，每亩补偿29920元。目前阶段，征用农民土地的补偿标准与农民的预期相差甚远，使得征地工作难度很大。表现为以下三点：第一，在产权永久不变后，土地的目的是传宗接代，农民不愿放弃土地使用权。第二，2010年本村一亩基本农田每年蔬菜收入为1万元左右，还可以种植一季水稻，能够满足口粮。第三，从老百姓和村干部的角度看，"基本农田"是随着规划而不断地调整的，可以调整为"一般农田"，也可以变成"建设用地"政策的随意性，使村干部很难说服农民支持国家的政策。

第五节 启示

一 耕地保护政策肩负着地方城乡统筹的使命

成都地方政府耕地保护的政策和行动与土地产权制度相联系，即耕地保护是列入地方经济发展的宏观政策中，服务于地方中心工作的目标，而不是耕地本身的维护和种植粮食的内容。在以农村集体土地产权制度改革为中心环节的城乡统筹中，通过农村土地与城市资金的配置，即耕地的资产属性与现代金融要素有效结合，实现以城市化为推动力的地方经济发展，并关注农村土地使用者的财产收入。

二 耕地保护基金制度补充耕地资产性收益

成都地区农用地超过1300万亩，农田为647万亩。其中，基本农田600万亩，即50%以上的农用地已经不是农田。粮食产量在20世纪90年代达到400万斤，21世纪初为300万斤，近几年基本在270万斤左右。目前对粮食产量是刚性要求：必须稳定在当前的水平。

目前成都的"耕地保护基金"，是对维持农业用途的耕地一律给予补偿。耕地种植的品种可以是粮食、经济作物、蔬菜、林果业等，种植方式可以是大田或者是设施农业，以支付社会保障资金的方式补贴给土地经营权的所有者（即农户），即补偿是跟着土地的权利走，而与土地经营者（业主）没有直接关系，即便土地已经出租给业主经营，获得补贴的仍是原来的农民。

从政府的角度，耕地保护基金的作用是通过保护耕地所有者的公平（而非保护耕地经营者的公平），保护耕地的农业用途和缩小城乡收入差距；从农户的角度，耕地保护基金的功能是降低了业主租赁土地的成本，换句话说，只要业主的租金（分红）提高，就用不着国家拿钱补助，所以，这样的做法本质上还是补贴了业主。

成都耕地保护基金的发放是以确权为基础的，是耕地的资产属性所获得收入的补充，而非其农业生产资源属性的补偿，使耕地所有者不用从事农业生产就可以获得资产性收入，这与一般意义上的农业补贴政策有差异。农业政策补贴的出发点是，农业比较收益低于社会平均收益，进而鼓励耕地的农业生产用途和农业经营者从市场上获得可以持续发展的回报。简单地说，两者的差异是资产性收入的补充和资源性生产成本的补偿。从这里可以看到，这样的补偿不具有农业生产环节的含义，不是对农业经营者的补偿，而是财产性收入的补充，是在确权基础上使耕地所有者直接获得财产性收入。那么，接下来是两个问题。

第一，为什么成都市政府要承担这样的支出呢？现阶段，农户耕地在完成确权的同时，耕地的使用权发生了转移，即农户已经不再是耕地的经营者，农户耕地就业的机会和维持基本生活保障的功能丧失了。新的耕地经营者需要承担相应的责任，保证农户从放弃的耕地使用权中得到不降低生活水平和稳定性的补偿，这样新的经营者需要通过以租金或分红的方式补偿从耕地获得的收入，政府则承担着稳定农户基本生活保障的功能，为此，政府采取以耕地保护基金名义获取基本社会保障的做法。

第二，为什么成都市的财政资金能够承担得起这样的支出呢？这由目前的土地制度和征地制度决定。从农村征用的土地的成本与成为国有土地出让获得的收入之间，存在巨大的超额利润。但这样的过程能够持续多久？这决定着成都对耕地资产收入提供补充的生命力；而土地出让是否可以获得超额收益，是开展这样资产性收入补充的条件，这决定着在广大的农村并不具备可复制性。

稳定和持续地获得一定数量的耕地指标，并且这些耕地指标可以进入交易环节而稳定地获得收入，是成都耕地保护基金得以持续和村集体经济补贴得以持续的财政制度保障。

三 土地经营规模不是耕地可持续利用的重要影响因素

从调查的袁山社区和柳江村的土地经营方式看，袁山社区实现了集中居住和规模化种植青花椒的产业经营，但并未从市场上获得良好的回报，暴露出规模化经营难以应对市场风险的弱点；而柳江村"大园区+小业主"的农户家庭经营，从土地上得到了很好的经济收入，并且每年还可以种植水稻，增强了农户生产经营的稳定性。

基于这样的现实，自 2010 年开始成都市政府已经从城乡统筹初期提出的"土地规模经营"改为"土地适度规模经营"。

第十一章　贫困地区发展中耕地资源可持续利用

——四川旺苍的调查

旺苍县位于四川盆地北缘，米苍山南麓，隶属广元市。土地面积2976平方公里，2009年底森林面积137354公顷，占土地面积的46.11%；耕地面积18558公顷，占土地面积的6.23%；总人口46.48万人口，农业人口35.78万人，城市化率为30%。

2009年全县生产总值40.28亿元。其中，第一产业增加值11.08亿元，第二产业增加值16.36亿元，第三产业增加值12.83亿元；城市居民可支配收入11567元，农民人均纯收入3457元，财政总收入24497万元，是国家级贫困县和"5·12"地震的灾区县。

第一节　耕地资源及其利用

一　耕地面积的数据

1992年土地详查"一调"数据显示，旺苍县耕地面积92万亩，基本农田保护面积85万亩；2009年"二调"数据显示，耕地面积66.6万亩，基本农田保护面积58.95万亩。根据《旺苍统计年鉴2010》的数据,到 2009 年底耕地面积为 27.84 万亩。其中,水田 11.06 万亩,旱地 16.78 万亩。该县农业部门(统计年鉴)数据常年为 28 万亩左右。

如此大的数据差异,使得旺苍的耕地资源成为一个难以界定的概念。数据差距的原因在于:农业部门的耕地来自产量估算的数据,低估了耕地面积;国土部门的数据则基于遥感判读数据,旺苍县北山的面积为全县的 2/3,耕地面积也占全县的 2/3,绝大多数为坡耕地,25 度左右的坡耕地也不在少数。但这些山坡上的耕地,实际上多数已经种植经济林或改为其他用途,不适宜耕作,所以存在高估耕地面积的现象。

二 农业生产与耕地利用

(一)播种面积

2009 年耕地面积 27.84 万亩,农作物播种面积 79.68 万亩,复种指数为 2.86。当地农户种植模式为:旱地种植小麦 - 玉米;水田种植稻谷 - 油料作物(油菜)。

旺苍县水田面积 11.06 万亩,常年水稻播种面积 11.06 万亩(当地水稻种植一季,即水田 100% 耕种),油料作物播种面积 8.90 万亩,复种指数为 1.80。

除了水稻和油料作物之外,如果农作物全部种植在 16.78 万亩的旱地上,农作物播种面积达到 55.73 万亩,复种指数达到 3.56。这显然是不够合理的,问题就出在耕地面积的数据上。

实际上,旱地主要种植小麦、玉米作物,这两者播种面积为 25.57 万亩,以全部旱地 16.78 万亩作为分母,则旱地的复种指数为 1.52。这意味着其他作物播种的耕地面积没有统计在农业部门的耕地面积中,这部分播种面积达到 34.17 万亩,主要种植作物为豆类、薯类、药材、蔬菜、青饲料等。因此,出现了农业部门与国土部门耕地面积数据的差异。

（二）粮食产量

2009年，旺苍县粮食总产量为178696吨，粮食作物亩产335公斤。其中，稻谷总产量61038吨，亩产553公斤；小麦总产量61038吨，亩产379公斤；玉米总产量41396吨，亩产306公斤；油料作物总产量13096吨，亩产147公斤。若按统计数据，耕地面积亩均粮食产量为642公斤。

（三）提高耕地生产力

对于农业在经济社会发展仍占重要地位的旺苍县，农业基础设施建设和提高耕地生产力是当地耕地可持续利用中的首要问题，包括坡耕地改造、建设高标准农田，扩大灌溉水源，提高土壤肥力。这不仅仅是经济问题，也是关系到农民生活和社会稳定的问题。旺苍是四川88个产粮大县之一，也可以为我国新增1000亿斤粮食计划做出贡献。

经济增长中的耕地保护问题，从农业部门看更需要注重耕地质量。测土配方施肥是提高耕地质量的举措之一，旺苍县从2008年启动这项工作，到2011年已经覆盖全县所有耕地。这项工作包括以下内容：①全县取样4000个，建立耕地地力评价系统；②进行田间试验；③发放农户配方施肥卡；④引进一个企业建立生产配方肥，建立销售网点。

（四）农业经营方式与耕地保护

以农户为基本生产经营单位的种植方式是旺苍农业生产的主导模式，这样的制度安排与当地深丘和山区的资源环境条件相匹配；分散的生产方式可以实现标准化、品牌化和规模化。针对本地的特点，耕地保护需要的政策是：给予耕作农户补贴和支持，可以采取普惠制与示范带头相结合的方式。

三 土地管理政策与耕地保护

作为城市化和工业化进程相对缓慢的国家级贫困县，在2008年

"5·12"地震前,全县每年15~20公顷建设用地指标,基本能够满足当地经济发展的土地需求,不存在建设用地占用耕地的现象。该县曾经在4个村实施过国家土地整理项目,新增耕地4000亩;这些新增的建设用地指标全部被借出用于四川的发达地区了。

"5·12"地震后,为完成灾后重建任务,旺苍县一次性从省国土部门获得750公顷建设用地指标,需要3年内用完(2011年7月到期)。250公顷的农房建设指标,2010年底基本用完;250公顷的工业用地指标和250公顷的基础设施建设用地指标,后两项建设用地指标均未用完。从2011年8月起,每年仍将执行原来的每年15~20公顷建设用地指标,对于经济刚刚起步的旺苍县,建设用地指标压力陡然增大,而被发达地区借走的土地指标存在偿还的途径吗?

2009年旺苍县开始实行建设用地城乡挂钩政策,但这需要财政出资,在经济欠发达的旺苍县不存在实行建设用地招、拍、挂的可能性。实际上,问题出在全国只执行一个统一的土地政策,不能完全适合贫困地区的现实。目前迫切需要解决的问题是,支持老百姓发展生产和改善生活,包括高山移民,退耕还林,发展经济林、药材、茶叶等适合山区的产业,以及保护当地生态环境的政策。在这个过程中需要进行农业产业结构调整,在旺苍县的山区不可能实现保住国土部门的基本农田数量,即来自国土部门的基本农田数据需要调整。

四 一个传统农区村庄的耕地利用——张华镇友坝村

友坝村全村237户、717人,分为7个社。自2008年"5·12"地震到2010年底,全村减少20多户,因为在城镇买了房,不回村居住了。全村面积为573.8公顷(约8607亩)。其中,水田480亩,旱地90亩,地震后重建中增加耕地12亩(来自重建中老宅基地的复耕);林地2871亩,园地55亩,水面8亩,荒地320亩,宅基地约240亩(每户1亩左右)。

当地农户一年种植两季：小麦－玉米－红苕，小麦、玉米产量均为150公斤/亩；水稻－油菜，稻谷产量300公斤/亩，油菜产量150公斤/亩。根据当地农民估计，每亩田种粮纯收入300元左右，每亩地的纯收入400元左右。近10年来，该村耕地基本没有变化（只是地震后重建中老宅基地复耕增加12亩），粮食产量也基本稳定。

老百姓种粮主要是为了满足口粮。现在土壤板结很严重，该村从7～8年前开始就不使用农家肥了，现在全村只有4头耕牛。全村普遍实行秸秆还田，大约35%的秸秆还了田，其余部分作为燃料。当地一种小型农机具作用很好（一种人工旋耕机），全村60%的农户拥有这种机械，购置价格为7000元，个人支付3500元，国家补贴另外的50%。现在遇到的问题是：过去柴油每升3.2元，现在每升7.3元；当地人工费用为70～80元/天。

在过去的2～3年时间里，麻雀、野鸡、野猪很多，对庄稼影响很大。为了驱赶麻雀对油菜的破坏，村民们要用驱除剂，每亩油菜要多投入100元；由于野猪对玉米破坏很大，近两年村民已经不再种植玉米了。村民强烈要求国家出台相应的政策，保护农民的庄稼安全，村民最现实的要求是给他们配备气枪，或者由政府聘用拥有气枪的专门工作人员。

该村农户从2008年开始，已经办理了林权证、土地使用权证、房屋证。2010年流转耕地150亩，2011年1～4月流转耕地30亩，涉及40户左右，流转的程序是流转双方跟村干部或小组长说一下就可以了。该村有3户种地大户，每户种植面积为10～15亩，其特点是家庭劳动力年长、家里有机械、地边有水塘。该村土地流转中流出户不收取费用，粮食直补由土地流出户得到，这相当于土地流转中流出户得到了一定补助；因为该村种地的收入微薄；如果土地位置不好，则没有人代种。

"5·12"地震后，允许农户在自家耕地建房，全村有66户重新修了房子，20户自己在外（主要是县城）买房。全村劳动力430人，常年外出劳动力247人，过年不回家的占20%，40%的家庭已经到县城或乡镇买了房子。全村在劳动力年龄内务农人数为10~20人，村里这几年普遍存在办喜事和丧事时缺乏劳动力的现象，而且这种情况越来越严重。目前，村干部思考这样的问题：在友坝这样的山区，年轻人不回来种地，今后山区怎么经营？10年后没有多少问题，20年后就不好说了。土地收益低是根本问题，山区的粮食主要是自供自足，政策应引导集约化管理，谁来解决市场、技术服务、组织形式的问题？

第二节　城乡统筹试点与耕地利用

一　起源和进程

旺苍县于2007年底提出"城乡统筹"，由于2008年"5·12"地震被搁置，2010年真正提上议事日程。2010年启动3个试点村，2011年又启动19个试点村，即已经确定22个试点村，出台专项规划和专项改革方案，列入广元统筹试验区。

旺苍县成立"城乡统筹"领导小组，县委书记为组长，县长为常务副组长兼统筹办公室主任，发改局局长、财政局局长、人事局局长为副主任，各乡镇和各部门成立相应机构。建立县领导联系试点村的制度，县政协主席、人大主席均挂名联系试点村。在试点村，进行基础设施建设的整合、项目的整合，建立城乡统筹的联动机制，目前开展以下专项工作。

第一，土地流转改革。县成立土地承包经营权流转中心，35个乡镇有工作站。在杜仲基地建设中，采取租用的办法。

第二，完善林权制度改革。全县办证工作已经完成，完成1笔林权抵押贷款，由省农业银行批准，贷款额度为1.5亿元。林权抵押贷款的难点是缺乏相应的中介评估机构。

第三，农村建房模式的探索。目前旺苍是通过重点工程而实现，包括工业园区、高速公路、生态移民。广巴高速公路集中安置点42个、灾后重建集中安置点65个、工业园区集中安置点10个，共涉及1.5万人。

第四，推进新农村建设。全县建成90个生态小康新村（每个乡镇都有），完成2.6万农户建房。

第五，脱贫工程。修农村公路1472公里，安全饮水936处，农村沼气4.1万口，农房维修6.39万户，劳务输出2.56万人。

二 嘉川镇和平村试点

（一）嘉川镇基本情况

全镇人口5.4万人，农业人口2.8万人。该镇是全县经济大镇、工业大镇、工业强镇，交通便利，2010年财税收入1.2亿元，工业产值达30亿元。同时，也是矛盾大镇和污染大镇，在大量拆迁中遇到很多问题，特别是政府的政策不能覆盖实践中遇到的情况。全县5个工业园区中的3个在嘉川，嘉川工业园区面积大约为6平方公里。

地震以来，全镇征地3500亩。其中，和平村征地2000亩，涉及500户。2009年每亩耕地补贴3万~3.5万元，2010年每亩耕地补贴超过4万元。其中，企业承担3万~3.5万元，其余为县财政补贴。目前土地出让方式全部为划拨，作为县招商引资项目。进驻的工业企业全部为环境污染严重的产业转移项目，污染治理任务很重。

（二）城乡统筹试点的和平村

嘉川镇城乡统筹试点村为和平村，面积4.5平方公里，辖8个社，共668户2132人。全村6400亩农用地。其中，种粮耕地700

亩，林地3600亩。

和平村位于煤化工工业园区基地。地震后引入攀枝花钢铁公司的20万吨焦化项目（投资9.7亿元），以及下游企业4家（分别是合成化工、沥青、甲醇和液态天然气加气站），本园区规划面积1500亩，其中焦化厂占地800亩。由工业带动了第三产业，拉动了消费。村庄成立了劳动服务公司，就地安置、就地就业。

在目前全村的人口结构中，70%为农民，30%为居民（失地农民占30%）；大多数家庭失去部分土地，这样家庭有两个户口簿，部分家庭成员仍为农民，部分家庭成员为居民。

嘉川镇及和平村，尽管是本县自然条件和经济发展很好的乡镇和村庄，但这里仍然基础设施落后，老百姓缺乏就业机会和基本社会保障。在这样的背景下，地方政府面对所谓的城乡统筹试点，本质上贫困地区的农村发展内容包括以下方面。

第一，迫切需要加强基础设施建设。

第二，推动产业发展，以保证老百姓有稳定性的收入。当地居民产业发展的形象说法是"头戴绿帽子（林业），腰缠钱袋子（工业），脚踏粮凳子（种植业）"。这里的农户并没有放弃种植业生产，因为这里的耕地是该县的优质农田。

第三，制度建设，如农村户口和城市户口低保政策、养老政策、医疗政策的巨大反差以及外来人口如何安家？涉及跨区域的政策。

第四，村庄公共服务。目前和平村集中居住小区垃圾管理借鉴的是"户堆放、村收集、镇转运、县处理"模式。但是，在"村收集"这一环节遇到了困难，因为村里没有钱雇用专门的人员承担这项工作。

第五，政府业绩与老百姓利益。政府的业绩指标考核成为城乡统筹的驱动力，而不涉及老百姓的经济利益。现在的情况是：政府着急，而老百姓无所谓。

三 白水镇卢家坝村

（一）卢家坝村的耕地利用

全村面积为14平方公里，辖10个村民小组，共755户、2253人。全村耕地1607亩，林地13420亩，其他农用地510亩，建设用地1058亩，未利用地1142亩，撂荒地600亩。该村的撂荒地涉及几百户，全部为路途遥远、耕种不方便、立地条件差、野猪出没、收益低山坡地，已经撂荒5年以上，有些耕地已经开始长出树木。这些撂荒地的农户仍可得到粮食直补。土地流转户40多户。

近10年来，耕地呈现减少趋势，其原因是：撂荒、建设占地、集中建房、洪水冲毁。该村最后一次调整土地是1998年，目前基本已经接受耕地承包使用权永久不变，即生不增、死不减。全村粮食单产稳定，水田一直是100%种植，单产1200斤/亩，感觉上是耕地质量越来越好，每亩水田净收入600元。本地两分水田可以满足一个人的口粮，全村一半的家庭口粮自给自足，另外一半的家庭需要购买粮食。

（二）新农村建设与集中居住小区

全村新农村建设集中在基础设施上，包括修建村社道路17.8公里，已经硬化9.8公里，准备再新修2公里。辖区内有县里建的供水站，集中供水620户，占全村户数的80%。生活能源是煤、柴和液化气，单纯用液化气作为能源的户数占总数的10%，2011年该村通天然气。

村民集中居住的起源是建设四川广旺卢家坝水泥厂。该厂为国有企业，年产水泥110万吨。这是一个2005年县里的招商引资项目，2005年5月开始征地，共涉及拆房户219户。水泥厂建设一度搁置，最终于2008年"5·12"地震后开工，2009年建成投产。水泥厂共占地520亩，其中315亩为村庄土地，其余为在原址的中央钞票厂土地[①]。根据介绍，该村征地的补偿按照国家最高标准执行[②]，为3.6万~4.71万元。为了安置拆迁户，集中建设了卢家坝住宅小区，采取统一规划、自己建房的方式，占地58亩，其中36亩为新征地，其余22亩为原印钞厂土地。

在集中小区住房安置过程中，住房的占地面积分为两种标准：3人及3人以下户占地90平方米、4人及4人以上户占地120平方米，可以修建两层或三层楼房。房屋土地的获得分为三种情况：被占用宅基地和拆迁住房的村民，用原来的宅基地置换，采取差额补偿的方式（例如如果原宅基地200平方米，现在住房占地120平方米，对相差的80平方米按照征地标准的一半补偿）；对厂房内的购房户，按40元/平方米购置土地；对厂房内的暂住户，按60元/平方米购置土地。2009年建房成本600元左右，建房户中的90%得到了土地或住房补贴；同时，政府帮助协调信用社小额贷款，每户贷款额度3万元，贷款户占建房户的60%左右。

该村工业发达，有1个水泥厂、3个煤矿、1个煤炭的洗选厂。借助便利的交通和工矿业的优势，交通运输业发达。劳动力外出打工者很少，本地就业达450人以上。其中，水泥厂就业160人左右，有两个煤矿就业各70多人，有一个煤矿就业40人，洗选厂就业10人，从事汽车运输100人以上。2010年上报农民人均纯收入3850元，根据村干部估计实际人均收入6800元。

（三）城乡统筹试点的进展

卢家坝村为旺苍县统筹城乡试点，开始于2007年7月，起因是四川省确定自贡、德阳、广元为2007年启动的城乡统筹试点地区，

[①] 该印钞厂为国有土地，已经于1993年搬迁到成都，该厂房一直闲置，已经住着一些本村在山上的村民，这些村民在本社内仍有住房和耕地，但为了居住、就业或孩子上学方便，在原厂房内占用了房子居住。在这些厂房已经有部分被出售，所以，在这里居住的村民又可分为暂住户和购房户。

[②] 征地前3年耕地平均产值的16~28.45倍。该村每亩耕地产值1600元。

其中广元试点为欠发达地区的代表,旺苍县则作为广元市工作的一部分而启动。2008年刚刚起步,便遇到了"5·12"地震,工作重新开启是2010年10月。

卢家坝村为工业园区试点村,具体行动包括:第一,利用灾后重建的机遇,集全县之力,建村委会办公室,修村道和社道,搞安全饮水,改变村庄面貌。第二,协调农村信用社给农户提供建房贷款。第三,围绕工业园区,组建运输公司(有100多辆运输车)、劳务公司(有计划地进行培训)。第四,制订户籍制度改革实施方案,该村有60%的村民愿意参与改革,形成城乡二元户口结构,部分农民成为居民。第五,村庄改为社区,改变村级治理结构。第六,进行农村产权确权登记(林权、土地承包权、房屋权),当地邮政储蓄银行小额贷款中心开展农村产业抵押贷款业务。

目前遇到的困难如下:第一,户籍改革后缺乏相应的配套政策,即国家仍是二元户籍制度背景下而遇到的一些问题,如居民的迁移、计划生育、低保、医疗等。第二,新农保在贫困地区的城乡统筹中没有资金来源,需要建立贫困地区的农村养老基金补贴。第三,贫困地区城乡统筹中缺乏项目的支持。第四,林权抵押(农村产权)贷款缺乏中介评估机构。第五,城乡建设用地指标挂钩政策,指标可上市交易卖钱,旺苍作为贫困地区的建设用地指标被借走了,得不到钱。

四 高阳镇温泉村

与前两个村庄不同,温泉村位于旺苍县北部山区,北山人口为全县人口的1/3,其中有10万人口为贫困人口,这里仍然要靠当地的自然资源发展,坡耕地治理对于当地老百姓脱贫和粮食安全具有重要作用。同时,北山是川北重要的生态功能区,是本县的扶贫开发重点区。

温泉村全村152户、527人,共6个社;面积达8.6平方公里,耕地580亩，茶园2000亩，林地3万亩。该村距离县城20公里。

2010年纳入全县3个统筹城乡试点村，到2011年4月，全村修水泥路1.5公里，解决了两社（28户）的安全饮水，正在建设一社（37户）的集中安置点，建造成本730元/平方米，采用统一建造、各户付钱的方式。安置点分为两种户型：大户型占地120平方米、建筑面积240平方米，为二层三开间；小户型占地90平方米、建筑面积180平方米，为二层二开间。根据农户自己的选择建造。另外，计划改造老茶园950亩，其中标准化茶园300亩。

2009年征用耕地65亩，每亩补偿2.7万元。涉及37户搬迁，宅基地和房屋补贴一般为10万元左右。由于征用土地，解决了65人的养老保险和40人的失业保险。征用耕地用于当地的温泉旅游开发。2010年林地流转9000亩，为广元红林开发公司承包，期限30年，一次性支付承包费用每亩80元（30年），当地老百姓可以继续砍柴。

温泉村这样的山区贫困村仍面临很多发展中的问题，如基础设施不足，农户生活中的饮水、道路等问题没有完全解决，仍采取传统的农业生产方式，不具备集中居住的可能性。尽管旺苍县将其作为城乡统筹试点村，也只是希望能利用这里的土地进行生态旅游开发。

第三节　启示

一　贫困山区基本农田保护需要技术政策支持

由于旺苍地处秦巴山区，近20年来自国土部门以"土地详查"为依据的基本农田数据与来自农业部门以"粮食产量"为依据的耕地数据之间存在巨大的差异，致使国土部门的基本农田保护失去现实意义。为此，在统一的宏观耕地保护政策下，需要针对山区陡坡土地面积大、生态与耕地保护任务相互交织的特征，通过制定具有可操作性的技术政策，采取与平原和农区有差异的耕地保护措施。在基本农田保护政策中，坡耕地治理的重要作用不容忽视，应注重山区的生态保护。

二　贫困地区城乡统筹的尴尬

在经济发达地区实现城乡统筹的进程中，应以土地产权改革为中心环节，通过实现农村与城市土地的"同价"，至少在短期内可以支撑起农村人口的医疗、养老、就业等相互配合的政策改革内容。但是，这样的土地政策不可能为贫困地区提供资金支持，地方财力没有能力推动相应的配套改革。

旺苍经济发展处于工业化的初中级阶段，城乡和体制二元结构明显，开展统筹城乡工作难度较大。如何在贫困地区开展统筹城乡综合配套改革试点工作，是一个值得探讨的课题。到目前为止，在旺苍的工业化进程中，土地发挥的作用主要在于以低价格招商引资，集中在资源转化项目上，土地资本价值的实现尚未起步。这里的城乡统筹被赋予了推进工业化、新农村建设和扶贫开发的使命；实际上，在贫困地区开展城乡统筹试点，是当地政府的一种选择，需要谨慎行动。

第十二章 粮食主产区耕地资源的可持续利用

——黑龙江宾县的调查

2011年10月23～27日，课题组成员一行两人前往黑龙江省宾县，就耕地可持续利用问题进行实地调研。调研采用座谈与实地考察相结合的方式。24日上午，在县农委会议室组织召开了县农委农技推广站、农委经管站、国土局、水务局、环保局等部门参加的座谈会，讨论了宾县耕地可持续利用问题，并收集了相关资料。根据调研要求，选择了两个乡镇：一个是工业化、城镇化的典型乡镇和村庄——宾西镇西川村，另一个是农业生产的典型乡镇和村庄——满井镇江南村。数据来源主要包括宾县统计局提供的统计年鉴、国土资源局提供的数据资料以及农委经管站提供的数据资料。由于口径不统一，在数据分析中前后可能存在某些不一致的地方。

第一节 经济发展

一 概况

宾县位于黑龙江省南部，地处松花江南岸，隶属哈尔滨市，县城宾州镇距哈尔滨市54公里。全县面积3844.7平方公里，自然概貌为"五山半水四分半田"，地势为南高北低，南部山区呈条状沿东南县境延伸，东部为丘陵地带，北部沿江为河谷平原区。按照地形而言，山地面积占37.2%，丘陵区占32.4%，河谷平原区占30.4%。

全县耕地面积16.74万公顷；森林面积11.24万公顷，森林覆盖率为29.2%；草地面积为0.62万公顷。

全县行政区划为5乡12镇，143个行政村、1616个自然屯，21.34万户。总人口为62.9万人，其中农业人口为51.9万人。

宾县是全国产粮百强县、大豆振兴计划示范县、烤烟生产重点县，是黑龙江省肉牛生产基地县、地产果生产基地县。

二 经济发展状况

（一）GDP变化情况

2010年宾县生产总值实现151.2亿元。其中，第一产业增加值32.8亿元，对经济增长的贡献率为14.8%；第二产业增加值52.5亿元，对经济增长的贡献率为49.1%；第三产业增加值65.9亿元，对经济增长的贡献率为36.1%。

2010年农、林、牧、渔业总产值53.51亿元。其中，农业产值19.57亿元，林业产值1.65亿元，畜牧业产值31.73亿元，渔业产值0.22亿元，农、林、牧、渔服务业产值0.34亿元。

"十五"期间，地区生产总值从2001年的36.20亿元增加到2005年的66.85亿元，增加了30.65亿元，增长了84.67%；"十一五"期间地区生产总值从2006年的78.93亿元增加到2010年的140.21亿元，增加了61.28亿元，增长了77.64%。

图12-1是宾县三次产业产值的变化情况。从中可以看出，2005年以前，三次产业产值基本上呈现"三足鼎立"的局面。从2006年开始，三次产业产值逐渐拉开，到了2007年，第三产业产值已经超

过了第一产业、第二产业,达到了35亿元左右。第一产业产值平稳增加,第二产业、第三产业产值增加幅度较大。

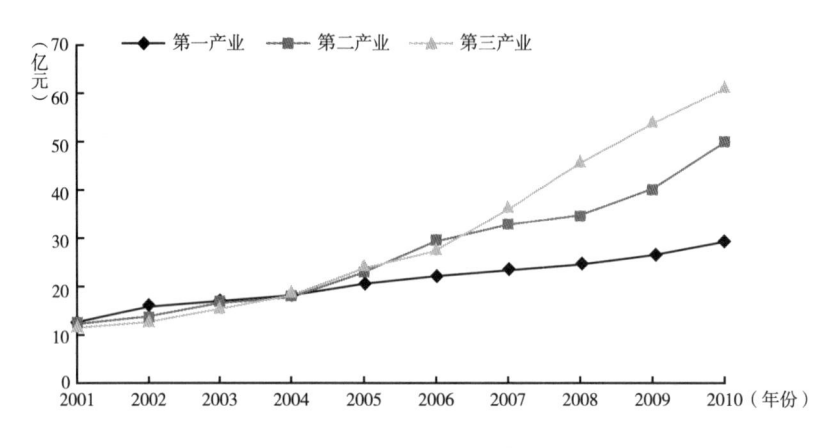

图 12-1 宾县三次产业产值发展趋势

2001~2010年地区生产总值的发展速度波动性很大,2008年、2009年发展速度较快,分别为19.8%、18.1%。"十五"期间宾县地区生产总值的发展速度平均为11.5%,"十一五"期间地区生产总值的发展速度平均为16.0%,比"十五"期间增加了4.5个百分点。第一产业、第二产业、第三产业产值的发展速度也具有波动性特点(见图12-2)。

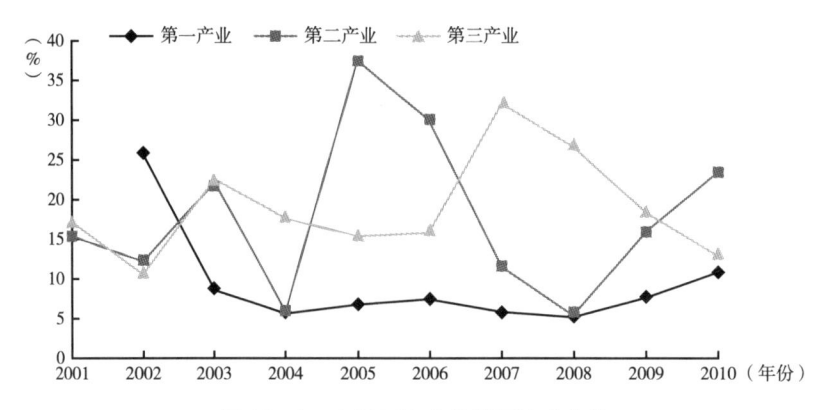

图 12-2 宾县三次产业发展速度变化

（二）产业结构变化情况

大量实证研究表明，产业结构变动遵循一定的规律。一般情况下，随着经济的发展和人均收入水平的提高，劳动力、资本在三次产业间的分布会发生规律性的变化。由于产业间产品附加价值的差异以及由此带来的相对收入差异，劳动力首先从第一产业向第二产业转移。当人均收入水平进一步提高时，劳动力又向第三产业转移。社会资本分布的重心也逐步从第一产业向第二、第三产业转移。宾县三次产业的发展特点也符合这一规律。

宾县地区生产总值构成变化表现出一个明显的特征，就是第一产业、第二产业比重呈现下降的态势，第三产业比重呈现上升的态势。2001年，第一产业产值比重为34.9%，高于第二产业产值比重（33.2%）和第三产业产值比重（31.9%）。2004年，第一产业、第二产业、第三产业呈现"均衡态势"，其产值比重分别为33.6%、32.6%、33.8%；到2010年，第三产业产值比重达到43.6%，高于第一产业产值比重（21.7%）和第二产业产值比重（34.7%）（见图12-3）。

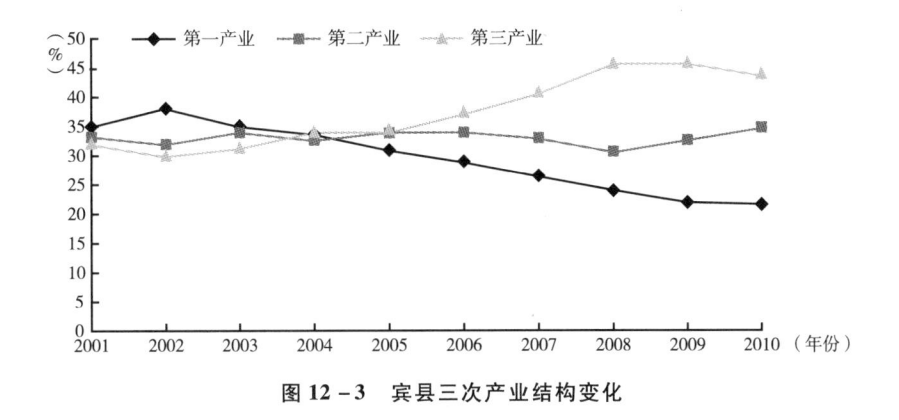

图12-3 宾县三次产业结构变化

宾县人均GDP增长较快，从2001年的6024元/人增加到2010年的24030元/人，增加了18006元/人，增长了2.99倍（见图12-4）。

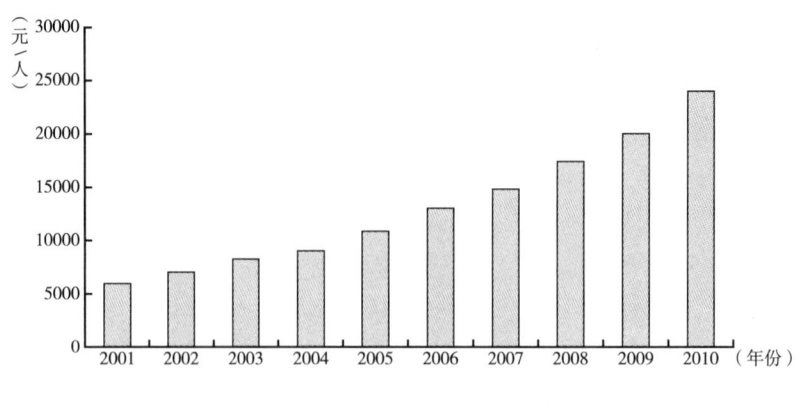

图 12-4　宾县人均 GDP 变化情况

三　城乡居民收入变化

（一）农民人均纯收入变化

图 12-5 是宾县农民人均纯收入变化情况。由此可以看出，农民人均纯收入表现出持续增长的态势，从 2001 年的 2040 元，增加到 2010 年的 7816 元，增加了 5776 元，增长了 2.83 倍。

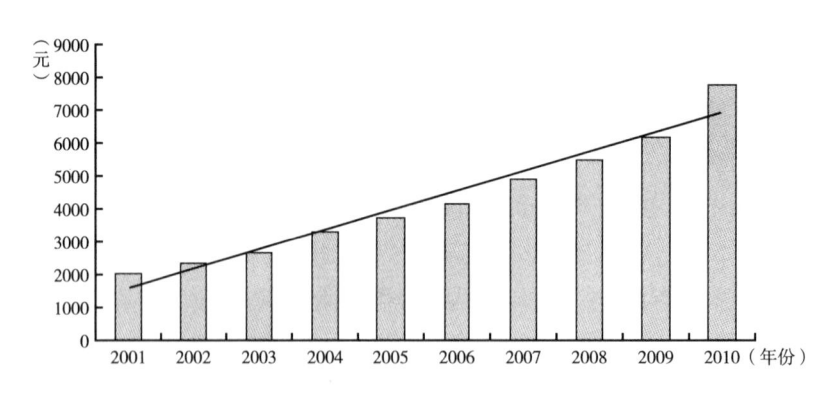

图 12-5　宾县农民人均纯收入变化

各乡镇农民人均纯收入差距也比较大。2010 年，农民人均纯收入低于全县 7812 元平均水平的有 4 个乡镇：平坊镇、民和乡、永和乡和宾安镇。平坊镇农民人均纯收入最低，为 5007 元。农民人均纯收入超过 8000 元的有 3 个镇：宾西镇、常安镇、居仁镇。居仁镇农民人均纯收入最高，为 8136 元（见图 12-6）。

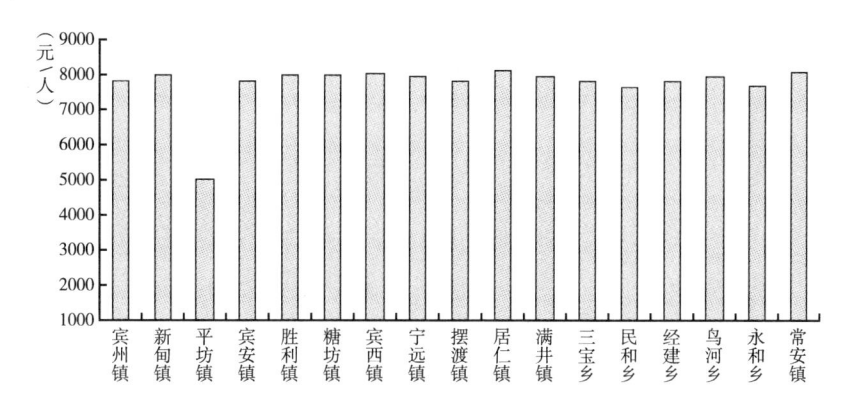

图 12-6　宾县各乡镇农民人均纯收入比较

（二）城镇居民人均可支配收入

图 12-7 是宾县城镇居民人均可支配收入变化情况。由此可以看出，宾县城镇居民人均可支配收入从 2001 年的 4665 元，增加到 2010 年的 11311 元，增加了 6646 元，增长了 1.42 倍。

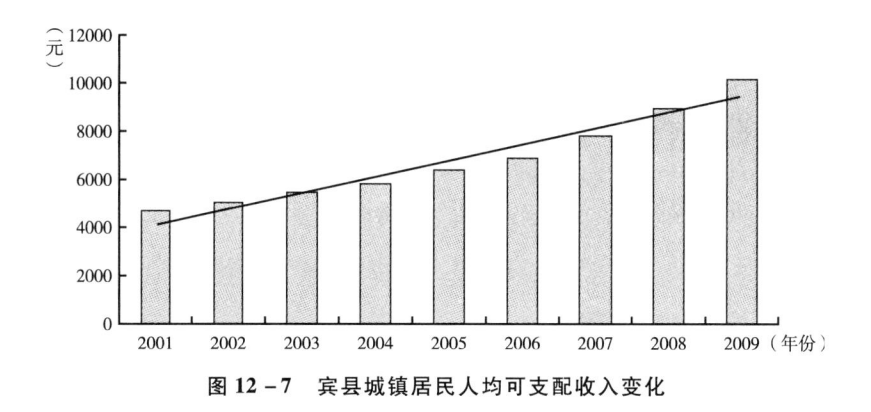

图 12-7　宾县城镇居民人均可支配收入变化

（三）城乡收入差距的变化

城乡收入比是衡量城乡收入差距的一个重要指标。早在 2005 年，国际劳工组织的数据显示，绝大多数国家的城乡人均收入比都小于

1.6，只有三个国家超过了 2，中国名列其中。而美、英等西方发达国家的城乡收入差距一般是 1.5 左右。到了 2010 年，根据中国社会科学院城市发展与环境研究所发布的《中国城市发展报告 No.4——聚焦民生》显示，我国城乡收入差距比为 3.23∶1，成为世界上城乡收入差距较大的国家之一。

城乡收入差距，与经济社会发展水平的阶段有关系。一个地区的发展，要经历城乡收入差距由低水平的均衡到收入扩大再到收入缩小这样一个过程，呈倒 U 形。这是一个规律，世界上每一个国家和地区都会出现这样的状况。

从表 12-1 可以看出，宾县城乡居民收入绝对差总体上呈现递增的态势，特别是到 2008 年突破了 3000 元，2009 年达到 3990 元。从城乡收入比来看，2001~2003 年，宾县城乡收入差距比超过了 2，但总体上呈现递减的态势，从 2001 年的 2.29∶1，下降到 2010 年的 1.45∶1。根据上述规律，可以判断，尽管宾县城乡收入差距比达到了发达国家城乡收入差距的均衡水平，但这是一种低水平的均衡。

表 12-1　宾县城乡居民收入差距变化情况

单位：元

年份	城镇居民可支配收入	农民人均纯收入	城乡收入绝对差	城乡收入比
2001	4665	2040	2625	2.29∶1
2002	5039	2355	2684	2.14∶1
2003	5449	2658	2791	2.05∶1
2004	5886	3299	2587	1.78∶1
2005	6365	3695	2670	1.72∶1
2006	6875	4138	2737	1.66∶1
2007	7841	4896	2945	1.60∶1
2008	8938	5500	3438	1.63∶1
2009	10190	6200	3990	1.64∶1
2010	11311	7816	3495	1.45∶1

资料来源：《宾县统计年鉴 2011》。

四 农业生产情况分析

(一) 种植业生产情况

从 2001 年到 2010 年，宾县农作物播种面积呈现逐年增加的态势。从 2001 年的 13.86 万公顷，增加到 2010 年的 17.20 万公顷，增加了 3.34 万公顷，增长了 24.10%。同期，主要粮食作物播种面积从 12.59 万公顷，增加到 16.43 万公顷，增加了 3.84 万公顷，增长了 30.50%；蔬菜种植面积有所萎缩，从 0.52 万公顷减少到 0.24 万公顷，减少了 0.28 万公顷，减少了 53.85%。

宾县主要粮食作物包括玉米、水稻、大豆，产量从 2001 年的 39.67 万吨，增加到 2010 年的 87.57 万吨，增加了 47.90 万吨，增长了 120.75%。由于蔬菜种植面积的萎缩，其产量也有所下降，从 6.99 万吨减少到 5.07 万吨，减少了 1.92 万吨，减少 27.47%（见图 12-8）。

表 12-2 是宾县不同时期年均主要粮食作物面积及产量的变化情况。从中可以看出，与"十五"期间相比，"十一五"期间水稻、玉米播种面积在增加，特别是玉米播种面积，从 5.15 万公顷增加到 9.73 万公顷，增加了 4.58 万公顷，增长了 88.93%。尽管玉米单产下降了 244 公斤/公顷，但总产量增加了 28.25 万吨；水稻单产增加了 2201 公斤/公顷，总产量增加了 2.63 万吨。大豆无论播种面积、单产，还是总产量，都所有下降，分别下降了 0.08 万公顷、339 公斤/公顷、1.6 万吨。

相对于玉米、大豆播种面积，宾县种植面积比较小。尽管全县水稻种植面积有所增加，但不同乡镇种植面积相差较大，而且两个时期变化也较大。在 17 个乡镇中，水稻种植面积减少的有 7 个，分别是宾西镇、宾州镇、平坊镇、糖坊镇、鸟河乡、永和乡、宁远镇，减少

(a)

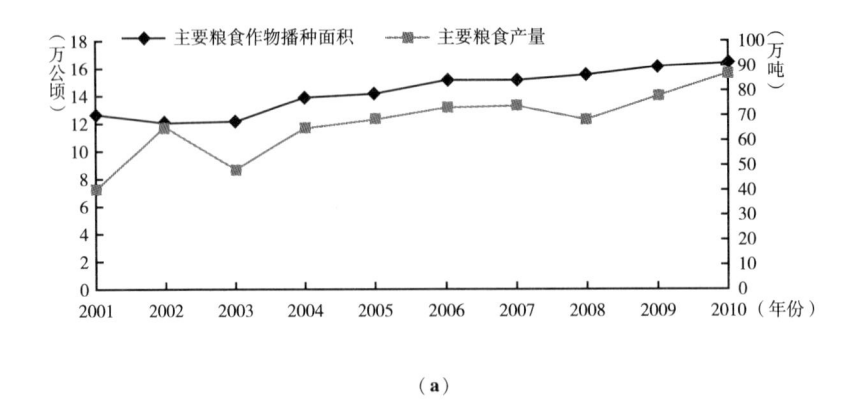

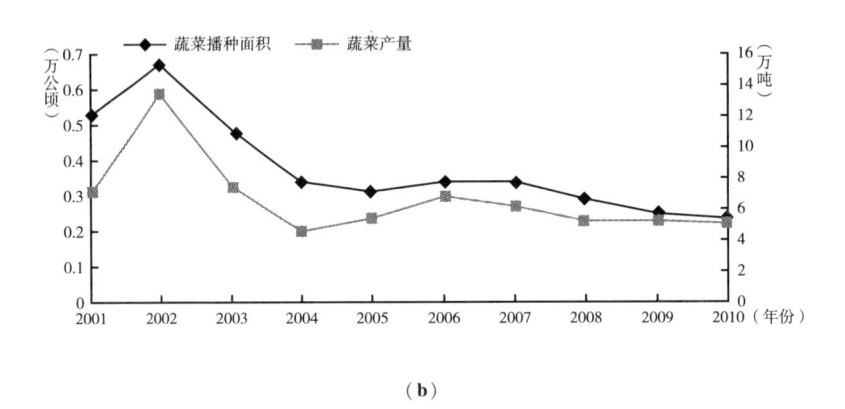

(b)

图 12－8 主要粮食作物、蔬菜面积及产量变化

注：(a) 主要粮食作物播种面积及产量；(b) 蔬菜播种面积及产量。

表 12－2 宾县主要粮食作物面积及产量变化情况

	"十五"期间			"十一五"期间			变化量		
	面积（万公顷）	单产（公斤/公顷）	总产（万吨）	面积（万公顷）	单产（公斤/公顷）	总产（万吨）	面积（万公顷）	单产（公斤/公顷）	总产（万吨）
水稻	0.64	6463	2.98	0.65	8664	5.61	0.01	2201	2.63
玉米	5.15	6490	32.35	9.73	6246	60.60	4.58	－244	28.25
大豆	4.88	1911	9.15	4.80	1572	7.55	－0.08	－339	－1.6

资料来源：2005 年、2011 年《宾县统计年鉴》。

幅度分别为 101 公顷、90 公顷、70 公顷、52 公顷、50 公顷、11 公顷、8 公顷。尽管永和乡、宁远镇水稻种植面积减少了，但由于其单产在增加，总量也有一定程度的增加。所有乡镇水稻单产都在增加（见表 12-3）。这些数据表明，各乡镇水稻种植面积还比较小，但通过改善农田水利条件，发展水稻种植，可以提高粮食产量，确保粮食安全。

表 12-3　各乡镇不同时期水稻平均种植面积及产量

乡　镇	"十五"期间 面积（公顷）	"十五"期间 单产（公斤/亩）	"十五"期间 总产（吨）	"十一五"期间 面积（公顷）	"十一五"期间 单产（公斤/亩）	"十一五"期间 总产（吨）	变化量 面积（公顷）	变化量 单产（公斤/亩）	变化量 总产（吨）
宾州镇	449	450	2850	359	623	3396	-90	173	546
居仁镇	928	485	6646	1100	579	9551	172	94	2905
宾西镇	211	472	1385	110	585	965	-101	113	-420
永和乡	146	451	961	135	585	1189	-11	134	228
糖坊镇	707	473	5004	655	565	5548	-52	92	544
满井镇	841	467	5870	860	573	7405	19	106	1535
鸟河乡	88	461	560	38	579	333	-50	118	-227
民和乡	138	458	953	566	575	4961	428	117	4008
经建乡	107	462	756	181	599	1634	74	137	878
宾安镇	434	469	3071	465	578	3949	31	109	878
新甸镇	326	469	2294	354	571	3029	28	102	735
胜利镇	251	450	1702	297	546	2426	46	96	724
摆渡镇	145	440	925	192	583	1682	47	143	757
宁远镇	341	445	2282	333	603	3034	-8	158	752
常安镇	497	453	3341	549	569	4696	52	116	1355
三宝乡	109	424	669	125	565	1053	16	141	384
平坊镇	214	459	1415	144	568	1226	-70	109	-189

资料来源：2005 年、2011 年《宾县统计年鉴》。

表 12-4 是各乡镇玉米种植面积及产量的变化情况。从中可以看出，与"十五"相比，"十一五"期间玉米播种面积增加了，尽管单

产有所下降，但总产量依然增加。17个乡镇中，只有宾西镇、经建乡、新甸镇玉米单产有所增加，其余乡镇都在减少。减少幅度最大的镇是胜利镇，减少幅度为993公斤/公顷。

表12-4 各乡镇不同时期玉米平均种植面积及产量

乡 镇	"十五"期间 面积（万公顷）	单产（公斤/公顷）	总产（万吨）	"十一五"期间 面积（万公顷）	单产（公斤/公顷）	总产（万吨）	变化量 面积（万公顷）	单产（公斤/公顷）	总产（万吨）
宾州镇	0.44	6490	3.01	0.72	6246	4.56	0.28	-244	1.55
居仁镇	0.27	6876	1.85	0.48	6375	3.22	0.21	-501	1.37
宾西镇	0.30	6627	2.05	0.40	6645	2.44	0.10	18	0.39
永和乡	0.22	6689	1.46	0.35	6114	2.10	0.13	-575	0.64
糖坊镇	0.52	6483	3.53	0.75	6069	4.57	0.23	-414	1.04
满井镇	0.39	6747	2.65	0.62	6120	4.05	0.23	-627	1.40
鸟河乡	0.53	6648	3.54	0.75	6474	4.63	0.22	-174	1.09
民和乡	0.33	6705	2.08	0.68	6156	4.35	0.35	-549	2.27
经建乡	0.39	6300	2.53	0.62	6351	3.79	0.23	51	1.26
宾安镇	0.48	6516	3.19	0.75	6108	5.27	0.27	-408	2.08
新甸镇	0.27	6594	1.76	0.63	6996	3.44	0.36	402	1.68
胜利镇	0.31	6516	1.97	0.48	5523	2.97	0.17	-993	1.00
摆渡镇	0.12	6444	0.80	0.24	6162	1.46	0.12	-282	0.66
宁远镇	0.39	6579	2.54	0.65	6102	4.25	0.26	-477	1.71
常安镇	0.34	6606	2.28	0.59	6567	3.46	0.25	-39	1.18
三宝乡	0.41	6621	2.61	0.70	5886	4.15	0.29	-735	1.54
平坊镇	0.24	6255	1.40	0.32	5958	1.87	0.08	-297	0.47

资料来源：2005年、2011年《宾县统计年鉴》。

尽管少数几个乡镇大豆种植面积有所增加，但增加幅度也很小；所有乡镇大豆单产都大幅度减产，导致大豆总产量减少（见表12-5）。

表 12-5　各乡镇不同时期大豆平均种植面积及产量

乡　镇	"十五"期间 面积（万公顷）	单产（公斤/公顷）	总产（万吨）	"十一"五期间 面积（万公顷）	单产（公斤/公顷）	总产（万吨）	变化量 面积（万公顷）	单产（公斤/公顷）	总产（万吨）
宾州镇	0.42	1911	0.86	0.27	1572	0.39	-0.15	-339	-0.47
居仁镇	0.24	2009	0.46	0.24	1440	0.40	0.00	-569	-0.06
宾西镇	0.30	1898	0.55	0.32	1731	0.54	0.02	-167	-0.01
永和乡	0.25	1767	0.47	0.19	1716	0.30	-0.06	-51	-0.17
糖坊镇	0.42	1883	0.85	0.38	1536	0.72	-0.04	-347	-0.13
满井镇	0.40	2026	0.80	0.34	1875	0.59	-0.06	-151	-0.21
鸟河乡	0.44	1961	0.89	0.31	1758	0.51	-0.13	-203	-0.38
民和乡	0.36	2018	0.72	0.34	1593	0.49	-0.02	-425	-0.23
经建乡	0.33	2017	0.60	0.20	1437	0.29	-0.13	-580	-0.31
宾安镇	0.38	1820	0.78	0.16	1431	0.25	-0.22	-389	-0.53
新甸镇	0.31	2019	0.59	0.27	1707	0.28	-0.04	-312	-0.31
胜利镇	0.33	1893	0.67	0.35	1107	0.63	0.02	-786	-0.04
摆渡镇	0.20	2034	0.41	0.24	1770	0.41	0.04	-264	0.00
宁远镇	0.36	2010	0.70	0.40	1749	0.61	0.04	-261	-0.09
常安镇	0.32	1958	0.62	0.40	1491	0.62	0.08	-467	0.00
三宝乡	0.41	1929	0.76	0.22	1587	0.30	-0.19	-342	-0.46
平坊镇	0.17	1843	0.29	0.17	1326	0.23	0.00	-517	-0.06

资料来源：2005 年、2011 年《宾县统计年鉴》。

（二）养殖业发展情况

宾县畜牧业发展比较平稳，全县各类畜禽专业户有 10500 个。其中，养牛专业户 3800 个，养殖专业户 4000 个，养禽专业户 1500 个，特种动物养殖专业户 1200 个。

2010 年，全县黄牛出栏量 19.1 万头，存栏 37.3 万头；生猪出栏量 50.8 万头，存栏 39.5 万头；家禽出栏量 762.8 万只，存栏 395.4 万只。

肉类总产量达 8.2 万吨，奶类产量 708 吨，水产品产量 6700 吨。

第二节 耕地资源利用状况

一 耕地变化

宾县耕地面积为 16.74 万公顷。其中，旱田 16.03 万公顷，水田 0.71 万公顷。全县耕地中，一等耕地面积 4.12 万公顷，占 24.61%；二等耕地面积 6.02 万亩，占 35.96%；三等耕地面积 3.46 万公顷，占 20.67%；四等耕地面积 1.73 万公顷，占 10.33%；五等耕地面积 1.42 万公顷，占 8.48%。

（一）耕地数量变化

2001~2010 年，宾县耕地面积呈现递增的态势（见图 12-9）。从 2001 年的 13.99 万公顷，增加到 2010 年的 16.74 万公顷，增加了 2.75 万公顷，增长了 19.66%。其间，也有一定的波动性，大致可以划分为三个阶段。

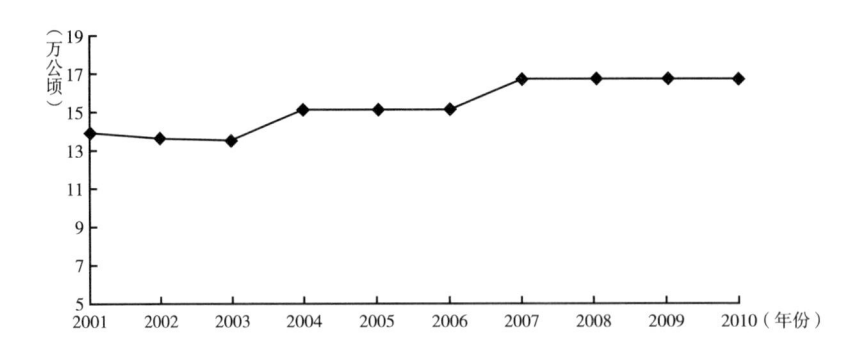

图 12-9 宾县耕地面积变化趋势

第一阶段：2001~2003 年，耕地面积呈现明显的递减特征。从 2001 年的 13.99 万公顷，减少到 2003 年的 13.53 万公顷，减少 0.46

公顷，减少了3.29%。

第二阶段：2004~2006年，耕地面积呈现稳定态势。耕地面积增加到2004年的15.13万公顷之后，一直维持稳定。

第三阶段：2007~2010年，耕地面积呈现稳定态势。耕地面积增加到2007年的16.74万公顷之后，一直维持稳定。

耕地面积增加的主要来源一般包括土地整理、土地复垦、土地开发以及农业结构调整。2003~2010年，宾县耕地面积增加量综合为1584.27公顷。其中，土地整理增加耕地面积418.12公顷，占26.39%；土地复垦增加耕地面积1101.23公顷，占69.51%；土地开发增加耕地面积55.55公顷，占3.51%；农业结构调整增加耕地面积25.01公顷，占1.58%（见图12-10）。

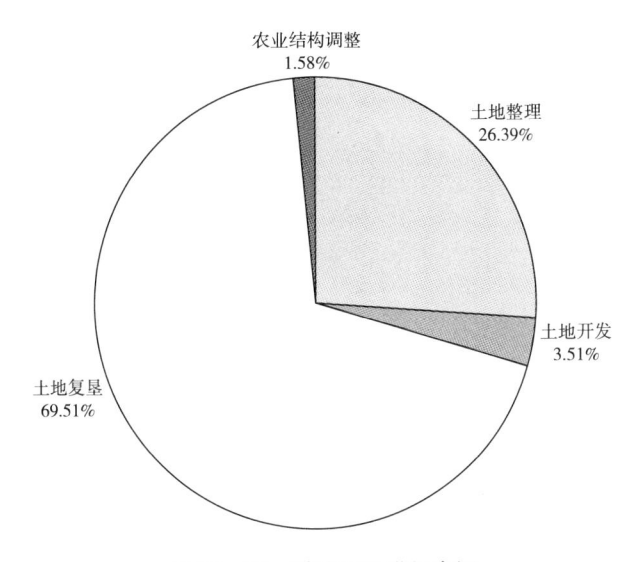

图12-10 耕地面积增加来源

从动态来看，2003~2010年宾县耕地面积变化的波动性较大（见图12-11），2004年、2009年、2005年、2003年耕地面积增加量分别达到637.71公顷、308.72公顷、184.35公顷、147.14公顷；2007年、2008年耕地面积增加比较少，分别为51.66公顷、71.25公项（见表12-6）。耕地面积增加主要来源于土地整理与土地复垦，土地开发与农业结构调整的贡献率较小。只有2007年，耕地面积增加只来源于土地开发，增加面积为51.66公顷。

表12-6 宾县耕地面积增加情况及其原因

单位：公顷，%

年份	面积 合计	整理	复垦	开发	农业结构调整	比例 整理	复垦	开发	农业结构调整
2003	147.14		146.91		0.23		99.84		0.16
2004	637.71		628.57		9.14		98.57		1.43
2005	184.35	168.71			15.64	91.52			8.48
2006	88.11	88.11				100.00			
2007	51.66			51.66				100.00	
2008	71.25		71.25				100		
2009	308.72	50.32	254.51	3.89		16.30	82.44	1.26	
2010	110.98	110.98				100.00			

资料来源：宾县农委经管站。

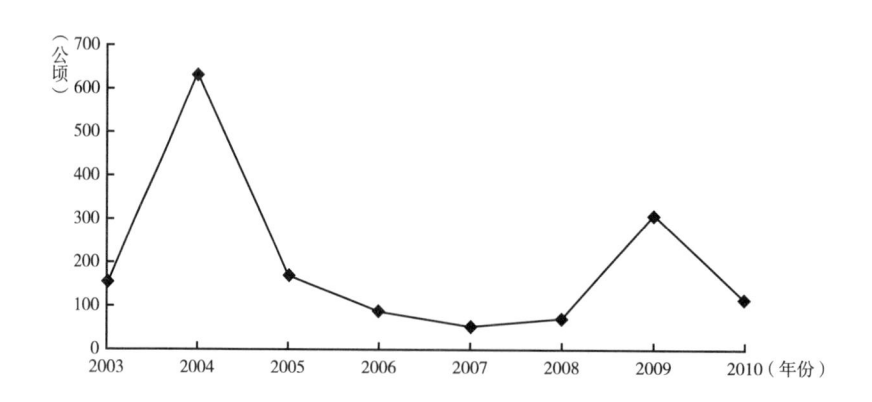

图12-11 耕地面积增加量变化情况

一般来说，耕地面积减少的原因有四个：建设占用、灾害损毁、生态退耕以及农业结构调整。对于宾县而言，耕地面积的减少主要是建设占用以及部分的农业结构调整，不存在灾害损毁与生态退耕。从 2003 年至今，宾县耕地面积共减少 1041.65 公顷。其中，建设占用面积为 1014.88 公顷，占 97.43%；农业产业结构调整占用耕地仅 26.78 公顷，占 2.57%。从动态变化来看，有 3 个年份耕地面积减少量在 100 公顷以上。其中，2004 年耕地面积减少量最大，为 574.16 公顷，2003 年为 142.07 公顷，2010 年为 110.98 公顷；同年，建设占用耕地的比例分别为 99.95%、99.35%、92.28%。2009 年耕地面积减少量仅 7.56 公顷，其中建设占用比例为 26.19%。建设占用耕地面积变化过程中，波动性比较大，但农业产业结构调整占用耕地的面积总体上呈现递增的态势（见表 12 - 7）。这是国家转变增长方式、调整产业结构发展战略在农业生产领域的具体执行的结果。

表 12 - 7 宾县耕地变更中耕地面积减少及其原因

单位：公顷，%

年份	面积 合计	面积 建设占用	面积 农业结构调整	比例 建设占用	比例 农业结构调整
2003	142.07	141.15	0.92	99.35	0.65
2004	574.16	573.87	0.29	99.95	0.05
2005	15.64	12.97	2.67	82.93	17.07
2006	77.08	74.83	2.25	97.08	2.92
2007	44.26	37.77	6.49	85.34	14.66
2008	69.90	69.90		100.00	
2009	7.56	1.98	5.58	26.19	73.81
2010	110.98	102.41	8.57	92.28	7.72

资料来源：宾县农委经管站。

2003~2010 年，宾县耕地面积净增加面积为 542.62 公顷，其间增加量的波动性也很大。耕地面积净增加量最大的年份是 2009 年，达到 301.16 公顷；其次是 2005 年，为 153.07 公顷；2010 年，耕地面积没有增加；2007年、2003年、2008年耕地面积净增加量也比较小，都不足10公顷，分别为7.39公顷、5.07公顷、1.35公顷。

(二) 土地流转情况

宾县根据土地流转的实际情况，逐步完善了转包、转让、互换和出租等土地流转方式，规范了土地流转合同，建立健全了纠纷仲裁机构，依法开展土地承包和流转纠纷仲裁，妥善解决土地承办和流转纠纷，进一步推动了全县土地流转。

2010年，全县土地流转面积为17608公顷。其中，农户自行流转面积为14462公顷，占土地流转面积的82.14%。参与土地流转的农户数为18025户，占全县农户总数的8.45%。其中，转出土地的农户数为11007户，占61.07%；涉及农村劳动力转移农户数23505户，农村劳动力转移数量为44791人，土地流转后全家外出务工农户为4433户。

从各乡镇土地流转情况看，有8个乡镇土地流转面积都超过了1000公顷，分别是：鸟河乡（1931公顷）、满井镇（1664公顷）、糖坊镇（1520公顷）、常安镇（1366公顷）、宾安镇（1328公顷）、居仁镇（1302公顷）、宾州镇（1295公顷）、宁远镇（1188公顷），分别占全县土地流转面积的10.97%、9.45%、8.63%、7.76%、7.54%、7.39%、7.36%、6.75%。这8个乡镇土地流转面积总和为11594公顷，占全县土地流转面积的65.85%。

各乡镇中，只有宾州镇、经建乡两个乡镇的土地流转不是农户自行流转，其余的乡镇都存在农户自行流转，而且农户自行流转的土地面积占土地流转面积的比重都很大，除了摆渡镇、常安镇比例分别为87.40%、70.22%外，其余都在90%以上（见表12-8）。

表 12-8 宾县各乡镇土地流转情况

单位：公顷，%

乡镇	土地流转面积	农户自行流转面积	农户自行流转面积占土地流转面积比例	流转土地面积占全县的比例	农户自行流转面积占全县的比例
宾州	1295	—	—	7.36	—
居仁	1302	1234	94.78	7.39	8.53
宾西	987	942	95.44	5.61	6.51
永和	881	839	95.23	5.00	5.80
糖坊	1520	1449	95.33	8.63	10.02
满井	1664	1588	95.43	9.45	10.98
鸟河	1931	1839	95.24	10.97	12.71
民和	519	494	95.18	2.95	3.42
经建	714	—	—	4.05	—
宾安	1328	1227	92.39	7.54	8.48
新甸	499	475	95.19	2.83	3.28
胜利	919	886	96.41	5.22	6.13
摆渡	544	476	87.50	3.09	3.29
宁远	1188	1132	95.29	6.75	7.82
常安	1366	959	70.20	7.76	6.63
三宝	194	185	95.36	1.10	1.28
平坊	757	737	97.36	4.30	5.10

资料来源：宾县农委经管站。

在土地流转中，共签订了土地流转合同 7215 份，签订土地流转面积为 9750 公顷，占土地流转总面积的 55.38%。从合同签订的期限来看，主要分为 5 种：1 年、2~3 年、3~5 年、5~10 年、10 年以上。不同期限合同的流转面积分别为：合同期限为 1 年的流转土地面积 4550 公顷，占合同流转面积的 46.67%；合同期限为 2~3 年的流转土地面积为 4193 公顷，占合同流转面积的 43.01%；合同期限为 3~5 年的流转土地面积为 953 公顷，占合同流转面积的 9.77%；合同期限为 5~10 年的流转土地面积为 41 公顷，占合同流转面积的 0.42%；合同期限为 10 年以上的流转土地面积为 13 公顷，占合同流转面积的 0.13%（见表 12-9）。

调研中了解到，农户之所以不愿意签订长期流转合同，原因有两个

表 12-9　宾县不同合同期限土地流转面积及比例

单位：公顷，%

项目	1 年	2~3 年	3~5 年	5~10 年	10 年以上
面积	4550	4193	953	41	13
比例	46.67	43.01	9.77	0.42	0.13

资料来源：宾县农委经管站。

方面：一是外出务工没有稳定的就业岗位，可以随时回乡种地；二是到土地流转之后，看别人耕作效益好，便于及时收回，自己耕作。在一些村庄，也存在农民违反合同的现象，特别是与企业签订合同之后。

土地流转方式一般分为 6 种：转包、出租、互换、转让、入股、其他。宾县的土地流转方式不存在入股。通过转包流转土地面积为 15729 公顷，占土地流转面积的 89.33%；通过出租流转土地面积为 1508 公顷，占土地流转面积的 8.56%；通过互换流转土地面积为 57 公顷，占土地流转面积的 0.32%；通过转让流转土地面积为 272 公顷，占土地流转面积的 1.54%；通过其他方式流转土地面积为 42 公顷，占土地流转面积的 0.24%（见表 12-10）。

表 12-10　宾县不同流转方式的土地流转面积及比例

单位：公顷，%

项目	转包	出租	互换	转让	其他
面积	15729	1508	57	272	42
比例	89.33	8.56	0.32	1.54	0.24

资料来源：宾县农委经管站。

土地流转面积按照流转去向可以划分为：企业、合作及组织、种植大户、股份合作、农场、农户。根据宾县的实际情况，主要有两种去向：一是种植大户；二是一般农户。前者经营面积比例为 29.69%，后者经营面积比例为 66.02%。

土地流转用途只有两种：一是种植粮食作物；二是种植其他作

物。在流转的 17608 公顷土地面积中，用于种植粮食作物的面积为 17113 公顷，占流转土地面积的 97.19%；用于种植其他作物的面积为 495 公顷，占流转土地面积的 2.81%。

从效益上来讲，土地流转一方面可以提高土地使用率，使一些原本荒废的土地都得到了有效利用，流转的土地比流转前的使用效率普遍得到提高。另一方面，农村土地流转可以促进农业产业结构的调整和农业规模化生产。同时，土地流转促进了农村劳动力的转移，增加了农民收入。

有关数据表明，宾县土地流转取得的效益达到 11334 万元。其中，转出方增加的净收入为 6080 万元，占 53.64%；转入方增加的净收入为 5254 万元，占 46.36%。

专栏 12-1　满井镇土地流转情况①

1. 基本情况

满井镇位于宾县西北部，松花江南岸，距县城 35 公里，全镇下辖 10 个行政村、100 个自然屯，总人口 2.8 万人，劳动力 12540 人，总面积 179.3 平方公里，耕地面积 15.3 万亩。其中，水田 1.5 万亩，旱田 13.8 万亩。全镇社会生产总值 2.3 亿元，农民人均纯收入 7895 元。

2. 土地面积及结构

全镇总面积 179.3 平方公里。其中，耕地面积 15.3 万亩，占 57%；林地面积 5.6 万亩，占 21%；水面 0.4 万亩，占 1.5%；村庄面积 3.8 万亩，占 14.2%；草原 1.6 万亩，占 6%。

3. 土地流转情况

全镇耕地面积 15.3 万亩。其中，平川地 2.3 万亩，占 15%；漫岗地 3.1 万亩，占 20%；丘陵地 9.9 万亩，占 65%。

---

① 资料来源于满乡镇政府。

2010年，全镇土地流转面积2.50万亩，占耕地面积的16.34%。其中，农户自行流转面积2.38万亩，占土地流转面积的95.20%。参与流转的农户共计1109户。其中，转出土地的农户数为1087户，涉及农村劳动力转移农户数905户，劳动力转移数量为1890人，流转后全家外出务工农户数为652户。

全镇签订土地流转合同1109份，土地流转合同面积达2.38万亩。其中，合同期限1年的流转面积为1.28万亩，占53.78%；合同期限2~3年的流转面积0.76万亩，占31.93%；合同期限3~5年的流转面积0.34万亩，占14.29%；合同期限10年以上的流转面积41亩，占0.17%。

在土地流转中，采取转包方式的流转面积达2.41万亩，占土地流转总面积的96.40%；出租方式流转面积0.01万亩，占0.40%；互换方式流转面积0.02万亩，占0.80%；转让方式流转面积0.04万亩，占1.60%；其他方式流转面积0.02万亩，占0.80%。

土地流转后转出方增加的净收入为450.9万元，转入方增加的收入为383.55万元。

全镇规模化经营户只有23户，经营面积为2180亩，平均每户经营94.78亩。

4. 耕地占用情况

近几年，国征用地（粮食中储库、航电枢纽工程）320亩，建设用地80亩，殡葬用地35亩。

（三）土地规模经营情况

宾县根据不同区域农村发展的实际情况，在第二产业、第三产业发展快，大多数农民已经脱离土地的村屯，组建农民专业合作社，负责土地管理，开展生产经营活动，提高了土地生产效率，增加了农民收入。到2011年，全县组建了经建乡双建农机合作社（垦区带动型）、居仁镇华鑫原水稻合作社、哈尔滨欣跃三莓果业合作社和哈尔滨高太水果作物种植专业合作社等农民专业合作社，带动了土地规模化经营。

2011年，宾县规模经营单位有281个，经营面积为4520公顷，平均经营耕地面积为16.08公顷。按照经营规模划分为200~500亩、500~1000亩两类，前者经营单位有274个，占规模经营单位个数的97.51%，后者经营单位有7个，占规模经营单位个数的2.49%。从经营耕地面积来看，前者共经营耕地面积4259.07公顷，平均每个经营单位经营规模为15.54公顷；后者共经营耕地面积260.67公顷，平均每个经营单位经营规模为37.24公顷，后者为前者的2.40倍。

通过土地经营规模化，一方面，可以带动田间作业机械化，实行大农机秋整地、统一施肥、统一防治病虫害等；另一方面，规模经营可以更好地接受实用农业技术的推广与应用。因此，可以提高土地的产出能力与效益。宾县的实践表明，规模经营效益比较明显。规模经营前的效益为4067.76万元，规模经营取得的效益为5423.68万元，增加了1355.92万元，增长了33.33%。

二　耕地质量变化情况

（一）灌溉面积的变化

耕地面积中有效灌溉面积是耕地质量的一个重要方面。如果有效灌溉面积逐年增加，以及有效灌溉面积占耕地面积的比例逐年增加，则表明耕地资源的质量得到了改善。

从宾县的实际情况来看，有效灌溉面积很小，不足1万公顷。2001年，全县有效灌溉面积为0.97万公顷，是最近10年有效灌溉面积最多的一年。之后减少到2002年的0.60万公顷，2003年降低到0.34万公顷，其后连续7年都是递增的，到2010年增加到0.72万公顷，仍没有达到2001年的水平。

有效灌溉面积占耕地的比例也表现出相似的动态特征，2001年有效灌溉面积占耕地的比例为6.90%，连续两年下降，到2003年下降到 2.54%，随后就是连续 7 年的递增，到 2010 年增加到 4.29%。由此可以判断，宾县农业生产还处于一种靠天吃饭的状态，农田水利需要进一步加强，以满足国家粮食安全的需要。

宾县有效灌溉面积以及有效灌溉面积占耕地面积的比例变化如图 12-12 所示。

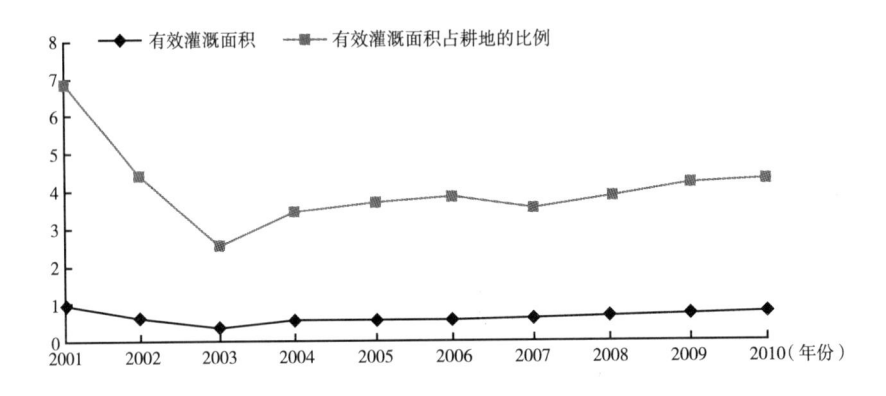

图 12-12　宾县有效灌溉面积及其占耕地面积的比例

（二）化肥施用量

在资源能源约束日益加剧的情况下，种植业能够保持稳定发展，特别是粮食生产实现了八连增，化肥的投入和科学施肥功不可没。在未来一个时期，化肥对农业生产的作用仍然不可替代。我国是农业大国，也是化肥生产和消费大国，化肥的总产量和消费量均占世界的 1/3。我国用占世界 9% 的耕地消费了世界 35% 的化肥，生产了世界 19% 的谷物、49% 的瓜果蔬菜和 19% 的水果，养活了世界 21% 的人口。专家分析，在我国，化肥对粮食增产的贡献率在 40% 以上。

但过量使用氮肥则会造成严重的面源污染。有关研究结果表明，我国氮肥利用率为 30% 左右，不及发达国家的一半。2010 年我国第一次全国污染源普查公报显示，农业源总氮占排放总量的 57.2%。

与全国一样，宾县在农业生产中化肥施用量也逐年增加。从 2001 年到 2010 年的 10 年间，化肥施用量从 2.47 万吨，增加到 5.41

万吨，增加了 2.94 万吨，增长了 119%。氮肥施用量从 1.13 万吨，增加到 1.93 万吨，增长了 0.8 万吨，增长了 71%；磷肥施用量从 0.45 万吨，增加到 0.73 万吨，增长了 0.28 万吨，增长了 62%；钾肥施用量从 0.28 万吨，增长到 0.74 万吨，增长了 0.46 万吨，增长了 164%；复合肥施用量从 0.60 万吨，增长到 2.00 万吨，增长了 1.40 万吨，增长了 233%（见图 12 - 13a、图 12 - 13b）。

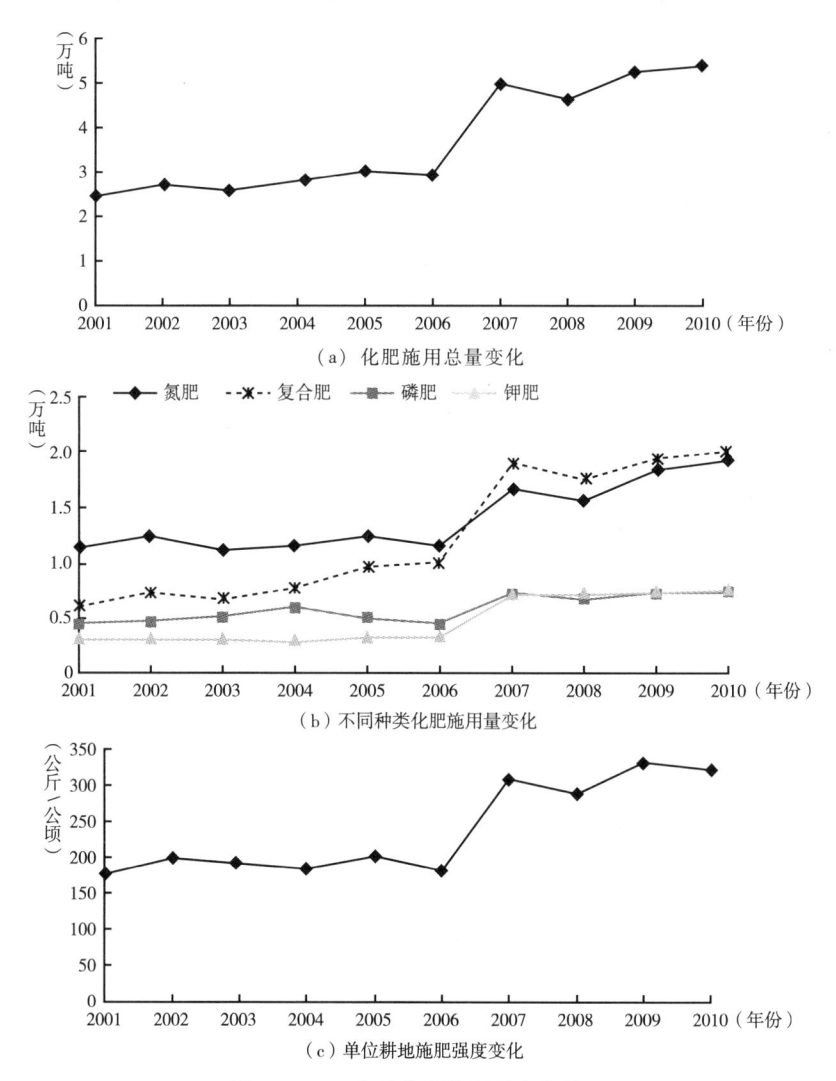

图 12 - 13 宾县化肥施用量变化情况

由此可以看出，尽管氮肥施用量仍然很大，但到了2010年，复合肥施用量超过了氮肥。钾肥、复合肥施用量的增长率都非常高。

单位耕地施肥强度从2001年的176公斤/公顷，增加到2010年的323公斤/公顷，增长了147公斤/公顷，增长了83.52%（见图12-13c）。

为了分析化肥施用量及其强度的动态变化情况，消除其中的一些偶然因素的影响，将2001~2010年划分为两个时段，即"十五"期间、"十一五"期间，根据两个期间平均值的比较，来判断"十一五"期间农业生产过程中化肥施用方面的新特点。

与"十五"期间相比，"十一五"期间宾县农用化肥施用总量有了很大增长，增长量为1.92万吨，增长率为70.33%；氮肥增长量为0.46万吨，增长率为39.32%；磷肥增长量为0.15万吨，增长率为29.41%；钾肥增长量为0.34万吨，增长率为113.33%；复合肥增长率为0.98万吨，增长率为132.43%。单位耕地施肥强度增长量为95.8公斤/公顷，增长率为50.10%（见表12-11、图12-14）。

表12-11 宾县化肥施用量及其强度变化

单位：万吨，%

指标	"十五"期间	"十一五"期间	增长量	增长率
农用化肥施用量	2.73	4.65	1.92	70.33
氮肥	1.17	1.63	0.46	39.32
磷肥	0.51	0.66	0.15	29.41
钾肥	0.30	0.64	0.34	113.33
复合肥	0.74	1.72	0.98	132.43
平均每公顷耕地施肥强度	191.2	287.0	95.8	50.10

资料来源：2005年、2011年《宾县统计年鉴》。

第十二章 粮食主产区耕地资源的可持续利用

(a) 不同时期化肥施用量对比

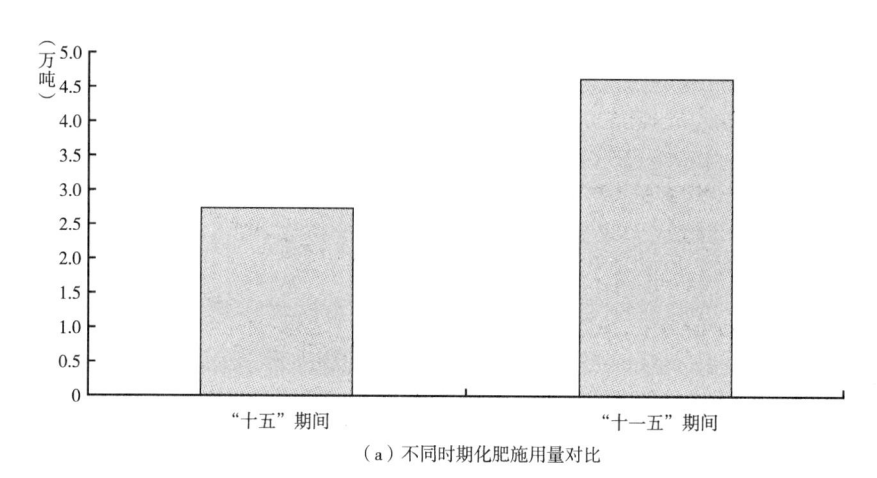

(b) 不同时期不同种类化肥施用量对比

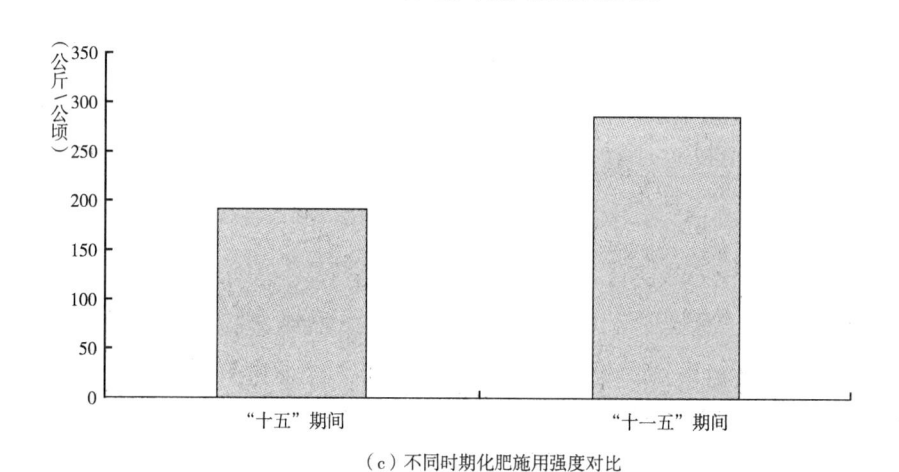

(c) 不同时期化肥施用强度对比

图 12-14　不同时期化肥使用情况对比

245

(三) 配方施肥情况

测土配方施肥是指以土壤测试和肥料田间试验为基础，根据作物需肥规律、土壤供肥性能和肥料效应，在合理施用有机肥料的基础上，提出氮、磷、钾以及中、微量元素等肥料的施用数量、施肥时期和施用方法。通俗地讲，就是在农业科技人员指导下科学施用配方肥。测土配方施肥技术的核心是调节和解决作物需肥与土壤供肥之间的矛盾。同时，有针对性地补充作物所需的营养元素，作物缺什么元素就补充什么元素，需要多少补多少，实现各种养分平衡供应，满足作物的需要；达到提高肥料利用率与减少用量、提高作物产量、改善农产品品质、节省劳力、节支增收的目的。

测土配方施肥在农业生产中具有重要的作用。首先，通过开展测土配方施肥，可以合理地确定施肥量和肥料中各营养元素比例，有效提高化肥利用率。其次，推广测土配方施肥是实现"提高品质、节约成本、增加效益"的重要措施。化肥是农业生产中重要的生产资料，占种植业生产投入的50%以上，直接关系到农产品成本和品质。测土配方施肥技术能有效地控制化肥投入量及各种肥料的比例，达到降低成本、增产增收的目的。

2005年，宾县承担了农业部大豆测土配方施肥30万亩，自此开始了全县范围内的测土配方施肥，至今共采集土样11500个，免费为8.2万农户提供测土配方施肥技术服务，推广面积达到265万亩，化验土样11500份，编制、发放配方施肥建议卡11500份，入户率达到100%。

在具体措施方面，制订实施方案，加强测土配方施肥宣传活动。为了把测土配方施肥土样采集工作做得更好，每年3~4月，全县召开测土配方施肥工作会议，并制定相应的实施方案，如《宾县测土配方施肥实施方案》《宾县测土配方施肥技术方案》《宾县测土配方施肥田间肥效试验方案》《宾县测土配方施肥示范方案》

《宾县测土配方施肥校正试验方案》《宾县测土配方施肥岗位责任制》《宾县测土配方施肥采样指南》《宾县测土配方施肥工作计划》等。随后各乡镇也相继召开测土配方施肥工作会议，并大力宣传测土配方施肥。

2010年参加了农业部下达的《黑龙江省宾县耕地地力评价》项目，按照《耕地地力调查与质量评价技术规程》的要求，共采集耕地地力评价样品点数2068个，平均一个点80.94公顷，检测化验项目13项，分析测试了26884次，形成了44388个评价单元，填写耕地基本情况调查表、农户调查表、土壤养分表、耕地地力评价指标表等，共计8272份，编制了17幅数字化的耕地地力评价等级图、土壤养分分布图、适宜性评价图等图件。根据这些地力评价的结果，开展了耕地的合理利用、培肥与改良、测土配方施肥等专题研究和成果应用，为在全县范围内推广测土配方施肥奠定了良好的基础。

测土配方施肥取得了很好的效果。每亩平均增加粮食产量15.60公斤，增产10.40%；每亩平均节省化肥1.00公斤，亩节约成本增加效益65.60元；全县共增加粮食产量1.79万吨，节省化肥1150吨，增加农民收入7544万元。

根据2005年大豆测土配方施肥的资料，在30万亩大豆种植区，全部使用优良品种，采取垄三栽培技术模式，同时加强病虫害防治。目标产量定在每亩165.02公斤，实现总产4950.60万公斤。该项目分别布局在宾州镇、平坊镇、居仁镇、宾西镇、永和乡、糖坊镇、满井镇、鸟河乡、民和乡、宾安镇10个乡镇，75个村，6000余农户。

秋季经过测产，每亩平均产量为176.04公斤，比前三年平均亩产（143.48公斤）每亩增加产量32.56公斤，增产22.7%；总产量增加976.8万公斤；比目标产量每亩增产11.02公斤，增产率为6.69%，10个乡镇增产情况如表12-12所示。

表 12-12　2005 年大豆测土配方施肥技术指标完成情况

乡镇	前三年平均产量（公斤/亩）	目标产量（公斤/亩）	理论产量（公斤/亩）	比前三年 增产（公斤/亩）	比前三年 增产率（%）	年增总产（万公斤）	比目标产量 增产（公斤/亩）	比目标产量 增产率（%）
宾州镇	145.7	167.6	170.8	25.1	17.2	75.3	3.2	1.9
居仁镇	144.6	166.3	179.4	34.8	24.1	104.4	13.1	7.9
宾西镇	139.3	160.2	178.4	39.1	28.1	117.3	18.2	11.4
水和乡	145	166.8	180.3	35.3	24.3	105.9	13.5	8.1
糖坊镇	145.4	167.2	177.2	31.8	21.9	95.4	10	6
满井镇	142.2	163.5	174	31.8	22.4	95.4	10.5	6.4
鸟河乡	145.7	167.6	181.3	35.6	24.4	106.8	13.7	8.2
民和乡	143.8	165.4	171.4	27.6	19.2	82.8	6	3.6
宾安镇	144.4	166.1	182.1	37.7	26.1	113.1	16	9.6
平坊镇	138.7	159.5	165.5	26.8	19.3	80.4	6	3.8
平均	143.48	165.02	176.04	32.56	22.7	97.68	11.02	6.69

资料来源：宾县农委土肥站。

由表 12-13 可以看出，大豆测土配方施肥在投入成本上有所增加，种子费用每亩 16 元，比前三年平均种子费用（12.8 元）增加 3.2 元；肥料费用每亩增加 4.55 元；农药费用每亩增加 1 元；机械费用每亩增加 5 元；亩成本共增加 13.75 元。

表 12-13　大豆测土配方施肥技术经济效益比较

项目	单位	测土配方施肥区	前三年平均
种子费用	元/亩	16	12.8
肥料费用	元/亩	46.55	42
农药费用	元/亩	6.8	5.8
机械费用	元/亩	27.5	22.5
大豆价格	元/公斤	2.6	2.2
亩产量	公斤/亩	176.04	143.48
亩增产量	公斤/亩	32.56	—
亩产值	元/亩	457.7	315.66
亩增产值	元/亩	142.04	—
亩成本	元/亩	96.85	83.10
亩纯效益	元/亩	360.85	232.56
亩增纯效益	元/亩	128.29	—
总增产量	万公斤	976.8	—
总增产值	万元	4261.2	—
总增纯效益	万元	3848.7	—
投入产出比		1:4.73	1:3.80

资料来源：宾县农委土肥站。

从效益来看,测土配方施肥区比前三年平均亩产值增加142.04元,总产值增加4261.20万元;亩纯收益增加128.29元,总纯收益增加3848.70万元;投入产出比为1∶4.73,前三年的投入产出比为1∶3.80。

在各种试验、示范、推广等工作的基础上,还大力推广了平衡施肥技术,使广大农民对平衡施肥技术有了足够的认识。2006年推广测土配方施肥技术30万亩,指导平衡施肥技术140多万亩。

2007年在宾州镇、居仁镇、宾西镇、永和乡、糖坊镇、满井镇、鸟河乡、民和乡、宾安镇、三宝乡10个乡镇、72个行政村开展了配方施肥工作,每个乡镇400个土样,每个土样代表100亩。全县共4000个土样,测土配方施肥面积达到40万亩,指导农户4万户;辐射带动面积120万亩,带动农户6万户。2008年在全部17个乡镇推广测土配方施肥20万亩,采集土样点1490个、地力评价点510个,共计2000个点。2009年在平坊镇、经建乡、新甸镇、常安镇、宁远镇、胜利镇、摆渡镇7个乡镇推广测土配方施肥10万亩,采集土样1000个。2010年在全县17个乡镇推广测土配方施肥20多万亩,采集土样2073个。2011年在全县范围内推广配方施肥20万亩,采集土样1490个,地力评价点510个,共计2000个。

专栏12-2　宾西镇土地利用概况[①]

1. 基本情况

宾西镇地处宾县最西部,东邻居仁镇,南接阿城区中和林场,西与阿城区蜚克图镇接壤,北靠永和乡。镇政府驻地距宾县县城27公里,同三公路、哈同公路辅线贯穿全境。宾西镇是一个以工业经济为重点的工农结合型重镇,2008年被列为第二批国家发展改革试点镇,

---

① 资料来源于宾西镇政府。

宾西国家级经济技术开发区位于境内。

宾西镇面积204.1平方公里，辖6个村、8个居委会。户籍人口3.97万人，流动人口1.44万人，长期居住人口6342人，县内人口8713人，实有人口6.91万人。其中，农业人口2.2万人。2010年实现社会总产值19.6亿元。其中，非农业产值16.12亿元，农业产值3.48亿元。农民人均纯收入8040元，城镇居民可支配收入11220元。

2. 宾西镇土地利用现状

宾西镇土地面积20784.23公顷。其中，耕地面积9870.62公顷，占47.49%；园地面积103.65公顷，占0.50%；林地面积7919.58公顷，占38.10%；草地面积48.39公顷，占0.23%；城镇、村及工矿用地1892.52公顷，占9.11%；交通用地523.81公顷，占2.52%；水域及水利设施388.33公顷，占1.87%；其他土地面积37.33公顷，占0.18%。

宾西镇以丘陵漫岗地为主，土地产出水平处于全县平均水平，但农田水利设施不健全，抗风险能力弱。居民点用地布局不合理，全镇6个行政村、104个自然屯，村庄占地684.33公顷，平均每个自然屯占地121.4亩。全镇的农村居民点没有统一规划，分布零散。

3. 宾西镇征用土地概况

宾西国家级经济技术开发区设立以来，先后征用土地1214.67公顷，涉及宾西镇的3个村、30个自然屯，涉及农户1976户。涉及占地的30个自然屯的土地面积为1071.73公顷，耕地总面积3397公顷，总户数为2461户。

30个自然屯80%农户的土地都没有被征占，被占土地面积占30个自然屯土地面积的比例为58.8%，占宾西镇土地总面积的10.8%。30个自然屯失地不到1亩的农户为1024户，占30个自然屯总户数的41.6%，占全镇总户数的16.4%；完全失地不足2亩的户数为198户，占30个自然屯总户数的19.4%，占全镇总户数的3%。

第三节 实现耕地可持续利用的政策建议

一 耕地可持续利用中存在的问题

（一）用地结构不尽均衡

宾县现有的土地利用结构是长期以来形成的，有一定的合理性，但不同区域的用地结构不均衡。如林地集中分布于南部和东部山区，而北部和西部则较少分布；牧草地近85%分布在北部沿江几个乡镇，而且以天然草地为主；耕地中93.8%为旱地；此外，还有一些超坡耕地尚未退耕，土地利用经济效益不高。

（二）土地利用存在一定的盲目性、不合理性

长期以来，土地利用缺乏统一的科学规划，盲目利用土地主要表现在：陡坡地开荒、毁林及毁草开荒、在无水资源的旱田改水田等方面存在不少问题，结果得不偿失，同时不合理的乱占滥用土地现象时有发生。

（三）人地矛盾日益尖锐

1998年第二轮承包之后，耕地承包面积就没有进行过调整，直接导致了农村人地不均衡分配问题，目前多数"80后"三口之家只有一个人的耕地，由此带来了一些社会问题。

（四）土地退化严重

黑土耕地资源正在急剧退化，表现为水土流失严重，土层变薄，土壤肥力减退，耕地质量下降，黑土理化性状日趋恶化，黑土耕地数量难以稳定。其原因不仅在于气候、地形、土壤、冻融、植被等自然因素的影响，而且更重要的原因在于过度开垦和掠夺式经营、工农业生产造成的土壤污染、耕作制度不合理、土壤实用功能转移等人为因素的影响。

二 实现耕地可持续利用的政策建议

从目前来看，通过土地整理、复垦等措施，宾县耕地的数量在增加，但质量较差的耕地所占比重也在增加，因此，需要采取有效措施加强耕地的治理。

（一）耕作制度的实施需要国家层面的立法

宾县传统耕作制度，对于黑土地3年就要进行一次深翻，但目前这种耕作制度已经难以实施，严重影响了耕地的可持续利用。因此，需要通过立法，将有利于耕地保护的耕作制度推广下去，对那些拒不采取耕作制度的农户，依法收回其承包土地。

（二）建立保护性耕作的长效机制

针对宾县不同区域特点选择保护性耕作的主导技术模式，并以机械化措施为主，加强农机农艺结合。根据该区域旱作农业的特点，建设保护性耕作工程区，建保护性耕作长效发展机制，引导广大农民群众主动自觉地采用保护性耕作技术，加快推进保护性耕作技术的普及和应用。

（三）完善农技推广机制

建立以省农机技术推广站为主，农业、水利、环保技术部门和相关大专院校参加的保护性耕作技术指导中心，探索保护性耕作技术模式和推广机制，制定技术规范，对实施保护性耕作的农业和农机大户要优先给予国家购机补贴。

（四）研究开发秸秆还田技术

目前，宾县农作物秸秆焚烧现象非常严重，原因是缺乏适应低温条件下秸秆腐烂的技术，以及适应丘陵地形特点的机械。因此，应根据宾县气温、地形特点，研究开发秸秆还田的新技术。

第十三章 主要发现和结论

本书通过资料和政策分析、经验数据检验和实地案例调查，试图揭示和解释一些现象和规律，为进一步的政策和行动提供依据，主要发现和结论如下。

第一，通过数据资料分析发现：我国耕地保护中的数量管理和质量管理同等重要。耕地数量总体趋于稳定与建设用地占耕地面积减少比例增加现象并存，土壤肥力总体改善与土壤理化性质下降并存。

第二，通过政策梳理发现：耕地保护政策发挥宏观作用和微观难点并存。耕地保护政策的被赋予宏观经济调控以及农村和社会发展的重任，基本农田保护中的技术难点不容忽视。

第三，通过国别和省级数据实证检验发现：人均 GDP 增长和耕地变化之间的关系表现为一般规律和阶段性现象并存，城市化进程是耕地面积减少的主要影响因素，工业化水平和耕地数量变化之间不存在显著的相关关系。

第四，通过村庄级别的数据的检验发现：影响耕地变化和影响粮食种植面积的因素不同。耕地面积的影响因素来自村庄外部，而粮食播种面积变动的相关因素主要来自村庄自身。

第五，通过案例研究发现：调查的村庄中粮食生产具有比较优势；在成都城乡统筹中，以土地产权改革为起点、开启了社会制度改革，耕地的资产属性在这一进程中发挥着重要作用，而这样的做法在经济落后的旺苍县则不可能实现；以土地要素的低价供给来启动工业化，如果缺乏其他要素的配合同样步履艰难。

第一节 耕地保护中的数量控制和质量管理同等重要

一 耕地数量总体趋于稳定与建设用地占耕地减少比例增加并存

通过全国耕地数量变化率和全国建设用地占耕地减少的比例这两组指标来衡量，可以揭示出耕地变化的特征。

第一，1998~2008年，我国耕地数量总体呈现减少趋势，但自2007年耕地变化率已接近零，即耕地面积总体减少趋势已经停止。进一步观察1998~2008年耕地面积环比减少趋势可以发现，6个省区耕地呈稳定减少型，14个省区为波动减少型，11个省为波动增加型。在稳定减少的6个省区中，没有粮食主产省份；而11个波动增加的省区中，8个为粮食主产区。

第二，1999~2008年，我国建设用地占用耕地面积经历了快速上升到逐步稳定的过程；与此同时，建设用地占耕地减少的比例却呈现波动且趋于上升的态势。在2006年之前，建设占地占耕地减少的比例均在30%以下，而从2007年起这个比例超过50%，且呈上升趋势。

这揭示出在通过新增耕地的补充来实现耕地数量总体趋于稳定的同时，建设用地占用耕地增加的现象仍不容忽视。

二 土壤肥力的改善和土壤理化性质的下降并存

关于耕地质量变化的结论是，如果从传统的肥力指标衡量，土壤质量总体是改善的；如果从现代农业生产中化学品投入数量来衡量，由于过量和不合理的使用化学品导致土壤理化性质下降趋势，对农产品质量安全和农业生产可持续构成威胁。

第二节 耕地保护政策的宏观作用和微观难点并存

一 耕地保护政策被赋予宏观经济调控的重任

从全国尺度看，我国耕地数量减少的局面已经得到控制，以耕地总量动态平衡、土地用途管制、基本农田保护、建设用地计划和审批管理为基本内容的耕地保护政策，发挥了重要的作用。

但是，近十年耕地保护和管理政策被赋予了参与宏观经济调控的使命，成为服务于当地的经济增长以及支撑地方工业化和城市化的力量，在宏观政策中服务于重要的利益相关方，超越了原本意义上的耕地保有、基本农田维保、耕地的生态价值范畴。

从书中分析的典型国家耕地保护的目标看，在保护耕地生产功能的同时，更加重视保护耕地的环境价值，保护开阔空间。乡村的风貌是保护的结果，而非市场竞争的结果；农地的环境价值已开始超过其生产价值。

二 基本农田保护中的技术难点不容回避

全国尺度的耕地数量增加，并不意味着微观层面的耕地数量减少已经得到控制，特别是基本农田保护制度在操作层面临技术性的难点，至少存在两个问题需要引起重视。

第一，由于基本农田数量指标的下达是自上而下分解式的，难免与各地实际情况存在差异，在山区比较突出。如四川旺苍县的情况，质量很差的陡坡地均在国土部门上报的基本农田之内，而农业部门的耕地面积不包括这类农地，造成上报的耕地面积和基本农田数据缺乏实际意义。

第二，严格的耕地保护制度旨在严格控制耕地的非农化。在这样的背景下，地方政府利用行政手段将工作重点放到耕地数量不变上，必然存在重大漏洞。为了避开出现基本农田随意调整的现象，干脆将乡镇所在地的道路两旁200米的土地不划入基本农田，便是一种无奈的选择。

三 加强技术政策在基本农田保护中的支持作用

基于耕地保护的宏观效果和微观难点的现实，实现耕地保护从宏观数量到微观机制创新迫在眉睫，耕地保护政策的宏观经济使命向乡村发展政策方向转变，将政策重点放到耕地自身的生产功能和生态功能与价值上，保障持续性的产出目标和公平目标。

2010年中共十七届三中全会《中共中央关于推进农村改革发展若干重大问题的决定》明确提出要划定永久基本农田，建立保护补偿机制，确保基本农田总量不减少、用途不改变、质量有提高。基本农田重新成为耕地保护的核心内容，这将成为今后耕地政策的重点，使耕地保护政策与基本农田和耕地质量相联系，支持粮食生产和农业发展为基本目标。

为此，迫切需要从微观的操作层面给予技术的支持和约束。例如，加快农用地质量分级，使基本农田保护制度具有可操作性。在统一的宏观耕地保护政策下，通过技术政策支持，解决山区基本农田难以界定的操作难题，实现针对山区、粮食主产区、设施农业区等有差异的耕地保护措施。在山区，针对陡坡土地面积大、生态与耕地保护任务相互交织的特征，在基本农田保护政策中，重视坡耕地治理的重要作用；在粮食主产区，针对耕地利用强度大的特点，重视提高耕地质量的技术，如保护性耕作技术、秸秆还田。

第三节 经济增长和耕地变化的一般规律与阶段性现象并存

一 耕地数量损失率和人均GDP之间的关系：国别数据和省级数据结果不同

从世界范围来看，耕地数量损失和人均GDP之间存在倒U形的库兹涅茨曲线关系。这一假说，无论是采用47个国家、91个国家还是130个国家的样本都得到了验证。同时，人均GDP增速对耕地减少率提高有推动作用，即经济增长速度越快，耕地减少越快。

数据的检验结果显示：中国的耕地损失和经济发展之间并不存在稳定的倒U形关系。如果采用耕地变化率，1999~2008年29个省的总样本和2004~2008年子样本的耕地变化率与人均GDP之间存在正U形关系；1999~2003年子样本的耕地变化率与人均GDP之间存在倒U形关系。

二 城市化是耕地减少的主要影响因素

从世界范围来看，耕地数量变化和城市化水平之间并不存在倒U形的库兹涅茨曲线关系，而是存在正U形曲线关系，即随着城市化水平的提高，耕地损失率逐步下降，等到过了转折点以后，随着城市化水平的继续提高，耕地损失率开始上升，即城市化是耕地减少的主要影响因素。造成这一结果的原因可能在于城镇化模式。

三 工业化水平和耕地数量变化之间不存在显著的相关关系

国别数据的检验结果是，从世界范围来看，工业化水平和耕地数量变化之间不存在显著的相关关系。而我国省级数据的检验结果显示，1999~2008年总样本、2004~2008年子样本、东部地区子样本的耕地变化率与工业化水平之间都存在显著的倒U形关系。

实地调查的发现是，在我国沿海地区以土地推动经济增长的宏观背景下，中西部地区也试图利用其丰富的土地资源开启工业化的进程。但是，缺乏产业基础和资金投入成为当地工业化最大的制约瓶颈。例如，本调查中的鄄城县和旺苍县，当地政府给出优惠政策和出台推动措施，以加快这一进程。在优惠政策方面，两个县均以土地无偿出让方式和税收优惠政策吸引企业。近十年来，鄄城县第二产业占GDP比重虽有所增加，但本地非农就业机会仍非常有限，粮食收入和外出打工收入仍是当地农户的主要收入来源，以土地无偿出让作为动力来启动工业化，通过发展劳动密集型产业为当地农民寻找到非农就业机会的战略尚未实现。

第四节 影响耕地数量变化和粮食播种数量的因素不同

分析村庄层面的数据显示：影响耕地面积变化率和可持续性的因素与影响粮食播种面积变化率和可持续性的因素存在差异。

一 村庄耕地面积变化和粮食播种面积变化趋势不同

从村庄数据统计描述特征中可以发现：①年耕地面积变化率的均值，2010年比2000年减少4.3%。其中，2005年比2000年减少4.5%，2010年比2005年减少4.1%。②农作物播种面积变化率的均值，2010年比2000年减少减少3.8%。其中，2005年比2000年减少1.5%，2010年比2005年减少5.8%。③粮食播种面积变化率均值，2010年比2000年增加9.9%。其中，2005年比2000年减少11.3%，2010年比2005年增加29.7%。

二 耕地数量变动率和粮食播种面积变动率之间基本不相关

村庄级样本数据的结论显示：耕地面积变化率与农作物播种面积变化率之间强正相关，与粮食播种面积变化率之间则基本不相关；换言之，农作物播种面积的变化受耕地面积变化的影响，粮食播种面积的变化则基本不受耕地面积变化的影响。

成都和鄄城两个案例调查的结果同样支持这个结论：土地支撑经济增长的同时，可以实现粮食生产的目标；而且粮食生产在鄄城县有比较优势。

三 耕地面积变化率和农作物播种面积变化率的相关影响因素主要来自村庄外部

涵盖村庄的政治、经济、人口、资源、社会、生产、生活几乎所有方面变量，对耕地面积变化率的解释程度是很低的（R^2仅为0.0832）。因此，我们有理由相信，影响一个村庄耕地数量变化的主要因素不在村庄的内部，而在于外部更大环境的因素。进而，决定一个村庄耕地数量可否持续的因素也不在村庄内部，而是外部更大环境的、村庄自己也无法左右的因素，如更大范围的政策、更大范围的经济和社会环境等因素。

农作物总播种面积的变化被这些解释变量解释的比例为 R^2 = 0.1448，但调整后的 R^2（即 adj – R^2）仅为 0.0887，不到10%，因此，影响一个村庄耕地利用变化的主要因素也不在村庄的内部，而在于外部更大环境的因素。进而，决定一个村庄耕地利用可否持续的因素也不在村庄的内部，而是外部更大环境的、村庄自己也无法左右的诸如更大范围的政策和经济社会环境等因素。

四 粮食播种面积变化率的相关影响因素主要来自村庄自身

粮食作物播种面积的变化被这些解释变量解释的比例为 R^2 = 0.3451，调整后的 R^2 为 0.3021，因此，一个村庄粮食播种面积的变化可以在较大的程度上由村庄自身的因素决定。

鄄城县和宾县案例调查的结果显示，由于近年惠农政策较实，粮食价格稳步提高，农业机械化贡献大，粮食播种面积和粮食产量都在增加。可以支持利用村庄数据实证检验的结论：村庄耕地减少的因素与影响粮食生产的因素是不同的。耕地减少来自村庄之外的工业化占用耕地的影响；而粮食生产来自村庄内部的因素，粮食生产的比较优势决定了粮食播种面积和粮食产量都在增加。来自成都两个村庄的调查也是同样的发现：从袁山社区和柳江村的土地经营方式看，袁山社区实现了集中居住的社区农户也并没有放弃种植水稻，而集中出租的土地用于种植青花椒的产业经营，并从市场上获得了良好的回报，暴露出规模化经营难以应对市场风险的弱点；而柳江村的"大园区 + 小业主"的农户家庭经营，从土地上得到了很好的经济收入，并且每年还可以种植水稻，增强了农户生产经营的稳定性。

五 耕地数量可持续性和粮食生产可持续性的影响因素分析

本书中利用村庄数据构建出耕地面积可持续性和粮食生产可持续

性观测值，在此基础上，人为地赋予它们可持续性的类别，再利用这些附有分类标签的观测作为训练数据集，用支持向量机方法找出其中蕴含的分类规则。然后，利用所得到的分类规则对全体观测进行分类，由此得到每个观测所对应的可持续性指标，并利用计量经济学中的 logistic 模型和 probit 模型，对影响可持续性的因素进行了分析，计量经济模型影响因素分析的结果如下。

第一，对耕地数量可持续性有显著促进作用的变量包括平原哑变量、农区哑变量、贫困村哑变量；不利于耕地数量可持续的影响因素包括城市郊区哑变量、宗教信仰人数比例。

第二，对粮食生产可持续性指标有显著促进作用的变量包括平原哑变量、贫困村哑变量；不利于粮食生产可持续性指标的影响因素包括高中及以上劳动力比例、宗教信仰人数比例。

第五节 耕地政策在城乡统筹中的作用存在区域差异

一 耕地保护政策肩负着地方城乡统筹的使命

成都地方政府耕地保护的政策和行动与土地产权制度相联系，即耕地保护是列入地方经济发展的宏观政策中，服务于地方中心工作的目标，而不是耕地本身的维保和种植粮食的内容。在以农村集体土地产权制度改革为中心环节的城乡统筹中，通过农村土地与城市资金的配置，可以实现耕地的资产属性与现代金融要素的有效结合，实现以城市化为推动力的地方经济发展，并提高农村土地使用者的财产收入。

以耕地保护基金为纽带的制度安排，已经将耕地政策与社会发展政策相联系。本质上，已经是以耕地保护为起点，通过土地制度改革，推动社会结构的转型和体制的改革，从2008年起在成都平原改革的先后顺序是：2008年开始土地产权改革；2009年以与耕地保护基金挂钩的方式开展农村个人养老保险和村级公共服务；2010年开始实行包括医疗和养老在内的城乡一体化社会保障制度；2010年底出台户籍制度改革意见、2012年底成都统一户籍；2010~2015年在全成都范围内统筹推进农村土地综合整治，彻底改变农村地区的面貌。

二 贫困地区城乡统筹的尴尬

在经济发达地区实现城乡统筹的进程中，以土地产权改革为中心环节，通过实现农村与城市土地的"同价"，支撑起农村人口的养老、医疗、就业等相互配合的政策改革内容。但是，这样的土地政策不可能为贫困地区提供资金支持，地方财力没有能力推动相应的配套改革。例如，旺苍经济发展处于工业化的初级阶段，城乡和体制二元结构明显，开展统筹城乡工作难度较大。贫困地区的城乡统筹被赋予了推进工业化、新农村建设和扶贫开发的使命；实际上，在贫困地区开展城乡统筹试点，是当地政府的一种选择，需要谨慎行动。

三 耕地保护基金的可推广性值得研究

在成都的耕地保护政策中，一个"创新"环节是2009年起实施耕地保护基金制度，用于补充耕地资产性收益，即对维持农业用途的耕地一律给予补偿，耕地种植的品种可以是粮食、经济作物、蔬菜、林果业等，种植方式可以是大田或者是设施农业，目的是以支付社会保障资金的方式补贴土地经营权的所有者（即农户）。

这种以耕地保护基金的名义，将农村土地经营权所有者的社会保障与土地的增值收益直接相联系的办法，从本质上讲，是以土地产权改革为起点,借助土地二元结构的改革推动经济和社会二元结构改革,这需要地方政府有雄厚的财力。成都市的财政资金之所以能够承担得起这样的支出,是由目前的土地制度和征地制度决定,即从农村征用的土地与国有土地出让之间存在巨大的超额收益。但这样的过程能够持续多久以及土地出让是否可以获得超额收益,是开展这种资产性收入补贴的条件,这决定着在广大的农村不具备可复制性。

在经济增长中的耕地保护肩负的重任,本质上是以土地的增值收入覆盖农村人口的社会发展成本。这样的问题,应该纳入更宽泛的社会发展政策中,而非耕地保护政策所能担当。耕地保护政策应强调原本意义上的内容,耕地维保,基本农田保护,加入耕地的环境价值。

图书在版编目(CIP)数据

经济增长中的耕地资源可持续利用研究/"经济增长中的耕地资源可持续利用研究"课题组著. —北京：社会科学文献出版社，2013.11
ISBN 978-7-5097-4784-1

Ⅰ.①经… Ⅱ.①经… Ⅲ.①耕地资源-资源利用-农业可持续发展-研究-中国 Ⅳ.①F323.211

中国版本图书馆CIP数据核字（2013）第142142号

经济增长中的耕地资源可持续利用研究

著　　者／"经济增长中的耕地资源可持续利用研究"课题组

出 版 人／谢寿光
出 版 者／社会科学文献出版社
地　　址／北京市西城区北三环中路甲29号院3号楼华龙大厦
邮政编码／100029

责任部门／经济与管理出版中心　（010）59367226　　　责任编辑／王莉莉
电子信箱／caijingbu@ ssap. cn　　　　　　　　　　　责任校对／王伟涛
项目统筹／恽　薇　王莉莉　　　　　　　　　　　　　责任印制／岳　阳
经　　销／社会科学文献出版社市场营销中心　（010）59367081　59367089
读者服务／读者服务中心　（010）59367028

印　　装／三河市东方印刷有限公司
开　　本／787mm×1092mm　1/16　　　印　张／17.5
版　　次／2013年11月第1版　　　　　字　数／236千字
印　　次／2013年11月第1次印刷
书　　号／ISBN 978-7-5097-4784-1
定　　价／59.00元

本书如有破损、缺页、装订错误，请与本社读者服务中心联系更换
版权所有　翻印必究